图书大规模数字化的著作权法律问题研究

RESEARCH ON THE LEGAL ISSUES
OF
COPYRIGHT IN MASS DIGITIZATION OF BOOKS

戚笑雨　著

法律出版社 LAW PRESS · CHINA

前　言

图书大规模数字化,是指大范围地将纸质载体上的作品转换成数字格式存储、传播和利用的活动。在数字网络时代,随着复制技术和传播技术的发展,许多作品的利用方式都发生了变化。当人们已习惯利用网络欣赏音乐作品、影视作品时,公众对数字化利用图书的需求也越发强烈,由网络服务提供者推动的图书大规模数字化项目和全球各地的数字图书馆项目纷至沓来。图书大规模数字化具有作品保存、信息检索和数据分析等用途,它的目标是使图书处于最大范围的可接触状态,它的实施会对人们获取图书和利用图书带来极大的便捷,图书大规模数字化后形成的大型语料库也被视为珍贵的数据资源。在大规模数字化利用图书的背景下,图书的利用方式由数字化变为了数据化,作品的许可模式由个别的许可变为了海量的许可,信息的获取方式由单一获取变为了集中获取。图书大规模数字化具有正当性,它是数字时代的图书利用方式的必然选择,是数字网络产业不断进步与发展的体现,会促进知识、信息在更大范围的传播,尤其是使那些不为多数人知的绝版作品和孤儿作品重获新生。本质上,图书大规模数字化活动与著作权法促进科学文化发展,推动社会进步的目标是一致的。

与传统的图书利用方式中的著作权法律关系不同,数字化图书利用方式中除了著作权人,出版者,使用者三方之外,还会加入网络服务提供者,在一定程度上,网络服务提供者甚至可以替代出版者成为新兴的作品传播者。图书大规模数字化的客体主要是纸质载体上的文字作品，根据文字作品著作权性质的不同，可以分为公共领域的作品、绝版作品、孤儿作品和其他受著作权保护并正在流通的作品。数字化利用图书的过程会涉及著作权人的保护作品完整权、复制权、信息网络传播权等权利。在技术日臻成熟，社会需求旺盛的前提下，图书大规模数字化的发展遭遇到了著作权制度的瓶颈。诞生于前数字时代的著作权法无法很好地适应数字网络技术带来的新的获取和利用作品的方式，具体表现为：第一，图书数字化适用著作权限制的空间狭窄，造成数字化图书利用行为无法在著作权法上找到依据；第二，传统著作权许可方式效率低下，造成大规模著作权许可的成本高昂；第三，保护作品完整权设定滞后，无法适应数字化利用作品带来的新问题。

针对图书数字化适用著作权限制的问题，从国际视野研究比较合理使用制度的立法模式和合理使用判定标准可以发现：在合理使用立法模式方面，规则主义立法模式在应对数字化利用作品的著作权纠纷时缺乏适用空间，规则主义与要素主义相结合的立法模式可以将著作权合理使用的明确规则与灵活解释的优势发挥出来，二者的关系是要素主义是规则主义的补充；在合理使用判定标准方面，四要素标准作为一般性的判定规则，在司法实践中适用灵活，转换性使用理论明确了转换性使用的目的是增加作品新的表达形式，实现作品新的功能和价值，可以较好地解释数字化利用图书的行为，有利于数字图书产业的发展。与合理使用一样，法定许可也是著作权限制制度的一种。实证考察国内外各类数字化图书机构可以得出：在公益性图书馆的数字图书资源建设方面，法定许可可以为数字化利用图书提供法律依据。针对信息网络传播技术的特征设立面向公益性图书馆数字化利用图书的法定许可，符合著作权法的利益平衡原则，可以有效促进公益性图书馆的发展。

针对图书的大规模著作权许可的问题，考察影响图书数字化的成本收益因素可以发现：著作权传统许可模式低效；著作权占有规则与传播规则发展不平衡;数字网络环境中的海量作品的许可成本高昂是制约图书大规模数字化发展的关键因素。建立在私法自治范畴的多样性的著作权许可模式是市场行为,法律可进行规范引导并保留足够空间。图书大规模数字化中最特殊的客体是孤儿作品,由于孤儿作品的著作权人无法查找或者身份不明,查找著作权人成为数字化利用孤儿作品的前置程序。综合考察各个国家或地区的查找机制可以得出:延伸性集体管理制度不仅可以起到传统集体管理组织以自己的名义行使著作权人相关权利从而提高作品利用效率的作用,还可以有效地行使孤儿作品的著作权查找和利用行为。

针对数字化作品的完整性保护问题,综合考察图书大规模数字化在全球的实施过程可发现,数字化利用行为容易造成作品质量的减损,图书数字化搜索结果的片段显示、数字化图书的索引和自动关联显示等问题增大了损害作品完整性的风险。在数字化利用图书的背景下,需要明确作品完整性的标准,增加有损作者声誉的判定条件,完善数字图书的著作权管理信息。

虽然图书的大规模数字化活动起源于美国和欧洲,但是在我国也存在许多图书数字化项目。囿于著作权法的制约,在我国,数字化利用图书的行为出现了一些著作权纠纷,图书大规模数字化的活力并没有得到充分展现。因此,正值我国《著作权法》第三次修改通过之际,为了使著作权法在数字时代能够发挥促进文化和科技事业发展的作用,在坚持利益平衡、提高效率和保护作品完整性的原则下,有必要持续对相关制度进行完善:完善著作权合理使用制度,引入转换性使用理论和四要素判定标准;革新著作权法定许可制度,设立面向公益性图书馆的数字化利用图书行为的法定许可;引入延伸性集体管理制度。这将会使我国著作权法在数字时代依然能够实现增强文化交流、促进科技发展、推动社会进步的根本目的。

目　录

绪 论

一、研究的背景和意义

（一）图书大规模数字化的兴起

图书大规模数字化，是指大范围地将有形载体的图书转化为数字格式储存、传播和利用的活动。[1] 大规模数字化并非指所有类型作品的数字化，而是专指图书被全面扫描为数字化格式的现象。大规模数字化将图书转移到网络环境中，从而确保公众能够便捷地运用网络技术来筛选自身所需的信息，在此基础上可以为相关工作提供更多方便，大幅提升整体的信息检索效率。使用者可以键入关键词搜索到正在流通的作品，也能搜索到许多鲜为人知的作品，这会使一些绝版作品和孤儿作品重获新生。图书大规模数字化利用了网络传播的低成本优势，使这些在前数字时代因为著作权交易的高成本低收益而无法得到有效利用的图书等纸质资料重新出现在公众面前。图书是最难且最少被数字化的作品类型，既因为图书数字化成本高昂，任何主体都难以承受数字化历史积累的所有作品所需的成本；也在于使用者尚未适应在数字网络环境下利用图书，使大规模数字化进程缺乏经

---

〔1〕 参见熊琦：《大规模数字化与著作权集体管理制度创新》，载《法商研究》2014 年第 2 期。

济诱因。[1] 伴随技术水平的不断发展，图书大规模数字化活动与社会支持慢慢发展成型，实力较强的网络服务提供主体可以自行负担前述的成本，而且新环境下的电脑、手机等设备快速发展，也大幅改变了之前文字作品的使用模式。

图书大规模数字化的目标是使图书处于最大范围的可接触状态，甚至可以建立一个世界性的图书馆，理想情况下，人人都可以使用，而且将永远使用下去。图书大规模数字化活动中最具代表性的是美国谷歌公司开始于 2004 年的谷歌图书计划（Google Books），以及网络零售业巨头亚马逊公司为 Kindle 电子书创立的数字图书在线商店。两者皆旨在线传播数字化的图书，但 Kindle 电子书仅以零售方式传播数字图书，未涉及作品地再许可问题。谷歌图书计划由于要将海量图书进行数字化，涉及著作权许可的问题。谷歌图书计划包括谷歌图书馆计划（Google Books Library Program）和谷歌图书伙伴计划（Google Books Partner Program）。在谷歌图书的搜索引擎中，图书可以被逐字逐句地搜索，并越来越多地与谷歌公司开发的其他服务项目整合在一起。处于公共领域的图书可以被全文阅读和下载，其他受著作权保护的图书都是以短摘要，片段或者元数据的形式显示。[2] 虽然过去也有类似的企业图书扫描计划，但是谷歌公司仍然是迄今为止唯一一个进行图书大规模数字化的商业公司。[3] 除由互联网公司推动的商业项目外，互联网档案馆及其附属的开放图书馆（Internet Archive），[4]

---

〔1〕 参见熊琦：《大规模数字化与著作权集体管理制度创新》，载《法商研究》2014 年第 2 期。

〔2〕 参见 Google 图书网，https://books google. com/partner/terms，最后访问日期：2019 年 7 月 18 日。

〔3〕 微软在 2006 年 12 月启动了一个名为 Live Search Books 的项目，两年后，该项目在数字化了 75 万本图书后被取消。

〔4〕 参见互联网档案馆网，http://www. archive. org，最后访问日期：2019 年 7 月 18 日。

大型合作项目 HathiTrust 数字图书馆[1]和公共资助项目 Europeana[2]等非商业性的图书数字化项目也纷纷开展。

(二)数字化利用图书的实践困境

技术障碍的克服,实际存在的社会需求快速发展,无法代表法律“瓶颈”的突破,历史中音乐、电影作品所进行的数字化升级,都造成了相关产业面临较为巨大的冲击。[3] 图书大规模数字化的发展同样遇到了适用著作权法的困境。由此前鉴,图书的著作权人和出版者对大规模数字化抱着比较谨慎的态度,包括美国、德国、法国和中国在内的著作权人或著作权组织分别以诉讼或其他方式提出反对。2009 年 10 月,谷歌侵权案之中,有 570 位国内的著作权人实际创作的 17,922 部作品,在当事人并不了解的情形中,被谷歌公司进行数字化并上载至网络。参考谷歌在 2009 年年底所上交的清单资料,该计划关系到大约 8 万种国内的图书资料和大概 2600 名作协创作者的 8000 余种书籍。[4] 该计划在全球范围内引发了著作权争议,许多人将谷歌公司的大规模数字化视为“大规模侵权”,这说明大规模数字化的商业模式并没有受到各利益相关方的肯定。经谷歌公司多次修改的和解协议,也于 2011 年被纽约南区法院否决,直到谷歌公司放弃和解协议中商业利用的内容后,单纯数字扫描才于 2013 年 11 月被法院认可为合理使用,但著作权人再次提出上诉,使持续 8 年的诉讼再度延长。直至 2016 年 4 月,美国联邦最高法院作出不予受理美国作家协会诉谷歌公司案的决定,使 2013 年的判决成为最终生效判决,才意味着谷歌数字

---

[1] 参见 HathiTrust 数字图书馆网,http://www.hathitrust.org,最后访问日期:2019 年 7 月 18 日。

[2] 参见 Europeana 网,http://www.europeana.eu,最后访问日期:2019 年 7 月 18 日。

[3] 参见熊琦:《大规模数字化与著作权集体管理制度创新》,载《法商研究》2014 年第 2 期。

[4] Mtima, L. & Jamar S. D., *Fulfilling the Copyright Social Justice Promise: Digitizing Textual Information*, New York Law School Review, Vol. 55, p. 77 – 108(2010).

图书馆长达十多年的著作权纠纷尘埃落定。在我国,2007 年 8 月,400 位研究者起诉称超星未获得著作权许可的情况下,将其作品做相应的数字化处理之后运用到图书数据库的构建活动中。在 2011 年的时候所发布的《315 中国作家讨百度书》,对百度平台的侵权行为发起了联名诉讼。这些有关图书数字化的著作权纠纷只是一个缩影,它们背后潜藏着数字化的主流势头,同时也有着重要的著作权法律因素。首先,数字化图书利用方式可以适用的著作权限制制度空间狭窄;其次,大规模著作权许可成本高昂;最后,数字化图书利用方式对作品完整性的保护造成影响。

(三)研究的意义

数字化图书利用方式是随着复制技术和传播技术的发展而来的,它给传统的著作权保护带来了极大挑战,图书数字化进程中产生的一些著作权法律纠纷,引起了著作权法理论界和实务界的关注。当今社会飞速发展,资源的快速流通可以带来更高的效益。知识作为社会经济发展的重要驱动力,如果得以方便快捷的传播,就能更加高效地发挥它的作用。图书大规模数字化作为数字网络时代作品利用方式的发展趋势,承担着传播知识和信息的责任。数字化机构扫描作品并上传于互联网的行为必须获得著作权人的许可。历史上造纸术的产生与优化,可以为后续作品的复制以及传播等程序,实现更加理想的支持效果,产生于该阶段的著作权制度,可以高效保障相应权利人所具备的基本权利。而伴随数字技术的快速发展,新的音乐、电影等创作都有重要的数字化进程,相关产业实现了较为迅速的成长,图书的大规模数字化也已经势不可当。然而现行的著作权法滞后于时代的演变进程,数字化图书的产量会面临极大程度的限制,诞生于前数字时代的著作权法,也面临新环境下的巨大挑战。

法律规定的空白,行业惯例的缺失,使目前我国图书大规模数字化发展面临各种各样的困难。一方面著作权人为保护自己的合法权利疲惫不堪，另一方面数字化图书资源的开发又因为图书数字化的法律地位不明确，授权许可问题而不断的地“依法”和“违法”的夹缝中蜗行摸索，甚至一些公益性的数字图书馆计划也被搁置。图书大规模数字化带来的著作权法律问题的实质为数字技术对于作品的获得、传播以及使用作品实现了巨大的变化，此类特殊的改变非但会影响传统的以著作权人、出版者、使用者三方为主的著作权法律关系，还影响到了作为著作权制度基石的利益平衡机制，使传统的著作权人的私人利益和公共利益之间的平衡被打破，也使著作权人、传播者、使用者三方的利益分配需要重新调整。作为智力创造成果的作者如果无法保证其应得利益，就会削弱创作的积极性，那么智力创造成果的使用者也无法自由、便捷地获取其想要的信息，进而会影响整个社会科技、文化的进步与发展。

目前，我国著作权法律体系是“一法多条例”的框架，“一法”是指著作权法，而“多条例”主要包含《著作权法实施条例》《实施国际著作权条约的规定》《计算机软件保护条例》《著作权集体管理条例》《信息网络传播权保护条例》《出版管理条例》《音像制品管理条例》等。这些法律和规章共同构成了我国目前的著作权法律体系。2011 年 7 月，由国家版权局发起的《著作权法》第三次修订正式启动，直至 2020 年 11 月 11 日，该修改法案获得通过。由于我国缺乏适合数字化图书利用的相关制度安排，那么针对图书大规模数字化所面临的著作权法律问题的研究，完善现行的著作权制度，将有益于促进我国著作权制度的进步和创新。

二、研究现状评述

目前，国内外关于图书大规模数字化著作权问题这一主题已有一些研究成果。这些成果的研究涉及图书大规模数字化在全球的发展、采用的技术、实施的方法、大规模数字化的法律性质、大规模数字化的著作权例外、孤儿作品数字化的著作权法律问题等。本书关于图书大规模数字化的国外文献的综述主要是基于 Westlaw、LexisNexis 与谷歌学术等资料;国内文献的综述主要基于知网平台中的文献资源。

(一)国外研究现状

美国和欧洲一些国家是图书数字化发展较早且实践经验丰富的国家,这些国家无论著作权制度还是著作权管理都比较发达,因此本书参考的主要国外文献是关于美国、欧盟和欧洲一些国家的著作权制度的文献。

目前国外关于图书大规模数字化的法律分析主要集中于几个方面:(1)大规模数字化与著作权制度的关系问题。在肯定图书数字化的价值的基础上,如何推动数字化利用图书的发展,出现两种不同的声音,一种认为可以适度降低著作权保护水平,从而满足数字化利用图书的需要。波斯纳、兰德斯认为过高的著作权保护会提高后续创作的成本,诱发寻租行为,著作权的保护应停留在排他性阻止创造价值的地方。[1] Thomas W. Joo 认为过高的著作权保护无论对于势力强的一方还是势力弱的一方都构成了限制,著作权法改革的动力不仅源于市场是否失灵的难题,还源于保护标准过高引发的问题。[2] 另一种声音反对降低著作权保护水平,其认为可以借助市场的力量、社会规范的调整来应对。Robert P. Merges 认为,高标准的著作权保护实际上为权利人提供了更为灵活的产权调整的空间,有利于形成灵活多样的权利行使机制和商业模式;同时过高的产权界定与执行成本本身就会使权利人放弃部分权利而将其置于公共领域,高保护标准并不会阻

---

〔1〕[美]威廉·M.兰德斯、理查德·A.波斯纳:《知识产权法的经济结构》,金海军译,北京大学出版社2005年版,第84~89页。

〔2〕Thomas W. Joo & Thomas W. Joo, *Remix Without Romance*, 44 Conn. L. Rev., p. 415-479.

止他人的自由行动。[1] Steven A. Hetcher 认为,现行合理使用与社会规范相结合的规则与激进的法律修改相比,成本更低、效果更好。(2)图书数字化的法律性质,其能否适用著作权例外规则。美国主要是基于谷歌图书计划案来针对图书大规模数字化的法律性质进行研究。该著作权纠纷源于谷歌公司在未经版权人许可的情况下扫描其图书以供搜索,构成侵权、达成和解协议和适用合理使用是该著作权纠纷诉讼过程中先后形成的三种结论。[2] 该诉讼由部分作者、出版商和美国作家协会作为权利人一方共同提起。最初谷歌公司与权利人一方达成了和解协议,谷歌针对图书扫描项目提出了一个"选择退出"机制以及经济补偿的解决方案,具体来说就是谷歌公司针对经初步搜索后确认为脱销的图书进行扫描,事后如果权利人得知并表示不同意,可以向谷歌公司提出申请,由谷歌公司从语料库中删除其作品的数字版本。[3] 与此同时,谷歌公司成立一个中间机构,从事著作权人查找和收益分配工作。2008 年的时候美国联邦法院裁定认可该协议,但到了 2009 年 9 月,美国联邦法院作出认可协议的结果遭到美国司法部的异议,该和解协议遭到否决。2011 年 3 月,美国纽约南区法院拒绝了由作家协会提出的解决方案,该解决方案试图将图书出版商针对谷歌图书的大规模数字化诉讼改为集体诉讼。[4] 到了 2015 年 10 月,美国第二巡回上诉法院判决支持谷歌图书项目,判定谷歌公司对图书的数字化行为不构成侵权,而是属于"转化性使用",即属于对

---

〔1〕 Robert P. Merges, *The Concept of Property in the Digital Era*, 45 Hous. L. Rev., 1239 (2008), http://scholarship.law.berkeley.edu/facpubs/1012.

〔2〕 Jennifer M. Urban, *How Fair Use Can Help Solve the Orphan Works Problem*, Berkeley Technology Law Journal, Vol. 27, 2012, p. 157 – 168.

〔3〕 Pagallo, U. *Ethics among Peers: File Sharing on the Internet between Openness and Precaution*, Journal of Information, Communication & Ethics in Society, Vol. 8, 2010, p. 136 – 149.

〔4〕 Geoffrey A. Manne, *Google and the Limits of Antitrust: The Case against Google*, Harvard Journal of Law and Public Policy, Vol. 34, 2011, p. 171 – 244.

作品的合理使用行为。然而,谷歌图书计划案的合理使用认定对图书的大规模数字化的著作权难题只是提供了片面的解决方案,谷歌公司构成合理使用的图书扫描行为具有严格的条件限制。[1] 实际上,谷歌公司的图书数字化活动分为两个部分:一是通过扫描,复制了整本图书,形成数字化格式;二是搜索展示,可供使用者在网络上通过搜索从而获取作品的片段信息。谷歌公司对搜索结果的展示采取了技术措施,即每一页只能展示五个作品片段,且各个片段之间是不连贯的。[2] 由于片段性显示的范围极为有限,不会替代原作品,并且有助于学术研究、数据挖掘等后续的利用,因此被认定为构成合理使用。合理使用的定性为数字化利用图书提供了路径,但该路径是有限的,若想进一步使数字化利用图书的经济效益发挥出来,还需提高著作权许可效率,降低利用成本。(3)大规模著作权许可模式,如何降低著作权交易成本。许多国家关于图书大规模数字化的研究中多建议利用本国原有的公共图书馆,即扫描这些图书馆本身丰富的馆藏书籍。例如,欧洲的公共资助项目"Europeana",[3]作为一个数字图书馆项目,其目的获取欧洲广阔的科学和文化资源用于数字化。文化资源被很多欧洲国家视为一个重要的国家资源,所以它们对待图书的数字化格外慎重,欧洲众多国家图书馆和其他文化机构已开始为"Europeana"数据库做出贡献。在美国,除了谷歌图书计划这个商业性质的图书数字化项目之外,非营利组织的项目有,互联网档案馆及其附属的开放图书馆(Internet Archive),[4]还有大型合作项目 HathiTrust 数字图

---

〔1〕 The United States Copyright Office, *Legal Issues in Mass Digitization: A Preliminary Analysis and Discussion Document* (2011), https://www.copyright.gov/docs/massdigitization/USCOMassDigitization_October2011.pdf.

〔2〕 Frieden, R., *Internet Packet Sniffing and Its Impact on the Network Neutrality Debate and the Balance of Power between Intellectual Property Creators and Consumers*, Fordham Intellectual Property Media & Entertainment Law Journal, Vol. 18, 2008, p. 633 – 675.

〔3〕 参见 Europeana 网,http://www.europeana.eu,最后访问日期:2019 年 7 月 18 日。

〔4〕 参见互联网档案馆网,http://www.archive.org,最后访问日期:2019 年 7 月 18 日。

书馆,[1]以及一些高校图书馆开展的图书数字化项目等。尽管以上这些项目的效果都有助于促进文化传播和知识的获取,但这种图书大规模数字化行为的合法性在很大程度上仍然是不确定的。[2] 许多学者倾向于运用著作权集体管理制度来解决图书数字化的著作权获权难题。[3] 美国和日本在著作权集体管理的运用方面比较具有代表性,他们为适应数字环境下著作权集体管理的需要,对传统的著作权集体管理制度进行了完善。[4] 日本还专门制定了著作权及邻接权管理事业登记制度,规范管理委托契约条款、使用报酬规程申报与公示义务从而确保管理事业业务的正常运作。[5] 与日本和德国不同的是,美国对著作权集体管理组织的设立及运作没有专门的法律来规范,也没有专门的机构来监督或管理著作权集体管理组织的业务。[6]

(4)孤儿作品著作权许可的特殊问题。在现阶段的研究中,除了针对图书大规模数字化进行系统研究之外,还有专门针对大规模数字化的特殊情形进行的专门研究,这主要体现为孤儿作品的数字化问题。孤儿

---

〔1〕 参见 HathiTrust 数字图书馆网,http://www.hathitrust.org,最后访问日期:2019 年 7 月 18 日。

〔2〕 Katharina de la Durantaye, *H is for Harmonization: The Google Book Search Settlement and Orphan Works Legislation in the European Union*, New York Law School Law Review, Vol. 53, 2010, p. 89 – 100.

〔3〕 Yoder, C. *A Post – SOPA (Stop Online Piracy Act) Shift in International Intellectual Property Norm Creation*, The Journal of World Intellectual Property, Vol. 15, 2012, p. 379 – 388.

〔4〕 Jasiewicz, Monika Isia, *Copyright Protection in an Opt – Out World: Implied License Doctrine and News Aggregators*, Yale Law Journal, Vol. 122, 2012, p. 837 – 850.

〔5〕 Katharina de la Durantaye, *Finding a Home for Orphans: Google Book Search and Orphan Works Law in the United States and Europe*, Fordham Intellectual Property, Vol. 21, 2011, p. 221 – 231.

〔6〕 Bernard Lang, *Orphan Works and the Google Book Search Settlement: An International Perspective*, New York Law School Law Review, Vol. 55, 2010, p. 201 – 213.

作品是指那些经过勤勉查找仍无法确定权利人或者权利人不明的作品。[1] 由于根本无法确定作品的著作权人,所以要想获得著作权人的授权是不可能的,因此数字化孤儿作品需要有特殊的著作权许可规则。图书大规模数字化使作品的传播和利用更加便捷,许多不为多数人知的图书又被人搜索出来加以利用,这使得孤儿作品可以焕发新的活力。[2] 而无论是合理使用规则,还是谷歌公司创立的“选择退出”机制,都是在图书的著作权人存在且明确的情况适用的,所以孤儿作品成了大规模数字化著作权许可问题中最为特殊的一类。国外许多关于孤儿作品的研究具有借鉴价值,一些国家已经或正在以各种方式探索孤儿作品的著作权行使问题。[3] 比较集中的做法是利用各自国家本身存在的又各具特色的著作权集体管理组织。[4] 使用者在利用孤儿作品时必须能够证明其已经对权利人进行了勤勉查找,在查明孤儿作品的权利归属情况之后可以申请对孤儿作品进行利用,同时需要向著作权集体管理组织支付相关费用。[5] (5)数字化利用图书方式对作品完整性的影响。根据作品类型和复制技术的不同,将作品转换成数字格式不可避免地会导致或多或少的质量损失。数字化过程在技术上是没有障碍的,技术并不会修改作品的结构元素,但用于固定数字化的复制品是可能出现瑕疵的,复制品的质量是有高低之分的。针对数字化作品

---

〔1〕 Kyrsten Elena Baker, *It's a Hard Knock Life*: *A Critique of the Legislative Response to the Orphan Works Problem in the UK*, UCL Journal of Law and Jurisprudence, Vol. 5, 2016, p. 1 – 30.

〔2〕 The United States Copyright Office. *A Report of the Register of Copyrights*: *Orphan Works and Mass Digitization* (2015), https://www.copyright.gov/orphan/reports/orphan-works2015.pdf.

〔3〕 Maria A. Pallante, *Orphan Works & Mass Digitization*: *Obstacles & Opportunities*, Berkeley Technology Law Journal, Vol. 27, 2012, p. 1251 – 1258.

〔4〕 Bingbin Lu, *The Orphan Works Copyright Issue*: *Suggestions for International Response*, Journal of Copyright Society of the U. S. A., Vol. 60, 2013, p. 255 – 284.

〔5〕 Kelu L. Sullivan, *Orphan Works at the Dawn of Digitization*, Richmond Journal of Law and Technology, Vol. 18, 2012, p. 1 – 40.

的完整性保护问题，有些学者认为与传统环境下作品利用行为没有实质区别。[1] 有些学者认为从图书扫描行为，到语料库的建立，到图书搜索时的片段展示，都容易发生影响作品完整性的情况。[2] 并且使用者数字化利用作品时留下的痕迹中也体现了其隐私权。[3] 关于数字环境下作品完整性保护的探讨虽然不多，但具有重要的价值，有必要进行系统分析。

（二）国内研究现状

国内关于数字环境下图书大规模数字化的著作权法律问题也进行了一定程度的研究。在我国，图书大规模数字化尚未发挥出其显著的活力，主要在于图书数字化在著作权法上没有相关依据。我国关于图书大规模数字化的讨论主要是在图书馆领域、互联网领域和著作权领域开展，由于参与讨论的主体有限，研究的制度也比较单一，现阶段我国关于图书数字化的法律规范更是稀缺。我国学者针对图书大规模数字化的研究主要集中在两方面：其一，在为图书数字化行为寻找合法化依据方面；其二，就是提高图书大规模的著作权许可效率方面。国内学者的主要观点大致如下：第一种观点认为，图书数字化对图书

---

〔1〕 Gabriel Menard, *Copyright, Digital Sharing and the Liberal Order: Sociolegal Constructions of Intellectual Property in the Era of Mass Digitization*, Information, Communication & Society, Vol. 19, 2016, p. 1061 – 1076.

〔2〕 Mary Murrell, *Digital Library: Mass Book Digitization as Collective Inquiry*, New York Law School Law Review, Vol. 56, 2010, p. 221 – 249.

〔3〕 Guido Westkamp, *The Three – Step Test and Copyright Limitations in Europe: European Copyright Law between Approximation and National Decision Making*, Journal of Copyright Society of the U. S. A., Vol. 56, 2008, p. 1 – 68.

的扫描宜定位为合理使用。李顺德、[1]吉宇宽、[2]刘明江[3]等学者针对数字图书馆的版权问题进行了深入研究,提出应该扩大我国著作权合理使用的适用范围,将数字图书馆对图书的数字化利用纳入合理使用的范围内。持此观点的学者们普遍认为合理使用制度在数字时代解决著作权问题是完全有存在必要的,但是也提出完全放宽合理使用制度是不现实的。革新合理使用制度,使其适用数字化利用作品的需求,必须处理好著作权人的私人利益与公共利益之间的关系,在两者之间找到利益的平衡点。适用现行著作权法关于合理使用的规定是无法解决数字化利用图书的问题的。刘文琦评析了美国 HathiTrust 案,认为交易成本过高和正外部性无法有效地内部化是考量合理使用规则正当性的重要因素。[4] 针对合理使用制度的缺陷,学者们建议应该在现有著作权法合理使用条款中明确规定图书馆、网络服务提供者等机构为构建搜索型数据库而全文扫描他人作品的行为构成合理使用。第二种观点认为,可以适用法定许可制度解决图书数字化问题。持这种观点的学者认为图书数字化主要会涉及著作权人的许可问题,因此为了保护著作权人的权利,为了降低著作权交易成本,必须适时的使用法定许可制度。同时指出著作权法必须明确规定数字环境下适用法定许可的情形。第三种观点认为,著作权集体管理制度或延伸性集体管理制度解决图书数字化利用问题。在这种思路下学者提出两种观点,一种观点认为,著作权集体管理是解决大规模授权难题的有效方式,集体管理组织是严格按照法律规定成立并运行的,在保护著作权人的权利同时可以有效克服"一对一授权"的困难,有效降

---

〔1〕 参见李顺德:《数字图书馆与知识产权保护》,载《图书情报工作》2002 年第 12 期。

〔2〕 参见吉宇宽:《图书馆数字化馆藏作品的著作权法规则调整与设计》,载《图书馆理论与实践》2017 年第 8 期。

〔3〕 参见刘明江:《图书馆馆藏作品数字化版权问题探析》,载《电子知识产权》2016 年第 1 期。

〔4〕 参见刘文琦:《著作权法框架下大规模数字化复制的合理使用认定——由美国 HathiTrust 案引发的思考》,载《电子知识产权》2014 年第 12 期。

低交易成本。另一种观点认为，集体管理只局限于集体管理组织中的会员，实际上并不是所有著作权人都愿意成为会员，这时就需要依靠延伸性集体管理制度来代表非会员行使著作权。胡开忠教授认为，著作权延伸性集体管理制度在性质上属于对著作权的限制，我国移植该制度有利于促进作品的利用，保护非会员著作权人的利益。[1] 华劼提出我国可以考虑适用推定集体管理制度来为绝版作品利用问题建立合适的许可制度。[2] 熊琦教授提出了在大规模数字化进程中适用集体管理制度需要根据著作权人、集体管理组织和使用者三方之间法律关系的差异分别设计著作权许可机制的设计方案。[3] 关于数字化孤儿作品的著作权许可的特殊问题，管育鹰教授提出我国在修订著作权法时应增加关于孤儿作品的规定。[4] 王迁教授认为我国著作权法在设计孤儿作品制度时宜采用以加拿大版权法为代表的"准强制许可+提存"的模式。[5] 许辉猛认为我国《著作权法》（修订草案送审稿）中针对孤儿作品数字化问题选择的公共集中审查和许可模式是高成本的选择，不利于数字化利用图书。[6]

除此之外，关于图书大规模数字化著作权研究，我国学者还主要集中在谷歌图书扫描项目以及我国作家与谷歌公司的著作权纠纷方面。肖冬梅教授专门研究了谷歌数字图书计划的版权壁垒，认为新媒

---

〔1〕 参见胡开忠：《构建我国著作权延伸性集体管理制度的思考》，载《法商研究》2013 年第 6 期。

〔2〕 参见华劼：《绝版作品数字化版权问题研究——以欧盟和法国的版权制度调整为视角》，载《电子知识产权》2018 年第 9 期。

〔3〕 参见熊琦：《大规模数字化与著作权集体管理制度创新》，载《法商研究》2014 年第 2 期。

〔4〕 参见管育鹰：《欧美孤儿作品问题解决方案的反思与比较——兼论我国〈著作权法〉相关条款的修改》，载《河北法学》2013 年第 6 期。

〔5〕 参见王迁：《"孤儿作品"制度设计简论》，载《中国版权》2013 年第 1 期。

〔6〕 参见许辉猛：《数字图书馆建设背景下孤儿作品查找机制研究》，载《图书馆论坛》2014 年第 12 期。

体环境下现行著作权规则不利于作品的利用和传播。[1] 针对谷歌公司提出的“选择退出”机制，有学者认为应该认识到“选择退出”机制在数字化利用作品中的优势，但同时也需要明确其容易造成垄断，且违反了传统著作权法“先授权后使用”的规定。王国柱针对谷歌图书计划中的“选择退出”机制进行研究，提出在我国已有的立法实践的基础上，以社会公益、授权效率与权利保护的统一为原则，以技术进步、商业模式与法律制度的互动为途径，以集体管理、权利公示等配套制度的完善为保障，构建完善的“选择退出”默示许可制度。[2] 张平教授对数字环境下版权授权方式进行过综合比较研究，将单个授权，集体授权，著作权补偿金制度，开放式许可等制度进行分析，提出要针对不同性质作品的利用选择不同的授权方式。[3] 针对我国首例谷歌数字图书著作权纠纷案的情况，石必胜认为可以看出由于我国现阶段缺乏相应的制度安排，对于谷歌数字图书计划是持保留意见的。应当综合考察作为合理使用的判定标准的美国的“四要素”和国际条约的“三步检验法”。[4] 因为无论要引进实施的做法多么先进，前提是有相应的制度作为保障，任何团体组织都难以承受缺乏法律规制所产生的后果。

（三）现有研究评析

现阶段国内外针对图书大规模数字化著作权法律问题都进行着相关的理论研究并且积极进行立法方面的改革，总体来看主要存在以

---

〔1〕 参见肖冬梅：《谷歌数字图书馆计划之版权壁垒透析》，载《图书馆论坛》2011 年第 6 期。

〔2〕 参见王国柱：《著作权“选择退出”默示许可的制度解析与立法构造》，载《当代法学》2015 年第 3 期。

〔3〕 参见张平、张韬略：《数字环境下版权授权方式研究》，载《网络法律评论》2005 年第 1 期。

〔4〕 参见石必胜：《合理使用认定的有罪推定——评国内首例谷歌数字图书著作权纠纷案》，载《中国版权》2014 年第 3 期。

下特点:(1)研究中缺乏宏观视角与微观视角的结合。现有研究要么在数字网络环境的大背景下对著作权制度的改革开展分析,重点围绕合理使用、许可选项的直接许可,自愿集体许可,延伸集体许可,法定许可以及孤儿作品和著作权集体管理制度的微观层面进行研究。这种方式造成了在图书数字化的研究上各自为政的局面,缺乏统一的,系统的视野。系统分析图书大规模数字化带来的著作权制度困境与相关原理,同时基于整体的视角探寻著作权法的实施问题,分析如何应对此类问题的论述有显著不足。(2)缺乏对图数字化利用图书的正当性与法律适用之间的关联性的深入研究。对此,我们需要了解图书数字化的著作权法律适用困境出现的缘由,数字化利用图书的正当性与现有著作权制度之间的关联,从而找到图书数字化转入当前著作权体系的基本方法。即便法律的生命并非为逻辑,而是为经验,若是无法发现进入体系的具体入口,则经验会因此而转变为无源之水,未能得到相应的生命。(3)现有研究没有与具体产业发展结合。数字化图书利用方式是在特定的技术背景和社会背景下产生的,推动图书数字化发展的除了技术的成熟还有经济利益的驱动。图书数字化的用途随着技术和商业模式的发展也逐步拓展,所以参与图书数字化的主体绝不仅仅是公益性的图书馆,还会有网络服务公司,美国的谷歌公司和我国的百度公司就是其中的典型代表。

关于图书大规模数字化带来的著作权法的困境与出路问题,欧美国家有着比较丰富的研究成果。学者们从各个角度对该问题进行了有意义的研究,探寻著作权法改革的可能性,为立法和司法提供了非常有意义的参考,也为我国著作权法的完善提供了良好的素材。国内对数字网络背景下出现的著作权问题的研究日渐增多,有关分析成果也从最初阶段的简易介绍,发展到后续更为深入的状态。此类成果多数为针对特定领域详细问题的分析。针对图书数字化著作权案例的分析也聚集在谷歌这一案例,对于实际存在的著作权集体管理问题,科学运用制度的分析相对偏多,关于法定许可的分析有着显著的不足。同时当前的分析限制在理论领域,实务和立法实践探讨的较少。从法经济学角度分析成本与收益对图书大规模数字化发展的影响的研究更是屈指可数。尽管关于该主题的研究已经比较丰富,但关于著作权法如何应对图书大规模数字化带来的挑战,怎样设定详细制度等重要问题,学者们仍然见仁见智,这一问题依旧属于具备较强开放性的重大问题。在数字网络技术的大背景下,对图书数字化带来的著作权法的困境与出路探寻分析方案,总结发达国家的经验与教训,从而为我国《著作权法》的持续完善提供可靠的理论支持,有着极为重要的意义。

三、研究的思路与主要内容

(一)本书研究思路

本书研究的总体思路是:首先,梳理图书大规模数字化对既有的著作权法律关系的影响,归纳其带来的著作权法律问题;其次,根据相关产业和主体的发展现状,分析国内外现行解决方案的特点与利弊;最后,结合我国著作权法的修改,提出能够协调各方主体的改革方案,最终在不损害著作权人利益的前提下发挥图书大规模数字化的传播效率优势。其中第一章是在绪论的基础上进一步提出问题并界定问题,属于理论研究部分,也是全书的总领。第二、三、四章针对第一部分中提出的问题展开具体分析,属于应用研究部分。第五章着眼于我国著作权制度的完善,在前面理论研究与应用研究相结合的基础上针对我国图书数字化活动提出具体建议。在结构安排上,遵循了从理论到应用,从抽象到具体,从一般到特殊的逻辑顺序。研究思路框架如图1所示。

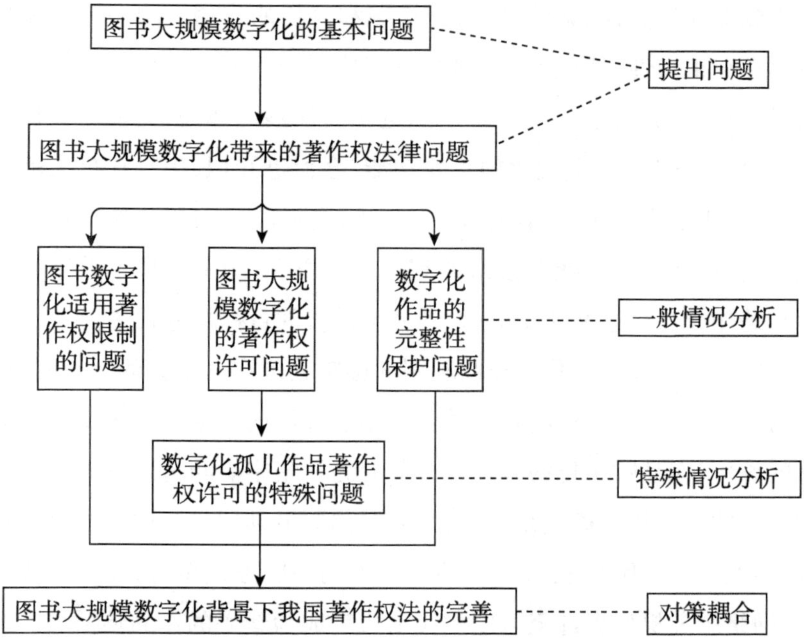

图1 研究思路框架

(二)本书主要内容

本书除绪论、结语之外,共分为五章。研究对象是大规模数字化背景下的数字化利用图书的行为。研究的主要内容包括大规模数字化的基本问题及其带来的著作权法律问题。著作权制度面临新技术的挑战,在新的数字网络环境下,能否合理的调整自身继续发挥其原有的作用,能否平衡著作权人、网络服务提供者、使用者三者之间的利益,都是需要分析与探讨的详细课题。

第一章主要阐释关于图书大规模数字化的基本问题及其引起的著作权法律问题。图书大规模数字化,是指大范围地将纸质载体上的作品转化为数字格式存储、传播和利用的活动。早在20世纪80年代,人们已经开始进行图书数字化活动,随着谷歌图书计划的发展,图书的数字化经历了初步探索、出现质疑、遭到反对和理性开发四个阶段。数字技术改变了图书的传播和使用方式,图书的大规模数字化可以起到保存作品,检索信息,数据挖掘和分析的作用。图书大规模数字化存在正当性,其正当性主要体现在它是数字时代的图书利用方式的必然选择,是数字网络产业不断进步与发展的体现,它能起到保存图书、保护知识、传承文化的重要功能,会促进知识、信息在更大范围的传播,尤其是使那些不为多数人知的绝版作品和孤儿作品重获新生,从长远来看符合社会公众的利益。本质上,图书大规模数字化活动与著作权法促进文化交流,推动社会进步的目标是一致的。

图书大规模数字化对作品利用的影响表现在三个方面,作品的形式由原来的物理实体变为了数据,著作权许可的规模由单个变为了海量的许可,作品数字化的方式由分散变为了集中。与传统的图书利用方式中的著作权法律关系不同,在数字化图书利用方式中除了著作权人,出版者,使用者三方之外,还会加入网络服务提供者,在一定程度上,网络服务提供者甚至可以替代出版者成为新兴的作品传播者。图书大规模数字化的客体主要是纸质载体上文字作品,根据文字作品著作权性质的不同,可以分为公共领域的作品、绝版作品、孤儿作品和其他受著作权保护并正在流通的作品。数字化利用图书的过程会涉及著作权人的保护作品完整权、复制权、信息网络传播权等权利。然而技术障碍的克服和社会基础的完备并不能代表法律“瓶颈”的突破。从目前各国的立法现状和司法实践来看,图书大规模数字化的著作法律困境主要体现为:图书大规模数字化适用的著作权限制空间狭窄,大规模著作权许可成本高昂,数字化作品完整权保护滞后等方面。因此,解决图书大规模数字化的著作权法律问题也应当着重从这几方面入手寻求解决路径。

第二章针对图书大规模数字化适用著作权限制问题进行分析研究。世界范围内,数字化利用图书的行为屡屡遭到质疑,最大的原因是其没有著作权法依据。著作权法保护著作权人在其作品上享有精神权利和财产权利,同时也对著作权人的这种专有权进行了限制。国际公约和各国著作权法均有关于著作权限制的规定,合理使用制度和法定许可制度都是著作权限制制度。然而,在数字网络环境中,由于著作权人权利的扩张,合理使用制度面临适用困境,法定许可制度适用空间狭窄,这导致了图书数字化的著作权纠纷频发。从著作权法律方面解决数字化利用图书的合法性是最有效的方式,这需要调整和完善合理使用制度和法定许可制度。

通过研究和比较合理使用制度立法模式和合理使用判定标准可以得出,合理使用规则主义立法模式在应对数字化利用作品的著作权纠纷时缺乏灵活性,合理使用要素主义立法模式中的四要素判定标准和转换性使用理论为解决图书大规模数字化引起的著作权问题提供了新的出路。在合理使用立法模式的选择上,应采取规则主义与要素主义相结合的模式,从而将著作权合理使用的解释空间与明确规则进行结合。要素主义和规则主义是补充关系,要素是规则的补充。在合理使用判定标准方面,需要引入合理使用四要素判定标准和转换性使用理论。首先,在列举式规则的基础上增加合理使用的一般性判定规则;其次,明确转换性使用的目的是增加作品新的表达形式,实现作品新的功能和价值,判定使用者使用作品的行为是否构成转换性使用时,应着重分析使用行为是否对作品具有替代性,是否赋予了作品新的价值和新的功能;最后,明确著作权法是关系到作者、传播者和使用者权利的法律,改善使用者的弱势地位,在保护作者著作权的同时,不能忽视对使用者表达自由权利和文化权利的维护。此外,应逐渐将转换性使用规则转化为体系化的标准,将判例规则发展成为法律制度规则。

通过分析面向图书数字化的法定许可制度可以得出,在公益性图书馆的数字图书资源建设方面,法定许可制度可以为图书大规模数字化提供法律依据。诞生于前数字时代的著作权法定许可制度是根据当时的作品传播方式和利用方式所制定,缺乏应对数字网络环境下获取作品和利用作品行为的规定。针对信息网络传播技术的特征建立专门针对公益性图书馆数字化利用图书的法定许可,符合著作权法的利益平衡原则,可以有效解决公益性图书馆数字图书资源建设的获权问题。

第三章针对图书大规模数字化的著作权许可问题进行分析研究。通过分析影响图书数字化的成本收益因素可以得出:数字网络环境中的海量作品的许可成本高昂问题是制约图书大规模数字化发展的关键因素,传统的著作权许可模式的效率低且成本高,著作权占有规则与传播规则发展不平衡,这种现状不利于图书大规模数字化的发展。建立在私法自治范畴的多样性的著作权许可模式是市场行为,法律可以进行规范引导并保留足够空间。由于孤儿作品没有著作权人或者著作权人不明,查找著作权人成为数字化利用孤儿作品的前置程序,这会造成孤儿作品利用的低效。诞生于北欧国家的延伸性集体管理制度不仅可以起到传统集体管理组织以自身名义行使著作权人相关权利从而提高作品利用效率的作用,还可以有效地行使孤儿作品的著作权查找行为和利用行为。

第四章针对图书大规模数字化中的作品完整权保护问题进行分析研究。与传统的图书利用方式相比,数字化利用图书对作品完整性造成了一些挑战。其一,作品的形式由物理形式发展成数据形式。作品不仅仅以图书或数字化图书的形式呈现,还以片段的形式,以单个信息的形式,甚至以数据的形式或以机器可读的计算机语言的形式出现。面对这种形式的作品的完整性保护,传统著作权法中没有相应的应对机制。其二,著作权法天然的存在公众表达自由与著作权保护的矛盾,在数字技术时代,尤其是图书大规模数字化活动中表现得尤为明显。其三,大规模数字化对作品和数据中作者的人格权带来了更大的挑战,由于作品利用方式在数字技术的推动下变得更为丰富,侵害作者人格权的情况也变得更为复杂。其四,公众从互联网上搜索图书的信息,获得图书的片段显示等行为会留下痕迹,这些蕴含使用者隐私的痕迹以数据的形式被记录下来,在数据成为社会财富和竞争资源的时代,这部分保存使用者隐私信息的数据具有经济价值,如何对使用者隐私信息进行保护也成了大规模数字化所要面临的问题。

在图书大规模数字化的实施过程中,容易出现与前数字时代不同的侵害作品完整性的情况:第一,在数字化过程中,由于操作水平、软件性能、网络性能等原因,容易造成作品信息的丢失;第二,由于被数字化的图书数量庞大,涉及语言众多,门类丰富,在数字化过程中容易出现作品质量降低的情况;第三,数字化图书在互联网上以少量片段形式显示出来,容易造成对作品原来精神和价值的曲解;第四,自动化编制索引的行为可能会产生新的著作权,容易与原作品的人格权产生冲突;第五,自动关联情况的产生也容易侵害到作品的完整权。因此,有必要明确完整权的标准;增加有损作者声誉的判定条件;完善数字图书的著作权管理信息。

第五章在我国现行著作权法律制度基础上,探寻面向图书大规模数字化的著作权法的完善方案。目前而言,我国尚未直接对图书数字化进行规定,但是相关的法律法规也为数字化利用图书提供了一定的法制环境。伴随数字资源经营者的不断探索,形成了许多数字化作品的经营模式,有的模式在现有著作权法体系下通过法律允许的方式获得授权,有的模式创造性地运用合同法或者民法的规定开创新的授权许可机制,以此解决图书数字化资源建设和用户服务中的著作权问题。但是从根本上来看,这些数字资源运作模式更多的是一种策略选择,而非法律制度。采取通过优化授权模式解决权利获取问题也是出于对法律缺失这一现实所迫的无奈选择,从实践来看,还需在法律制度革新中寻求对问题的根本解决。本章立足于我国图书大规模数字化发展的实际情况和客观条件,对我国现有的图书数字化的法制环境、司法实践进行了介绍。从目前情况来看,在没有法律支持的情况下,我国图书大规模数字化进程困难重重。因此,为建设我国的文化服务体系,构建信息资源文化共享工程,应大力发展和丰富数字图书的信息资源。首先,确立我国著作权法对图书数字化的保护原则:利益平衡、提高效率和保护作品完整。其次,完善我国面向图书大规模数字化的相关著作权制度:重构合理使用的规则主义和要素主义相结合的立法模式；引入转换性使用理论和合理使用“四要素”判定标准；设立面向公益性数字图书馆的法定许可；引入延伸性著作权集体管理制度，指定实施延伸性集体管理制度的主体，详细规定著作权人的“选择退出”机制，确立公平合理的许可使用费标准、收取和分配方法；构建争端解决机制。

四、研究方法和创新之处

（一）研究方法

作为制度设计和目标选择之间的连结点，研究方法的选择既取决于研究对象的事物结构，[1]同时也受限于详细的制度价值、目标选择等多个影响因素。分析方案的具体选择，即再现特定对象的事物结构以及制度架构的程序，此处选择的妥当性重点为针对事物结构、目标选定的契合状态。著作权法围绕此类现象，需要有效反应基本的数字化事物结构，认可其中特殊的自然和社会关系结构；其归属于特殊的法律规则，可以参考预设目标选定符合要求的因素开展设计，不仅可以有效控制基本的利益关系，同时还可以实现认知结构的有效契合，确保最终的规则可以实现理想的执行效果。针对此类问题，本书重点运用以下四种研究方法：

1. 实证分析方法。尽管新的数字化趋势和新产生的数字技术有着密不可分的关系，但其并非新的事物。对于认知图书数字化的基本特征，参考详细的社会实践并与著作权制度相结合是本书的首要问题。现有的实例分析论证了将特殊的社会现象进一步转化成特殊法律问题的关键方式。为更好地认知图书数字化的基本问题，本书重点开展两项工作：（1）对当前的实例分析成果进行归纳。依靠整理源自

---

〔1〕 这里的事物结构指的是调整对象在现实中的自然状态和社会利益关系结构。对于图书大规模数字化来说，前者是指数字化利用图书的实际情况，后者是指图书数字化中利益相关者之间的利益配置关系。

于实践的各类实例分析信息，得出基本的调研报告、实例分析、焦点事件等多个方面的基础信息，致力于确保兼有个例的研究与全局观察，从而获得对图书大规模数字化的自然形态、社会利益结构的全面理解。(2)分析具体的图书数字化案例，获得关于数字化利用图书的具体的感性经验。为此笔者在访学期间专门探访了谷歌公司位于美国西海岸山景城的总部，了解图书数字化的具体实施方法。也探访了我国包括国家图书馆在内的一些公共图书馆，设法搞清楚数字化利用图书的便利之处。设身处地地站在使用者的立场上体验数字化对获取图书和使用图书方式的改变。通过对图书数字化、数字化利用方法的实证研究，图书大规模数字化带来的著作权法律问题逐步清晰，使本书具有较强的实证性基础。

2. 比较分析方法。图书大规模数字化主要产生于美国，在美国和欧洲得到发展。所以，围绕该课题的分析需要充分学习美国与欧洲的最新经验。其所遭遇的问题或将演变为后续的重要问题，我国当前在着手推进第三次著作权法的修订，考察美国和欧洲应对图书数字化的做法，总结其经验和教训，对我国完善著作权法有重要的意义。因此，比较分析方法是本书的重点分析方案。基于立法、司法、学术研究等多个视角，针对美国和欧洲的相关做法进行详细考察和深入分析，为我国完善著作权法提供参考和建议。比较分析方法还要求系统分析我国图书数字化的详细状况，判断对域外经验进行参考的可行性与限度。

3. 规范分析方法。规范分析是部门法学研究的重要方法，也是认知基本制度与规则的基础工具。在论文的分析中，关于数字化利用规范问题如何在现有法律框架下找到基本解决路径，都依赖于规范分析的方法。通过对转换性使用规则适用的精细分析，展现了从传统方式到数字化方式的图书利用行为的变化、意义与问题，新的制度构建基于当前的立法、实践等实现有效的规划。依靠该方法的有效运用，从而使得数字化的分析可立足于较为严谨的逻辑推断基础。

4. 经济分析方法。经济分析是当前法学分析的重要方法。图书的数字化加快了后续的法律文件、修改与判决等多个维度的差异，最终采用的简化方案有助于更好地探寻特定措施的一致性。[1] 其能够进一步延展到法律体系外的各类规范，有益于维护和社会规范间的基本关联，从而为解决图书数字化问题提供全景式的基本认知。通过经济分析法，还有助于探寻该进程中各利益相关方的效益问题，各类法律制度探究问题的根源都需要高效开发资源，基于大幅提升社会财富的考虑。在图书大规模数字化发展过程中，著作权法应起到促进文化资源合理配置、促使产生高效益结果的作用。

（二）主要创新

第一，选题新颖。作为在数字时代渐成主流的图书利用方式，图书大规模数字化虽然引起了图书馆界、互联网界的广泛重视，但是法学学者关注的并不多。国外关于该课题有着较为丰富的研究成果，但由于技术、产业发展的不可预测以及著作权法律问题的复杂，该主题仍具有开放性。我国在该领域的研究尚不充分，已有的研究成果，大多也是集中于图书馆领域关于数字化实施的具体问题的讨论，对图书大规模数字化带来的著作权法律问题和应对路径欠缺系统研究。

第二，观点新颖。本书在全面分析图书大规模数字化的基本问题和系统梳理其对著作权法带来的影响的基础上，实证考察国内外数字化图书机构的实施策略，梳理分析国内外关于图书数字化著作权纠纷的经典案例，研究比较国内外相关著作权规则的应对方式，提出以下观点：(1)在合理使用的立法模式和判定标准方面，规则主义与要素主义相结合的立法模式可以将著作权合理使用的明确规则与灵活解释的优势发挥出来，二者的关系是要素主义是规则主义的补充。四要素

---

〔1〕［美］威廉·M. 兰德斯、理查德·A. 波斯纳：《知识产权法的经济结构》，金海军译，北京大学出版社2005年版，第12页。

标准作为一般性的判定规则，在司法实践中适用灵活，转换性使用理论明确了转换性使用的目的是增加作品新的表达形式，实现作品新的功能和价值，可以较好地解释数字化利用图书的行为，有利于数字图书产业的发展。(2)在公益性图书馆的数字图书资源建设方面，法定许可能够为数字化利用图书提供法律依据。针对信息网络传播技术的特征设立面向公益性图书馆数字化利用图书的法定许可，符合著作权法的利益平衡原则，可以有效促进公益性图书馆的发展。(3)延伸性集体管理制度不仅可以起到传统集体管理组织以自己的名义行使著作权人相关权利从而提高作品利用效率的作用，还可以有效地行使孤儿作品的著作权查找和利用行为。(4)在数字化利用图书的背景下，需要明确作品完整性的标准，增加有损作者声誉的判定条件，完善数字图书的著作权管理信息。(5)在坚持利益平衡、提高效率和保护作品完整性的原则下，我国著作权法有必要完善著作权合理使用制度，引入转换性使用理论和四要素判定标准；革新著作权法定许可制度，设立面向公益性图书馆的数字化利用图书行为的法定许可；引入延伸性集体管理制度。

第三，方法新颖。除传统的规范分析法、比较分析法外，本书将实证分析、经济分析和规范分析等方法进行整合，对立法现状、司法判例与图书数字化的产业发展等领域进行统筹考虑，使这些方法在各自发挥作用的同时也能协同发挥作用。

第一章 图书大规模数字化的基本问题及其进程中的著作权法困境

第一节 图书大规模数字化释义

一、图书大规模数字化的含义

图书大规模数字化，是指大范围地将纸质载体上的作品转化成数字格式存储、传播和利用的活动。[1] 大规模数字化将图书全部扫描为数字格式，利用网络将其加以存储，使用者可以随时随地利用网络检索自己需要的信息，方便快捷。使用者不仅可以迅速检索到流通性强的图书，也可以很快找到许多流通性弱，不为人知的作品。图书经数字化后形成的大型语料库，也为之后的信息挖掘提供了海量的数据资源。与音乐、电影等作品相比，图书是最难且最少被数字化的一类，既因为图书数目庞大，数字化成本高昂，任何主体都很难承受数字化历史积累的所有图书所需的成本；也在于使用者尚未适应在数字网络环境下利用图书，这使图书大规模数字化的进程缺乏经济诱因。[2]

---

〔1〕 参见熊琦：《大规模数字化与著作权集体管理制度创新》，载《法商研究》2014 年第 2 期。

〔2〕 参见熊琦：《大规模数字化与著作权集体管理制度创新》，载《法商研究》2014 年第 2 期。

随着技术的发展，数字化利用图书的技术基础和社会基础已逐步形成，部分网络服务提供者已有能力独立或联合承担大规模数字化图书的成本，智能手机和平板电脑的普及也改变了公众获取和利用图书的方式。图书大规模数字化利用了网络传播的低成本优势，不仅将流通性强的图书数字化，更着重开发在传统环境下因为高成本低收益而无法得到有效利用的孤儿作品和绝版作品，并通过规模效应降低成本，提高效益。

二、图书大规模数字化的特征

与图书数字化相比，图书大规模数字化的特征主要表现在三个方面：

（一）作品的利用方式：由数字化到数据化

传统的图书数字化，是将图书扫描成为不可编辑的图片或其他格式存储，扫描后的数字化副本主要用于保存。使用者只可针对图书的题目、作者、出版社、关键词能特定信息进行检索，无法检索到图书的正文部分，一定程度上可以说，只停留在了数字化阶段。而图书的大规模数字化，是将图书全文扫描后形成数据库，使用者可以对其中任何章、节、段、句子、词组等信息进行检索，实现了数据化的利用形式。互联网的愿景是实现信息的共享。当共享这个理念被越来越多的人认可和接受的时候，未来图书大规模数字化的数据化利用方式就会在更大范围内实现。

在长达300多年的时间里，文化作品涵盖了人类的交流与互动，然而，在大规模数字化的过程中有着很高的智能化程度——从某种意义上来说，人类干预选择、转换、显示和使用作品的行为被简化为一个最小值——从机器中介到机器驱动的工作方式。这意味着计算机不仅能起到中介功能，还可以用于作品挖掘。在这方面，数字化的语料库不仅是图书馆，而且是数据挖掘的有效筛选器，可以用于人工智能的自动化处理。这种处理可能服务于与使用者的工作没有直接相关的用途。前文已述,数字化图书可能被用来提供搜索和改进网络服务,包括广告和内容的个性化。[1] 在模拟和数字的世界中,作品主要被用作数据。从本体论的角度来看,数字化的作品是不需要有形载体的。就像计算机程序的源代码变成了一个对象代码一样,数字副本被视为数据容器,从这些信息中可以自动提取到之前甚至没有暴露在人类的眼睛和头脑中的信息。因为这一转变是在使用的行为目的中,体验它们的内容,并在使用行为中进行搜索、获取信息和数据挖掘。这一转变影响了著作权法意义上“使用”作品的含义,所以其对著作权法有实质性影响。

图书大规模数字化会促进文化遗产的传播,使任何人都能够获取数字化的作品。当作品在数字环境中移植时,文本、图像和声音被赋予了一种新的意义。例如,在书籍方面,有一些项目的搜索是基于元数据[2]的,就像在图书馆里一样;另一些则允许在单个的图书中搜索;还有一些则更进一步,会将搜索与其他网页服务连接起来。一个数字化的图书与它的物理副本有很大的不同,它的更多用途是由数字处理开始实现的。通过消除有形物体之间存在的边界,数字化创造了一种相互关联的词语和想法的流动性的结构。在这样的基础上,所有的图书和所有的信息都将成为一本非常大的单一文本。而在虚拟世界中,书籍只是一个独立的项目,独立于图书馆的货架上,存在于普遍的互相联系的环境中。这是因为:每一本书中的每一个字都经过交叉、聚集、引用、提取、索引、分析、注释、重新混合、重新组装,比以前更深入地融入文化中。

---

〔1〕 See Ennifer Howard, *Google Begins to Scale Back Its Scanning of Books from University Libraries*, The Chronicle of Higher Education, 9 March 2012.

〔2〕 元数据是指描述数据的数据,主要是描述数据属性的信息,用来支持和指示存储位置、历史数据、资源查找、文件记录等功能。参见百度百科,https://baike.baidu.com/item/元数据/1946090? fr = aladdin,最后访问日期:2019 年 10 月 14 日。

（二）作品的许可：由个别到海量

图书大规模数字化是通过规模效应降低成本从而提高作品的利用效率。由于数字化的是海量的作品，著作权许可也必须采取“海量许可”的形式。[1] 然而，个人权利与大规模数字化所需的海量许可天然的不相容。在图书数字化的工作中，单个授权是不可持续的，或者根本就是不可行的。著作权作为一个完整的体系，对权利的排他性独占与大规模数字化的整体效应是不相符的。因此，图书大规模数字化项目需要依赖于著作权的例外制度、著作权集体管理制度等制度，甚至同时使用几种机制来规制。对于非数字形式的作品而言，在很大程度上，将从一种权利限制制度和事前的授权制度转向事后选择的制度。这是著作权的例外在某些特殊情况下，在公共政策目标或基本自由的基础上的体现。反对大规模数字化的人不能行使这些行为，也不能在著作权法下享有积极的权利，以排除他人传播作品。

从图书大规模数字化的发展进程来看，出现了一个在现有的著作权体系下的“选择退出”机制。谷歌图书计划已经克服了直接从相关权利人那里一对一的寻求许可的问题，转而与世界上规模很大的图书馆进行合作，采用“选择退出”机制。

（三）数字化规模：由分散到集中

图书数字化伴随网络服务者的发展而开始集中化。在数字时代的最初几年，数字化由分散的网络中间商所主导，这种情况在 P2P 共享或用户生成内容的形式中表现得较为明显。[2] 现在，大规模数字

---

〔1〕 The United States Government, *White Paper Intellectual Property and the National Information Infrastructure*, 1995.

〔2〕 Yochai Benkler, *The Wealth of Networks: How Social Production Transforms Markets and Freedom*, Yale University Press, 2006.

化的项目主要通过网络服务者，如数字图书馆、在线存储库或出版商数据库来实施。虽然小规模的数字化项目依然存在，但是分布式数字化工作发挥着更为重要的作用。随着网络服务者的规模越来越大，其数量会越来越少。更为重要的是，作品被存储在网络服务者服务器的云端中，它们是由最终用户在特定的条件下访问的，并且大部分的访问在技术上是受到限制的。而数字化协议是在实施图书大规模数字化项目的网络服务者与其他主要出版商之间达成的，越来越多地绕开了作者。

三、图书大规模数字化的发展简况

（一）初步探索阶段

图书的损坏会造成严重的不可挽回的损失。自然灾害、政治动荡和战争始终对图书的保存具有重要影响。2006 年，卡特琳娜飓风袭击了墨西哥湾岸区的图书馆，杜兰大学的主图书馆泡在了约 2.5 米深的水里。20 世纪 70 年代，柬埔寨红色高棉地区的文化机构数量大幅下降，红色高棉士兵占领国家图书馆，把书扔到街上烧掉，然后把书库当猪圈。[1] 小说《华氏 451 度》中讲述了一个故事，为了避免书籍惨遭焚烧，每个人负责用自己的脑子记下来一本书，于是每一个人仿佛就成了一本行走的《庄子》，行走的《傲慢与偏见》。

有人说，图书馆已经过时了，这很荒谬。图书馆是人类的神经中枢，是智慧活力的中心，图书馆是公众教育理想的象征。就“知识就是力量”层面而言，图书馆的另一象征意义是，知识这一力量应广为传播，而不是集中存放。数千年以来，人类一直梦想拥有一座包括世界上所有图书的图书馆，每个人都可以访问这所图书馆。到了 21 世纪，科技将此梦想变成了现实，每个图书馆都想将其馆藏数字化，哈佛大

---

〔1〕 参见《高棉运动始末》，载搜狐网，https://www.sohu.com/a/57296320_127355，最后访问日期：2019 年 11 月 14 日。

学图书馆前馆长，著名历史学家罗伯特·达恩顿如是说。[1] 除此之外，数字化还可以实现人类智慧财富的共享，此时的谷歌公司就像《彼得·潘》里"梦幻岛"，它充满活力，技术精良，资金充足，谷歌公司准备打破人们和其所需的信息之间的一切樊篱。

古代的亚历山大图书馆里，人们誊写卷轴和碑刻，想抄写所有已知的东西，最后这所图书馆毁于尤里乌斯·恺撒之手。亚历山大图书馆的毁灭是一场世界性的灾难。[2] 在19世纪的法国和比利时，大家热衷于将一切东西编制目录，之后是缩微拍摄，规模巨大的缩微拍摄工程陆续开始。谷歌图书计划可以被看作是此类发展进程的自然延伸。在古登堡计划中，迈克尔·哈特建立了首个数字图书馆，20世纪70年代初，它开始录入《独立宣言》，这样所有人都能对其进行访问。来自全世界的上千名志愿者，参与此项目的建设，这个项目想让人们随心所欲的下载整个图书馆。[3] 古登堡计划为谷歌等后来者作出了榜样，只不过后来者的项目规模变得更大，涉及图书范围变得更广。促进知识传播的现代化，使知识获取更为便捷，成本更低。

1996年互联网档案计划（Internet Archive）启动，其目标是让任何人都可以访问到全人类的一切出版物。[4] 互联网档案计划的发起者之一就是谷歌公司，到了2004年，谷歌图书项目诞生了。尽管人们在数字化方面，已经付出了诸多努力，不过还没有开展过规模如此之大

---

〔1〕 参见《哈佛图书馆馆长推进"数字图书馆"：将哈佛开放给世界！》，载豆瓣网，https://site.douban.com/107795/widget/notes/339213/note/501374388/，最后访问日期：2019年11月14日。

〔2〕 参见《古代藏书最多的图书馆亚历山大图书馆被毁之谜》，载凤凰网，http://news.ifeng.com/history/shijieshi/detail_2010_02/17/349406_0.shtml，最后访问日期：2019年11月14日。

〔3〕 参见［美］保罗·戈斯汀：《著作权之道：从古登堡到数字点播机》，金海军译，北京大学出版社2008年版，第168页。

〔4〕 参见百度百科，https://baike.baidu.com/item/互联网档案馆/1047177?fr=aladdin，最后访问日期：2019年11月14日。

的数字化项目。“海洋计划”是谷歌图书项目的开发代号，之所以叫“海洋计划”，或许是因为它的规模巨大。如此大规模数字化的工作好比在图书馆里运行一台大设备，从书架上把书拿下来，放到箱子里，搁到推车上，装上卡车，运送到谷歌在美国范围内的三个地方从而开展数字化工作。数十台巨大的工作站中，高分辨率相机安装在支架顶端，配有强烈的灯光，还有谷歌自己研发的翻页器，下面是好多黑盒子用于运行谷歌的搜索算法，扫描结果直接从各大高校图书馆上传到谷歌位于山景城的总部。谷歌越发重视其看家法宝——算法，并对算法开展不断优化，因为这是发展网络经济的核心内容。谷歌没有透露扫描完所有图书需要多少费用，不过据推算，可能在每本 30 美元到 100 美元。图书的形态变成了数据，数据越多，搜索技术就更易精准、优化。支持谷歌进行数据收集的人不少，尤其是在硅谷，他们普遍认为，只要抓取到全部数据就能获得与众不同的信息理解能力。这不仅是传统意义上的力量传播，它们会让世界变得更为高效。谷歌图书计划的西班牙和葡萄牙负责人路易斯·克拉多接受采访时说过，因特网是比较年轻的媒体，过去能在网上找到的内容，都是有人刻意放上去的。但人们的全部文化遗产，人们所知的一切以及历史知识都在书里，如果在因特网上都找不到图书，那么网络作为一种获取知识和信息的媒体，潜力也不过如此。[1]

（二）出现质疑阶段

位于西班牙的蒙特塞拉特图书馆始建于 11 世纪，是谷歌图书计划中已完成数字化的图书馆之一，谷歌扫描了这间图书馆里 23,400 本书。但是蒙特塞拉特图书馆的工作人员表示，他们并不知道谷歌拿

---

〔1〕 参见《谷歌的图书扫描计划为何失败》，载澎湃新闻，https://www.thepaper.cn/newsDetail_forward_1679335，最后访问日期：2019 年 11 月 14 日。

到这些数字化的图书后要如何处理。[1] 谷歌图书计划的透明度，也是人们关心的问题。人类的所有知识，无论是书本内的知识还是书本外的知识，交织成为一个可供任何人在任何时间、任何地点访问的单一实体。哈佛大学图书馆只允许谷歌数字化公共领域的图书，不过谷歌早期接触的图书馆允许谷歌数字化有著作权保护的图书，一旦进入涉及版权的领域，事情就变得复杂了。这些图书馆认为允许谷歌数字化有版权的图书是合乎法律又合乎道德的，因为他们确信版权法会认定这种数字化行为构成“合理使用”。[2] 美国版权法规定，如果某作品使用行为以开创性研究为目的，就无须请求任何许可，也不用付任何费用就可进行复制。谷歌将合理使用作为辩护理由是有道理的，尽管搜索引擎经常复制和粘贴信息，但是应该算是合理使用，因为其目的是帮助人们找到所需的信息。谷歌扫描完图书后并不发行，只允许关键词搜索，使用者看不到整页甚至整段信息，只能看到摘要和片段。谷歌的做法是允许索引和搜索，但不允许获取和拷贝。

在谷歌之外，一些互联网公司也在实施自己的图书扫描计划，如亚马逊、微软以及我国的百度。在我国，百度公司的搜索查询量大于任何其他搜索公司，在任何单一国家市场上的查询量。百度文库是百度创建的大众化的互联网产品，它的英文名称叫 Baidu Wenku。[3] 人们可以将自己创建的资料或者拥有知识产权的资料上传至百度网站。除了百度文库，超星公司也建立了超星图书扫描中心，专门针对我国各大高校和部分学者的图书进行扫描。一开始超星只扫描中文图书，现在还有外文图书和期刊，数量是每年递增的。超星公司认为，图书

---

〔1〕 参见《谷歌和世界头脑》，载哔哩哔哩网，https://www.bilibili.com/video/av17098607/，最后访问日期：2019 年 11 月 14 日。

〔2〕 参见《谷歌和世界头脑》，载哔哩哔哩网，https://www.bilibili.com/video/av17098607/，最后访问日期：2019 年 11 月 14 日。

〔3〕 参见百度百科，https://baike.baidu.com/item/百度文库/4928294?fr=aladdin，最后访问日期：2019 年 11 月 14 日。

扫描完可以存储成数据，大量的数据相当于是一种资源。[1] 大公司收集并积累关于人们的一切信息，尽管人们并不清楚这些信息有什么用，但它却改变着人们的日常生活，改变着人们工作和交互的方式。

然而数字技术、互联网技术带来的问题并不是这个时代特有的，先前的无线电、电视、电报等都被大家报以类似的期望，这些技术会带来通信的统一，大家可以互相交流，教育在全球范围内普及等。在技术发展的早期，人们早已提出许多类似的期望，但和以前相比有所不同的是，图书数字化的规模非常庞大。许多公司、团队、项目均带着网络乌托邦的信念加入数字化的工作中来。可以说，每一个人都是谷歌义务的内容提供者，都在为谷歌生产产品，每次搜索都是一次小小的贡献。谷歌的图书计划由每一个人造就，人们也有必要对谷歌的图书项目进行重新考量。

（三）遭到反对阶段

曾任法国国家图书馆馆长的让·诺伊埃乐·让纳尼对于谷歌要构建全球数字图书馆的计划表示吃惊，他认为这是一个对法国图书的挑战，并予以迅速而清晰的反击。他发表了题为《谷歌正在挑战欧洲》的文章和同名书籍。他直率地表示让他不满的是，如果人们在谷歌图书网页上输入维克多雨果、塞万提斯或者歌德等关键词，得到的 20 个搜索结果中有 19 个都是英文的，虽然后来谷歌纠正了这个问题，但仍值得人们警惕。

当作者们渐渐发现，谷歌在未经自己许可下将作品搬到了网上，虽然使用者无法看到全文，但如果搜索方法得当，是可以获取很多作品的信息的。关键是这个数量非常庞大，谷歌扫描了数以百万计的有著作权的图书，虽然谷歌声称，对这些书的使用是合理使用的范畴，但

---

〔1〕 参见《超“星”之路——超星公司成功经验探索》，载 https://max.book118.com/html/2015/1122/29963573.shtm，最后访问日期：2019 年 11 月 14 日。

是部分作者不这么认为。他们认为，如果允许整本书都被一个商业公司以盈利为目的进行复制，当其他公司也想复制时，作者是否享有拒绝的权利。[1] 因此，美国作者协会组织了一个集体诉讼，主张谷歌的图书大规模数字化是大规模侵权，要求谷歌停止扫描和数字化馆藏图书的行为。作者协会代表8000余名作者以及全美最大的出版商协会。然而，谷歌认为版权法陈旧过时，毫无益处，需要进行创新。在网络文化中，版权是盲点。网络是世界上最大的复制机器，任何东西只要遇上网络就会被复制。德国文学教授罗兰·罗伊斯认为，谷歌作为一个国际知名的公司，表面很安分守法，实际却做着大规模违法的事情。他指出，谷歌的做法不只存在法律问题，还存在图书扫描质量低劣等问题，就像是用一台绞肉机来做艺术品。

谷歌与美国作者协会和出版商协会的漫长的法律诉讼持续了一段时间以后中止了，因为各方宣称已经达成和解，各方将在有版权图书的在线访问方面进行合作。谷歌同意支付1.25亿美元和解费用，其中3500万美元将用于取得收集数字化图书的权利。4500万美元用于补偿那些谷歌已扫描图书的版权所有者，每本书约60美元，其他部分是诉讼费和律师费。不过协议最让人吃惊的部分是将谷歌变成了图书销售商，销售那些找不到版权人，但仍有版权的孤儿作品和已经不再出版，但仍有版权的绝版图书。搜索服务摇身一变成了销售服务。这样会造成垄断，这是对知识获取的垄断。人们不希望有史以来最大的图书馆被一个商业巨头掌控，这将不是图书馆而是书店。

2009年9月，美国国会就数字图书市场的竞争和垄断问题，召开了一次听证会。亚马逊公司的代表认为，在和解协议中，谷歌可能是唯一将版权的获取视为退出机制的主体。亚马逊和微软都扫描版权图书，不过是在已取得授权的前提下，这两个公司都反对谷歌的和解

---

〔1〕 参见《谷歌的图书扫描计划为何失败》，载澎湃新闻，https://www.thepaper.cn/newsDetail_forward_1679335，最后访问日期：2019年11月16日。

协议。有国会议员向谷歌公司的代表提出，谷歌在和解协议中列出了将获取的潜在利益，包括机构订阅、消费者购买、广告、公共访问服务、按需印刷、定制出版、PDF下载、消费者订阅等，这是否意味着谷歌公司不必理会传统的版权法，从而在这种巨大的优势条件下开展图书业务。谷歌公司代表回应，无论在哪个图书市场，谷歌占有的份额数都是零，谷歌这图书市场的新手。与此同时，人们开始质疑谷歌图书计划中对使用者隐私权的保护，人们认为这个项目有能力对全人类实施监控，信息以某种形式被收集和组织起来，且能被监视。

从IBM的深蓝〔1〕的面世，到沃森〔2〕取得成功，再到AlphaGo〔3〕击败人类围棋手之后，人们开始认识到，谷歌图书的真正意图并不是做搜索引擎，而是做人工智能。有了海量数据库的支持，就能开发出智能系统。在互联网上，和其他东西相比，图书显得价值非凡，因为其内容是人们精选后放入的。数据是未来一切的基础，只要拥有海量数据，并对其进行正确处理，就能解答难度极高的问题。

从某种意义上来说，谷歌图书计划打算先建一个全球化图书馆，然后供人工智能计算机来阅读。可以预测的是，到2045年，人类机器文明的智力水平和能力水平可能扩展10亿倍，这样的转变如此奇特且意义深远。虽然目前智能终端还不在人们的体内或者脑内，不过今后有可能的是人们会依赖于它并认为它是自己身体的一部分，最终这

---

〔1〕 深蓝是IBM公司制造的一台超级国际象棋计算机。参见百度百科，https://baike.baidu.com/item/深蓝/2912705? fr = aladdin，最后访问日期：2019年11月14日。

〔2〕 沃森是IBM公司和美国得克萨斯大学联合打造的超级计算机，它拥有一套逻辑推理程序，可以推理出它认为最正确的答案。参见百度百科，https://baike.baidu.com/item/沃森/3801471#viewPageContent，最后访问日期：2019年11月14日。

〔3〕 阿尔法围棋(AlphaGo)是第一个击败人类职业围棋选手、第一个战胜围棋世界冠军的人工智能机器人，由谷歌(Google)旗下DeepMind公司戴密斯·哈萨比斯领衔的团队开发。其主要工作原理是“深度学习”。参见百度百科，https://baike.baidu.com/item/阿尔法围棋/19319610? fromtitle = 阿尔法狗 &fromid = 19447507&fr = aladdin，最后访问日期：2019年11月14日。

类设备的体积，会缩小到和血细胞一般大，安置在人们体内，保持人们身体健康，安置在大脑里，将大脑直连互联网，使人们能够直接访问包括所有图书在内的整个图书馆。有人认为，谷歌搜索可以提供的是智能辅助，而非人工智能。谷歌公司的联合创始人之一谢尔盖·布林曾经说过，谷歌公司将图书数字化并放置于互联网供人们搜索和获取信息，是如此大规模的工程的先行者，唯有谷歌将其真正付诸实施，遇到种种技术难题都被谷歌公司解决，遇到的法律纠纷也已解决。谢尔盖·布林表示很奇怪，为什么阻力还这么大，不过他也坚信最终会获得成功。根据美国法律，谷歌图书协议必须由美国法院进行复审。持反对意见的作者、出版商和他们的代表，有权提出反对。法官必须考虑他们的论据进而做出裁定。

在德国，众多著作权人发起了一场称为“海德堡请愿”的活动，一周内所有主流作家均参与了进来，从而引起了雪球效应。他们认为谷歌创建全世界图书馆的愿望听起来很美好，不过彻底的数字化会导致满盘皆输。这个活动得到了德国首相安吉拉·默克尔的支持，她表示，德国政府认为，互联网上应该有著作权的一席之地，她们反对谷歌没有获得著作权许可就扫描图书，德国政府决心捍卫德国作者的权利。[1] 法国前总统尼古拉斯·萨科齐曾表示，不会同意法国的文化遗产被大公司夺走，无论他们有多强，无论他们有多重要，无论他们是不是美国人。[2] 中国作家棉棉表示，当她第一次了解到谷歌正在扫描她的书是被她的律师提醒的。中国的图书作者对谷歌口诛笔伐因为谷歌图书计划没有得到作家们的许可就使用他们的作品。[3] 日本

---

〔1〕参见《德国总理默克尔批评谷歌图书扫描项目》，载 TechWeb，http://www.techweb.com.cn/news/2009－10－13/446811.shtml，最后访问日期：2019 年 11 月 14 日。

〔2〕参见《萨科齐对谷歌说“不”：绝不让别人掠夺法国文化遗产》，载凤凰网，http://book.ifeng.com/psl/sq/200912/1211_3555_1470887.shtml，最后访问日期：2019 年 11 月 14 日。

〔3〕参见《作家棉棉个人起诉谷歌图书馆侵权，索赔 6 万元》，载人民网，http://it.people.com.cn/GB/42891/42894/10581927.html，最后访问日期：2019 年 11 月 14 日。

作家明石正次郎认为他自己是谷歌扫描活动的受害者，并决心进行调查。然后发现了美国人所说的“文本片段”概念，谷歌从书里抽出少数几行文字放在网上供人阅读的方式对美国图书是可行的，因为美国图书的文字是横向的，不过谷歌对日本图书采用同样的“文本片段”方式就不可行，因为大部分日本图书是竖着写的。结果显示的文本片段不成句子没法阅读，因此谷歌的文本片段对于日文图书根本没有意义。[1]

2009 年的秋天，纽约南区法院审理了谷歌图书一案，作者代表提出谷歌和解协议会导致谷歌对信息形成事实垄断，媒体资源集中于谷歌的趋势加剧，如此一来，自由获取信息的权利将荡然无存。哈佛大学图书馆馆长认为，由于商业公司只对其股东负责，若由他们来操作此事，他们未必能为公众的利益负责。[2] 在法庭上，大家关注的核心问题有垄断问题，和解协议会带来仅有单一竞争者的市场，这意味着只有它才有权使用诸多作品。还有使用者私密阅读的问题，如果使用者在家里的电子终端里阅读图书，如何确保图书不被复制和传播。外国作者和出版商的代理律师甚至直言，如果法庭批准此项和解协议，世界贸易组织的成员将针对美国政府启动争端解决程序，如果美国政府在裁决过程中失利，那么其他贸易伙伴将有权对美国进行贸易制裁。[3] 法庭最终拒绝批准此项和解协议，这样谷歌图书计划就无法进行了，至少不能按其原来的商业计划进行。美国法官丹尼·陈表示，建立全球图书馆将会使公众收益，只是和解协议过于超前。谷歌公司和美国作者及出版商就集体诉讼案之间达成的和解协议使得谷

---

〔1〕 参见《谷歌和世界头脑》，载哔哩哔哩网，https://www.bilibili.com/video/av17098607/，最后访问日期：2019 年 11 月 14 日。

〔2〕 参见王世伟：《关于公共图书馆文旅深度融合的思考》，载道客巴巴，https://www.chnlib.com/News/yejie/625.html，最后访问日期：2019 年 11 月 14 日。

〔3〕 参见《谷歌和世界头脑》，载哔哩哔哩网，https://www.bilibili.com/video/av17098607/，最后访问日期：2019 年 11 月 14 日。

歌无须征得版权者的同意就可以开发利用一切图书，这会赋予谷歌公司巨大的权利，使谷歌公司在面对竞争对手时拥有巨大的竞争优势。在法庭驳回了谷歌的和解协议后，谷歌公司与作者和出版商协会进行了谈判，试图达成新的协议，不过未能形成双方接受的结果。作家协会随即起诉谷歌，就扫描图书造成的版权损害索赔高达 20 亿美元。而谷歌依据之前与主要图书馆达成的协议，继续扫描超过版权保护期的图书，同时根据和出版商的协议，在互联网上展示有版权图书的文本片段。就在同一时间，中国作家们指责搜索巨头百度存在侵犯著作权的行为，原因是它在未征得作者同意的情况下在线提供免费小说和图书章节。

（四）理性开发阶段

经谷歌公司多次修改的和解协议，于 2011 年被纽约南区法院否决，直到谷歌公司放弃和解协议中商业利用的内容后，单纯的数字扫描行为于 2013 年 11 月被法院认为构成合理使用。但著作权人再次提出上诉，使持续 8 年的诉讼再度延长。直至 2016 年 4 月，美国联邦最高法院裁决不予受理美国作家协会诉谷歌公司案，这使合理使用的判决结果最终生效，意味着谷歌数字图书计划长达十多年的著作权纠纷尘埃落定。谷歌图书计划案是一个缩影，它的背后所反映的是数字化利用图书的趋势及其面临的著作权法律困境。

目前，欧美政府和图书馆正共同努力，构建自己的免费公共数字图书馆。曾任哈佛大学图书馆馆长的著名历史学家罗伯特·达恩顿表示，他们打算开放这个数字图书馆，参与这个比谷歌更为宏大的项目，即“美国数字公共图书馆”（Digital Public Library of America, DPLA）项目。作为对谷歌的回应，欧洲的图书馆计划——Europeana 也已启动。罗伯特·达恩顿表示，他们仔细设计美国数字公共图书馆，使其与欧洲数字图书馆完美兼容，这样世界范围的图书网络就会迅速形成。[1]

虽然赢得了法律诉讼，但谷歌图书计划好像变得悄无声息了。近两年来，大家普遍不知道谷歌图书数字化项目的进展情况，直到一则消息的发布，才让人们意识到，谷歌图书数字化项目还在继续进行。2019 年 12 月 2 日，以色列驻华使馆官方微博发布了这样一条消息：以色列国家图书馆正在与谷歌图书项目合作，将 12 万本图书进行数字化处理。这 12 万本书中，有 45% 的文本是用希伯来语，意第绪语和拉迪诺语写的。这个复杂且庞大的项目预计耗时两年，以色列国家图书馆的工作人员表示，希望通过这个项目，让生活在世界各地的人们接触到这些小众语言，以及用这些文字记录下的历史与故事。[2]

四、图书大规模数字化的用途

随着技术的不断发展和相关产业的持续摸索，图书大规模数字化的用途范围逐渐变得广泛，从最初的用于保存濒临灭失的书籍，到数字化检索，再到对数字化图书语料库的数据挖掘，图书大规模数字化至少实现了三重用途。

（一）作品保存

谷歌图书项目的做法已经促进了全球所有数字化项目的加速，这些数字化项目致力于将世界上所有的书籍[3]和所有的文化遗产的文

---

〔1〕 参见《哈佛图书馆馆展推进“数字图书馆”：将哈佛开放给世界！》，载豆瓣网，https://site.douban.com/107795/widget/notes/339213/note/501374388/，最后访问日期：2019 年 11 月 14 日。

〔2〕 参见以色列驻华使馆官方微博，2019 年 12 月 2 日，载 https://weibointl.api.weibo.cn/share/129617273.html? weibo_id = 4445099486833311。

〔3〕 在大规模数字化项目中经常使用的“世界上所有的书”的概念是不确定的。在 Google Books 项目一开始，它曾经对应着大约 3000 万本书，这个数字很快增加到 5000 万本书。后来，谷歌最新的账户提到了 129,864,880 本图书。See Leonid Taycher, *Books of the World Stand Up and Be Counted!*, Google Blogspot, 5 August 2018.

献纳入数字化进程中。[1] 事实上，公共图书馆和档案馆进行馆藏数字化已经有20多年了，为了鼓励这种活动，许多国家的著作权法为馆藏保存提供特殊的豁免。值得注意的是，这往往是为了抵御公共图书馆或档案馆可能遭遇自然灾害或因人类疏忽而被破坏的风险。从这个角度来看，将世界上的所有文献数字化与过去所做的复制副本并储存到安全的地方的事请并没有区别，它们都属于风险防范的工作。

欧盟版权指令允许为保存目的对所有作品进行复制，无论其状态如何，且无须事先授权。版权指令第5(2)(c)条规定：支持公共图书馆、教育机构、博物馆或者档案馆，以非商业目的实施特定的复制行为。[2]但是第63条没有强制规定成员国可以自由决定是否将其纳入国内法，有些成员国没有实施这一规定。例如，英国《版权法》不允许出于保存目的复制录音、广播或电影，而且，对于这类作品，制作副本需要获得版权人的同意。[3]

在美国，针对图书馆为保存、替换副本和满足用户要求而允许复制作品的情况，有一项特别豁免。1998年《数字千年版权法案》通过后，美国版权法进行了修订，在第108条中，允许图书馆以保存为目的以“机器可读”或数字格式制作作品的副本，并作为已出版作品的替代品。但是，这个例外有两个限制：不能进一步的传播数字副本；数字副本不能在图书馆或档案馆外使用。更重要的是，第108条允许的复制是“没有任何直接或间接商业目的的”，但是它也明确表示，第108条

---

[1] Nick Pole, *The Cost of Digitising Europe's Cultural Heritage*, A Report for the Comité des Sages of the European Commission, the Collections Trust, 4 November 2010.

[2] Directive 2001/29/EC, Art 5(2)(c): Member States may provide for exceptions or limitations to the reproduction right provided for in Article 2... in respect of specific acts of reproduction made by publicly accessible libraries, educational establishments or museums, or by archives, which are not for direct or indirect economic or commercial advantage.

[3] Copyright, Designs and Patents Act 1988 (CDPA), S. 42, which applies only to literary, dramatic, or musical works, illustrations that accompany such works, and typographical arrangements of printed editions.

不排除第107 条合理使用规则的使用。[1]

我国现行著作权法第 22 条是合理使用条款,其第 8 款规定,图书馆、档案馆、纪念馆、博物馆、美术馆等为陈列或者保存版本的需要,复制本馆收藏的作品,可以不经著作权人许可,不向其支付报酬,但应当指明作者姓名、作品名称,并且不得侵犯著作权人依照本法享有的其他权利。[2] 这表明,我国著作权法中关于数字化馆藏作品的规定,仅限于以陈列或者保存为目的的数字化行为。

(二)信息检索

图书大规模数字化的第二个重要的用途是,以数字格式提供的内容会便于并增强使用者获取信息和知识,特别是在创建索引和运用搜索工具的背景下。然而,目前在全世界范围内,为了提供信息或以其他方式允许获取信息而进行复制的合法性是存疑的,因为它涉及一系列的受著作权法保护的行为,即复制行为、信息网络传播行为。除非作品属于公共领域,否则需要有明确的授权许可。数字技术的难题在于,获取数据信息的前提是制作数字格式的副本,这在图书大规模数字化进程中表现得更加明显。从广义上看,图书大规模数字化提高了信息获取的可能性。

(三)数据挖掘和分析

图书大规模数字化的第三个用途是数据挖掘和分析,这是信息技术、大数据和人工智能产业发展到一定阶段后凸显出的功能。应用文本与数据挖掘技术对数据信息开展收集、提取、整理、重组、分析、研判,揭示事物之间的关联性,这是数据分析的主要做法。图书大规模数字化的目的不仅仅是作品保存和信息检索,与传统的图书馆相比,

---

〔1〕 Author's Guild Inc. v. HathiTrust, No. 11 Civ. 6351 (HB), 2012 US Dist.

〔2〕 参见《中华人民共和国著作权法》(2010 年修订)第 22 条。

图书经过数字化，以一种不同以往的方式被进一步的利用，复制只是确保作品完全可供挖掘和分析的一个初步条件。[1] 机构用户有兴趣开发数字化作品的数据潜能，所以就有了通过数据挖掘和计算分析来提取信息的可能性。[2] 例如，与书籍的链接可以通过用户交互的结果生成，也可以通过文本挖掘的自动化过程生成，或者两者结合生成。然而，数字化作品的挖掘和分析并不一定需要向公众展示，也可能与信息获取的增强无关。正如在谷歌图书项目中直接显示出的，与我们目前对图书的理解不同之处在于，这些经数字化的作品不是用于供人类阅读的，而是供机器计算分析的。[3]

事实上，图书大规模数字化后的整个语料库是人类很难全部阅读的，人工智能旨在取代人类完成阅读和理解书籍的任务。在这方面，计算机发现了人类智力无法提取的信息，反过来，这些信息又被链接到单个项目上，例如书、图像、录音、视频，以便创造一个经授权的阅读环境。谷歌图书计划不仅对图书进行了扫描处理，还进行了数字化（Digitizing）处理与数据化（Datafication）处理。谷歌一位工程师曾说道：我们不会扫描所有图书供人们阅读，我们会扫描这些图书供人工智能阅读。[4] 人工智能"阅读"书籍的直接意义是，人工智能可以提取信息中无法手动获取的内容。[5] 大规模数字化的数据挖掘和分析

---

〔1〕 Borghi M. , Gennaro, I. D. , *Knowledge, Information and Values in the Age of Mass Digitisation*, Value, 5 January 2012.

〔2〕 Jean - Claude Guédon, *Who Will Digitize the World's Books*?, The New York Review of Books, 14 August 2008.

〔3〕 The Stanford University Libraries Amicus Letter in Support of the Google Books Settlement Agreement, *Authors Guild Inc. Google Inc.* , No. 1:05 - CV - 08136 (8 September 2009), 4.

〔4〕 参见 Language Oriented Programming the Next Programming Paradigm, http://www.edge.org/3rd_culture/dyson05/dyson05_index.html，最后访问日期：2019 年 8 月 17 日。

〔5〕 数据分析由计算机来进行，包括信息检索和价值提取。检索和提取是一枚硬币的两面，其组织原则是搜索引擎作为所有计算的最高验证实例。Borghi M. , Gennaro, I. D. , *Knowledge, Information and Values in the Age of Mass Digitisation*, Value, 5 January 2012.

功能是其最突出的用途，对在前数字时代已确立的著作权制度提出了更大的挑战。

五、图书大规模数字化的正当性

作为一个新兴的事物，图书大规模数字化存在其正当性，其正当性主要体现在它是数字时代的图书利用方式的必然选择，是数字网络产业不断进步与发展的体现，它能起到保存图书、保护知识、传承文化的重要功能，会促进知识、信息在更大范围的传播，尤其是使那些不为多数人知的绝版作品和孤儿作品重获新生，从长远来看符合社会公众的利益。本质上，图书大规模数字化活动与著作权法促进文化的交流，推动社会的进步的目标是一致的。

（一）促进文化发展

古今中外的学者大家都认为文化对社会的发展起着重要的作用。西汉董仲舒是我国著名的哲学家，其曾经从人性方面对文化展开了深入分析，最终提出文化对于人性以及社会的发展以及演变具有十分关键的作用，其还指出人类生活在这天地之中，并且还能根据自己的实际需求进行创造，这都是因为人类具有创新意识，在人们的日常生活中会逐渐形成不同的文化，同时人们还可以对其进行合理使用。[1]人们能够对知识进行归纳整理，同时对其进行创新，最终使其发展成文化。这也是人类不同于其他生物的本质地方。在董仲舒的观点中，人性发展到一定程度就会形成文化，其编写了《春秋繁露》，并在其中提到：人的本性是天生就存在的，而对于其在日后会演变为善还是恶，这主要取决于其所受到的教育，所以，文化对于人性以及社会的发展以及演变具有十分关键的作用。[2]

---

〔1〕 冯友兰：《中国哲学简史》，赵复三译，中华书局 2015 年版，第 241 页。

〔2〕 参见董仲舒：《春秋繁露》，中华书局 1975 年版，第 353 页。

针对文化对于上层建筑的影响，塞缪尔·亨廷顿曾经提到过：从狭义的角度来讲，真理的关键点主要是因为文化可以直接决定社会发展的程度，而政治只能对其进行辅助。从广义的角度来讲，真理的关键点为政治可以对文化起到引导以及纠正的作用，从而确保文化可以积极发展。[1] 罗伯特·帕特南曾经提出，在文化的基础上产生了体制，通过对20世纪末的意大利进行研究可以发现，文化对于相关政策的稳定实施具有十分关键的作用。[2] 孟德斯鸠撰写了《论法的精神》，并在其中指出，曾经有一位皇帝，他在意大利掌权的时候推行仁政，可是在土耳其的时候却提倡通过暴力来执政，之所以会存在这种现象，和该皇帝的性情并没有太大的关系，而是由于这两个国家之际的经济差距太大。从综合的角度来讲，随着现代化的不断发展，文化也会更加积极向上。

从文化与经济发展的关系来看，文化所具备的深层次含义已经深深地印在所有人的心目中，一种文化的类型、发展程度以及价值同其所在地区的历史具有十分密切的关系，其对于群众可以起到一定的引导作用。如果将经济同文化进行比较，我们可以发现，文化对人们的影响更大，它可以被人们世代相传，当有敌人入侵的时候，人们可以凭借心中的信仰与其一搏。而经济却没有这种效果，更无法撼动人们的意识。如果提及某一文化的缺点时，就会对信仰它的人带来一定的伤害，还有可能受到厌恶，因此不管使用的方式多么委婉，只要是对文化进行批评，就会于事无补。[3]

图书大规模数字化所具有的价值使其具有保护公众文化以及相

---

〔1〕［美］塞缪尔·亨廷顿、劳伦斯·哈里森：《文化的重要作用》，程克雄译，新华出版社2010年版，第8页。

〔2〕［英］罗伯特·D. 帕特南：《使民主运转起来——现代意大利的公民传统》，王列、赖海榕译，中国人民大学出版社2015年版，第256～257页。

〔3〕参见［美］戴斯·S. 兰德斯：《国富国穷》，门洪华、安增才、董素华、孙春霞译，新华出版社2010年版，第564页。

关权利的责任，若有人借助著作权法等方面的规定使文化开始不再传播，致使群众不能再接触到这些文化，那么我们就可以将其视为侵犯的公众的文化自由。文化自由和文化权利是我国宪法赋予公民的权利。我国《宪法》第 47 条是我国公民享有文化权利和文化自由的法律依据，根据该条的内容，宪法中规定的文化权利和自由包括有：科学研究、文学艺术创作和其他文化活动的自由。[1] 关于这方面的观点最开始是由哈耶克等人提出的。其指出，信仰自由的人需要先对个人自由以及个人选择有一定的认可，其中前者在自由主义中占据着十分关键的地位，同时为自由经济的发展提供了很大的帮助。除此之外，其还提出，个人自由从某方面来讲代表着人们能够为了满足自己的需求而使用其所具备的知识。社会在发展过程中所涉及的范围很广，内容繁多，而知识是以独立的形式成直线趋势传播的，其与所有群众的一举一动皆密切相关，由于十分零碎，因此不能被视为一个完整的体系。由于文化所涉及的范围很广，内容繁多，因此没有人能够对其全面掌握，而只能接触到其中一角。当前社会十分开明，相比于古代而言，不会在文化方面设有太多的限制，因此人们可以根据自己的需求探索、学习并利用知识。人们将所掌握的知识进行整理总结之后，使其演变成科学，在法律规定的范围内进行使用。

针对公众文化自由与著作权保护之间的关系，法国宪法委员会更加支持公众的权益，也就是相比于这两种权利来讲，更加注重对前者的保护。2014 年年初，法国有关部门申请对 20 世纪有关于稀有书籍研发的案件展开调查。为了对数字图书馆的建设与开发提供法律支持，该法案授权法国国家图书馆对绝版图书进行数字化，建立对应的数字图书馆来对已经稀有的图书进行保护收藏。相关法律提出在通过法国文化机构同意并上交一定费用的情况下才可以对绝版图书进

---

[1] 参见《宪法》第 47 条：中华人民共和国公民有进行科学研究、文学艺术创作和其他文化活动的自由。国家对于从事教育、科学、技术、文学、艺术和其他文化事业的公民的有益于人民的创造性工作，给以鼓励和帮助。

行再次出版,其中该许可具有一定的非独占性,并且在时间上具有一定的约束性。申请人提出上述法律内容同《人权与公民权宣言》中有关于财产权的内容不符,但该申请却被相关部门驳回。主要是因为这一规定在制定的时候的主要目的就是保护群众的权益,在其支付了对应的费用的前提下,针对还没有进入公共区域可是公众在接触到稀有书籍利用权的过程中却遇到重重阻碍的相关活动,并没有损害到作者的权益,也没有对作品带来任何损害。针对这种现象,宪法委员会提出:其一,要在保护作者的相关权益的同时,加大对绝版图书的使用力度;其二,要以保护公众文化权益为中心,在支付许可费用的情形下,对绝版图书展开数字化管理工作并不会对作者的相关权益构成损害。[1]

这一案例是十分具有代表性的图书数字化的著作权纠纷。在该案例中,宪法机构的关键工作就是对相关活动进行调查核实,查看其是否存在同宪法中的内容相矛盾的情况。在这一案件中,在对绝版图书进行数字化处理的时候,人们对此存在较大争议,有人认为这一做法并不合理。针对该问题,宪法部门并没有针对其中某个观点来进行分析,而是从另一方面出发,在作者的权利以及群众文化权益之间进行选择,同时着重提出如果权利人已经对作者支付了一定的费用,那么该公民对于图书的利用是合理合法的。但是在这一类型的图书数字化的著作权纠纷中,要想在公众对文化利用的权利以及作者的相关权益中找到可以互不侵犯的那个平衡点,就得从著作权出发,展开深入研究。一个健全的著作权体系应该具有以下两点:其一,是在作品的基础上给予作者更多的权限,并对其所具备的权益提供一定的保障;其二,是以维护群众的权益为中心,给作者的权限增加约束力,从而在此基础上实现群众以及作者之间权利的平衡。[2] 与联合国人权促进保护小组委员会2000年发布的《知识产权与人权》的决议中所倡

[1] 参见何蓉:《数字图书馆利用作品的著作权限制研究》,中南财经政法大学2018年博士学位论文。

[2] 黄玉烨:《知识产权与其他人权的冲突及其协调》,载《法商研究》2005年第5期。

导的“知识产权的保护不得损害基本人权的行使，保护知识产权不得违反《国际人权法》的基本要义”[1]相同的理由，在有关于数字化处理的相关权益中，对作者的相关权利进行维护的时候，需要注意不能做出有损公众文化自由的行为。

（二）提高社会效益

社会在前进的过程中，从某些角度来讲也是人们持续完善效益、促进生产效率增长的一个过程。该效率对于人类的长远稳定发展具有十分关键的作用，可以在一定程度上使人们不再害怕时间以及距离的约束。在此过程中，人们积极对科技进行创新，并以此方式来拓宽自己的眼界，让自己获得更多的知识，了解更广阔的范围，通过少量的成本来换取高额的效益。通过效益的实际情况，我们可以看出社会是否前进。当前社会经济利益不断增长，著作权方面的规定可以在一定程度上在作者以及公众之间的权益起到一个平衡的作用，提高效率是其未来改良和发展的趋向。法经济学的关键主要为着重提出法律所具有的效益。正义以及效率都是人们在研究法律作用的标准，正义在社会制度中具有十分关键的作用。[2] 这就体现出正义在法律体系中占据着很重要的地位，并具有较高的价值，但并不代表是全部价值，因为除此之外，还存在效益价值。法经济学提倡，在当前社会中，法律不但可以促进社会向更加公平的方向发展，同时还对社会合理使用资源提供了很大的帮助，在此基础上能够为社会增添更多的利益。

波斯纳针对“效用”“价值”“效率”这三方面进行了详细的叙述，特别是针对“效率”展开了深入研究。效用通常代表人们的需求被实现的程度，可是这种体验只是其主观角度方面的一种感觉，至于具体

---

〔1〕 WIPO, Office of the High Commissioner for Human Rights, *Intellectual Property Rights and Human Rights*, Sub – Commission on Human Rights Resolution, 2000.

〔2〕 [美]约翰·罗尔斯：《正义论》，何怀宏、何包钢、廖申白译，中国社会科学出版社 2009 年版，第 3 页。

该怎样衡量，需要根据每个人的性格等方面进行分析，因此较为抽象。波斯纳曾经从经济学出发来对效用进行叙述，其主要目的为引导群众在遇到危机时该怎样进行正确的选择。从价值的角度来讲，波斯纳通过一件物品在市场上进行交易的过程中所制定的价格为基准来对所有的价值进行判断，同时他还提出当群众有想法并且具有一定的经济实力来购买某物品的时候，才能充分体现出其价值。但是若某人十分迫切地想要一件物品，那么只能体现出该物品针对此人来讲具备很大的效用，其在得到该物品的时候会得到很大的满足。可是并不能说明该物品就一定具有这样的价值，因为可能在其他人眼中，该物品一文不值。波斯纳定理的核心思想为真正的公平应以效率为起点和终点，他着重提出，针对不同人，一件物品所起到的效用也会存在很大差异，因此很难制定一个一致的标准。例如，将一件物品分别交给 A 与 B 的时候，前者获得幸福的指数会远远超过后者，如果以此为标准就将该物品授予 A，这未免太过草率。在针对“价值”进行定义的前提下，波斯纳开始对“效率”尽心分析并概括，在此过程中，他设定了帕雷多最优原则，当一些人的情况向好的方向转变的时候，没有给其他人带来任何不利的影响，这样才可以被视为具有效率，效率的优化必须是建立在提高所有相关方的利益的基础之上的，若为了提高某一方的利益，而做出有损另一方权益的事情，就会违背最初的目的。[1] 卡尔多·希克斯以其自身的名字建立的卡尔多—希克斯效率，其中提出为了使一方获得一定的利益而做出有损他人权益的事情，如果在此过程中，所获取的利益要远远高于他人受损的部分，那么依然可以将其视为是具备效率的。除此之外，他还提出，若一方在获取到利益之后，将一部分拿出来给予失利的一方，那么从整体来看，现实情况依然向好

〔1〕 参见［澳］黄有光：《福利经济学》，周建明等译，中国友谊出版公司 1991 年版，第 39～41 页。

的方向发展，对于社会来讲也算是一种良好的现象。[1] 通过上述内容我们可以发现，卡尔多所提出的“效率”主要是站在社会的角度上来讲的，[2]最大效益化主要代表使用较少的成本，获得更大利益的回报。[3]

通过上述内容我们可以了解到，法经济学中涉及的有关于效率方面的评估主要有两种依据，其中帕雷多最优原则主要指当一些人的情况向好的方向转变的时候，没有给其他人带来任何不利的影响，这样才可以被视为具有效率，效率的优化必须是建立在提高所有相关方的利益的基础之上的，若为了提高某一方的利益，而做出有损另一方权益的事情，则可以被视为没有效益；而卡尔多—希克斯效率原则提出真正的效益不能从某一方面的得失来进行考虑，应该站在整体的角度进行综合考虑，也就是若一方在获取到利益之后，将一部分拿出来给予失利的一方，那么从整体来看，现实情况依然向好的方向发展，对于社会来讲也算是一种良好的现象，也是可以被视为存在效率的。上述中所涉及的原则，用于解释图书大规模数字化提高社会效率，都是行得通的。从帕雷多最优原则来看，发展图书大规模数字化，不但能够在一定程度上优化群众接触优秀知识的途径，同时也可以对作品起到一个宣传的作用，从而扩大其营销范围，这对于双方都具有一定的利益。并且从卡尔多希克斯效率原则来看，图书大规模数字化一定程度上使著作权人对控制其作品使用的权利有所让步，但是即便著作权人丧失了一部分对其作品的管理权，依然会得到一定的利益。如果从整个社会的角度来看，通过数字化来对书籍进行利用，能够在很大程度

---

〔1〕 参见［澳］黄有光：《福利经济学》，周建明等译，中国友谊出版公司 1991 年版，第 75 ~ 76 页。

〔2〕 黄倍：《法律经济学：方法论、理论脉络及应用》，浙江大学出版社 2008 年版，第 122 页。

〔3〕 张乃根：《法经济学：经济学视野里的法律现象》，上海人民出版社 2014 年版，第 93 页。

上促进社会的经济发展。因此，发展图书大规模数字化不但没有使任一相关方的利益被侵害，并且还给社会经济发展提供了很大的帮助。

（三）体现正义价值

不同的时代、不同的法学流派对正义有不同的解释。在古典时代的自然法学派思想中可寻得著作权制度的根本目的是保护作者的天然权利的观点。在公众与私人利益之间，并没有真正意义上的正义的一方，法律在其中的任何作为，是基于其中一方存在更强烈的需求或有利可图的情况下。在古老的两个国度古希腊和古罗马的法学家已经对此提出过自己的观点，诡辩家卡里克利斯认为强者的权利应当是自然法的基本原理；[1] 柏拉图也曾经在自己的书中提出正义是有利于强者的观点，他认为在正义产生偏差的时候，正义方通常要差于非正义方，实际来看，大众对于正义与非正义的真实价值常常出现错误的认知。我们要看清表象后面的本质问题，如果不去寻找本质而只停留在表象处的话，那就不是真正意义上的理解正义，相应地，对其进行谴责的对象就成了非正义之名，而不是非正义本身。[2] 斯拉雪麦格提出，若是非正义的力量足够大，就会获得比正义还要多的东西以及优越的位置。当人可以避开法律的约束时，不正义也就有了充足的行为价值。亚里士多德在书中提出，在原始社会的生活背景下的"自然正义"也许与当前高速发展的文明社会普遍认知的正义理念不同。[3] 在对于人力无法完全掌控的自然力的层面，以及对于道德观方向的发

---

〔1〕［美］E. 博登海默：《法理学——法律哲学与法律方法》，邓正来译，中国政法大学出版社 1998 年版，第 6 ~7 页。

〔2〕［古希腊］柏拉图：《理想国》，黄颖译，中国华侨出版社 2012 年版，第 41 页。

〔3〕［古希腊］亚里士多德：《政治学》，颜一、秦典华译，中国人民大学出版社 1999 年版，第 43 页。

展等层面都在进步，促使人类正义更加丰满。[1] 古希腊的法学专家们从另一方面对正义提出了解释，也可以被认为没有解释，只是站在了中立的方向上。正义维护的不见得就只是数量较少部分人的利益，也并不相对的维护另一部分人的利益，正义是一张随时都在变换的脸。如果一定要界定其概念，可以说正义是当代背景中在驱动力以及持久生命力方面能够达到的最具有善和理性的需求。依据上述两个古老国家的法学家所提出的观点，针对图书大规模数字化过程中所遭遇的著作权纠纷，就无法判断著作人以及公众哪个才是更需要法律保护的一方，我们不能否认任何一方的立场，两方都可以被视作公众利益。可以说，解决图书大规模数字化的著作权纠纷，一味纠结于谁对谁错没有意义，关键的部分是基于现代数字网络的大背景环境下，最需要我们去做的事情是什么，怎样才能对此采取更为理性或者高效的行为。该作品被创作出来也是希望它可以广泛传播，这个问题的核心不在于对作品的网络传播方面的管控，而是在该情况已经成为现实基础下对利益的分配方法，以及对相关机制进行更新，这包含了法律与观念改变两方面的问题。

斯多葛派的学者有一个著名观点，即正义是人类能够获得幸福的必要条件。该学者提出正义感会随着时代的变化而产生新的诠释，但正义是人类生来就有的，是普遍存在的优良品格，而公共事业也不能够独立于正义存在。在对利益和正义之间的关系进行论述之前，我们需要对一个前提进行探讨，也就是什么才叫真正的利益。西塞罗在自己的书中提出，利益与道德是息息相关的，正确的利益应当随着高尚的道德观念。他认为利益已经在逐渐地被扭曲，道德准则与利益的相关性逐渐被降低，致使人们在慢慢接受另一种观念，也就是某件事能够维持了道德水平但是没有利益，抑或是能够得到利益但却违背了道

---

〔1〕 [美]E. 博登海默：《法理学——法律哲学与法律方法》，邓正来译，中国政法大学出版社 1998 年版，第 15 页。

德要求。我们在研究正义时，常常要从适中以及道德角度出发；而相对于利益来说，常常存在财富、权势等方面。上述两方面，道德是人类内心的遵从标准，而利益是身外的便捷条件。这两点表面上看来存在矛盾，但若使其完全认同于标准或者身外的便捷条件也是不行的。一些学派专家对道德、正义、利益这三个词重新进行了极为挑剔的区别，即使曾经它们是同一个概念中存在的。他们提出，存在公正概念的应当是有利的；对应地，符合人们普遍认同的道德准则的就是公正的；所以结果认为符合道德准则的也是有利的一方。[1] 认真思考就会判断出，该学派主张中的“利益”与我们普遍认知的不同，他们指的是“有益处”而不是“有利益”，其将心理上的情绪，即快乐或其他视为一种尺度，进而对其他事物进行衡量，其主张培养优秀的品德只是为了能够获得利益而存在的。但快乐以及其他情绪是否为一种人类品性上的中等欲望，[2]结果理所当然是否定的。斯多葛派的观点长期将道德与理性关联在一起，对事物保持客观的看法，对于欲望则认为应该对其进行克制。人类在生产生活中应该不被情绪上不理性的因素所左右，并且认为自己不应依靠于外部环境，不应被世俗间的东西所约束，客观理性的对本能进行支配使用。一个人在足够理性看待事物的时候，应该是弘扬道德、抑制愤怒的，是脱离于普遍存在的大众会产生的欲望以及激情的，是完全符合优良的道德准则的。其所拥有的关于快乐方面的情绪是凌驾于普通层次的，与大众相关的共同快乐。若是群体中所有层面的利益都能融入在其中，那就成为优良的品德。在一部分事物不断发展期间出现了一种适当的融洽，普遍的大众会认为这就是完满的。而上述情况的出现原因是普通的大众对于真正的完善并没有一个充分的认知，当事物在其观念中已经达到了最圆满的结果，就可以停止了。只有当使每个人与整体利益结合起来，才能够满足所

---

〔1〕［古罗马］西塞罗：《论义务》，张竹明、龙莉译，译林出版社 2015 年版，第 69 页。

〔2〕［古罗马］马可·奥勒留：《沉思录》，何怀宏译，中央编译出版社 2008 年版，第 167 页。

有人的要求。但利益不是非此即彼的，面对模糊不清的利益时，我们无法完全避免其产生的影响。但对其只关注其中存在的有利处的部分，忽略其与道德标准相关的联系，这是那些伪装成正直者所存在的问题。[1] 通过认真观察就能理解，利益的存在不可以违背自然准则。对上述图书大规模数字化所涉案例中的利益关系进行分析研究后发现，若只对其作品的著作者所拥有的权利进行维护，认为这是在行使正确的正义方向的观点，就会出现忽略了关于社会未来发展以及大众利益的方面的问题。这并不是在规劝大众都应该在面对事物时脱离基本的欲望放弃应得的利益，但在进行图书大规模数字化这一事业时，应满足群众对于利益的需求以及促进社会长远发展的方面，将两方利益进行结合。

斯多葛派在自然法学方面更多地倾向于为一种乌托邦方式的观念。该观念在罗马帝国时期的人道主义以及平均主义两方面是为因果关系。在罗马进行发展的时期中，很多领导人都深受影响，该学派在这历史过程中占据着非常重要的地位，对于该国家在法律以及政治层面都产生着极为深远的影响，并进一步帮助罗马所在区域成为世界最先进的地方，最终使其成为罗马帝国最昌盛的时期。该国家一位著名的皇帝就是斯多葛派的学者，并且还拥有一定成就，他将接受的相关教育结合在日常生活当中，进而使该思想理念与国家的管理以及改革相结合，使这种乌托邦式的思想赋予了现实意义。

在图书大规模数字化发展中，不管是以罗马以及希腊认为利益为较强一方的需求出发，还是以斯多葛派主张的利益要从群众与整体的方向来看，在关于著作权持有者与群众利益方面的处理中，要倾向于较强利益方的需求，换个说法就是要权衡能够实现幸福较大方的需求。站在集体的角度来看，著作权人也是公众利益中的一员，其也是潜在的收益部分，在保障其作品以及相关应得利益的同时，也要将公

---

〔1〕［古罗马］西塞罗：《论义务》，张竹明、龙莉译，译林出版社 2015 年版，第 109 ~ 117 页。

众幸福以及社会的长远发展考虑进去。

六、图书大规模数字化对著作权法律关系的影响

与传统的图书利用方式中的著作权法律关系不同，在数字化图书利用方式中除了著作权人，出版者，使用者三方之外，还会加入网络服务提供者，在一定程度上，网络服务提供者甚至可以替代出版者成为新兴的作品传播者。图书大规模数字化带来了广泛获取知识和文化遗产的希望，但同时也带来了一些问题，即著作权人、网络服务者、使用者之间的法律关系问题。从著作权的角度来看，随着复制数量的转变，一系列授权许可问题应运而生。作品一旦被全部数字化，就成了数据的载体，在各种学习、研究和商业工作中，计算机可以从这些数据中自动提取和处理信息。作品被转换成数字格式的次数越多，就越不会像目前这样只供人类阅读。这种特性引起了人们对大规模数字化现象的关注，认为这是对现有著作权规范和原则的一种特殊挑战。

（一）数字化实施主体性质多元

图书大规模数字化的著作权利益相关方包括著作权人、网络服务者、使用者三个层面。从图书大规模数字化的发展来看，目前，图书数字化的主体主要是公共图书馆、档案馆或实力雄厚的网络服务提供者，它们要么有丰富的馆藏图书，要么有强大的技术支持和财力基础。根据其机构性质的不同，可以分为公益性机构和商业机构两大类。图书大规模数字化活动中的利益相关方还包括著作权人和数字化作品的使用者。著作权人是作者、出版商，也可能是经作者或出版商授权的作者协会等集体管理组织。由于大规模数字化的实施者倾向于集中取得授权，所以在实践中往往会与集体管理组织进行较多的合作。数字化作品的使用者包括个人使用者、机构使用者、大规模使用者。[1]

---

〔1〕 参见赵力：《数字化孤儿作品法律问题研究》，武汉大学2013年博士学位论文。

对于个人使用者而言,获取信息是其主要的目的。对于机构使用者和大规模使用者而言,保存文献、数据挖掘是其重视的领域。

在谷歌图书计划案中,谷歌提出了作者的意愿并没有被作者协会充分代表这一观点。这是因为大多数作者(根据内部随机调查)同意将他们的图书授权给谷歌扫描,供使用者搜索,并在经济上获益。[1] 2012 年 10 月,该案共同原告出版商宣布与谷歌达成单独的和解协议,并决定放弃诉讼。[2] 在该和解协议中,著作权集体管理组织的作用获得了新的集中度,充分体现了授权的集中和著作权人的意愿。集中控制和获得文字作品,提高了使用者检索和阅读的效率,但也容易出现违背个体自由的情况。这两者是否可以可调和,是值得在著作权法框架内探讨的问题。[3]

(二)数字化图书类型广泛

从著作权法的角度来看,大规模数字化的图书可以分为四类:第一类是公共领域的作品和超过著作权保护期的作品。第二类是绝版作品,指仍受著作权保护,但在传统的商业渠道中不复流通的作品。[4] 绝版作品的特性决定了使用者想要获取绝版作品是有一定难度的,对作品进行扫描并将其数字化副本上载至网络,供使用者在网络环境下获取作品,成为绝版作品传播的重要途径之一。[5] 第三类是孤儿作

---

〔1〕 Authors Guild Inc. v. Google Inc. ,No. 1:05 - cv - 08136,14 June 2012,20.

〔2〕 参见 Mass Publishers 网,http://www. publishers. org/press/85,最后访问日期:2019 年 10 月 4 日。

〔3〕 Timothy Lee, *Publishers abandon fight against Google book scanning*, Ars Technica, 4 October 2012.

〔4〕 参见 *Out - of - Commerce Works*:*Memorandum of Understanding*,http://ec. europa. eu/internal_market/copyright/out - of - commerce/ index_en. htm,最后访问日期:2019 年 10 月 14 日。

〔5〕 参见华劼:《绝版作品数字化版权问题研究——以欧盟和法国的版权制度调整为视角》,载《电子知识产权》2018 年第 9 期。

品,是指无法找到或无法联系到著作权人的作品。根据美国版权局2006年关于孤儿作品的报告中对孤儿作品的定义,术语“孤儿作品”用以描述使用者希望以获得著作权所有人权利许可的方式利用作品,然而著作权所有人信息不明或者无法找到的情形。[1] 第四类是享有著作权且正在流通的作品。显然,图书数字化对绝版作品和孤儿作品的利用具有重要的意义,一定程度上可以令尘封在角落里的绝版作品和孤儿作品重新焕发生机。除了公共领域的作品和超出著作权保护期的作品以外,数字化后三类作品必须经得著作权人的许可。在美国,数字化这些作品将不得不依赖版权的例外规则。互联网档案馆(Internet Archive)和Europeana这样的图书大规模数字化项目主要数字化前两类作品。

(三)数字化利用图书涉及的著作权

第一,复制权。传统上,复制权被认为是版权的核心,大规模数字化项目参与了大量的文字作品的复制,这涉及数字扫描行为,以及通过光学字符识别(OCR)技术的处理行为。[2] 作品数字化属于复制行为的一种,复制是著作权保护的重要内容。作品的数字化是网络环境构成的基础,也是网络环境下著作权保护的前提条件。[3] 根据《保护文学艺术作品伯尔尼公约》第9条第1款的规定,复制允许“以任何方式和采取任何形式”进行,当然也包括“数字化”的方式在内。这一问题在世界知识产权组织(WIPO)1996年12月20日通过的《世界知识产权组织版权条约》(WCT)中表述得更加明确。WIPO的WCT的注解1指明:“关于第1条第(4)款的议定声明:《伯尔尼公约》第

---

[1] The United States Copyright Office, *A Report on Orphan Works*, 2006, p. 1.

[2] Commission of the European Communities, Green Paper, *Copyright and Related Rights in the Information Society*, Brussels, 19 July 1995, COM (95) 382 Final.

[3] 参见李顺德:《馆藏文献数字化与复制权保护问题》,载《国家图书馆学刊》2004年第4期。

9 条索规定的复制权及其所允许的例外,完全适用于数字环境,尤其是以数字形式使用作品的情况。所以,在电子媒体中以数字形式存储受著作权保护的作品,构成《伯尔尼公约》第 9 条意义下的复制。”

第二,信息网络传播权。信息网络传播权是著作权人享有的一项著作财产权,它使著作权人的专有权延伸到了网络空间。信息网络传播权,指的是以有线或无线方式向公众提供作品,使公众可以在其个人选定的时间和地点获得作品的权利。[1] 图书大规模数字化就是要将经数字化后的作品通过互联网进行传播,由于信息网络传播权是著作权人的一项专有权,所以将享有著作权的作品放置到互联网上传播是存在信息网络传播权侵权风险的。几年前引起广泛关注的贾平凹、韩寒等知名作家状告百度文库盗版侵权事件,就是典型的侵犯信息网络传播权的事件。[2] 图书馆在数字化的发展进程中,对于是否可以通过网络让读者查询馆藏图书的问题,存在激烈的争论。我国《信息网络传播权保护条例》第 7 条规定:图书馆、档案馆、纪念馆、美术馆等可以不经著作权人许可,通过信息网络向本馆馆舍内服务对象提供本馆收藏的合法出版的数字作品和依法为陈列或者保存版本的需要以数字化形式复制的作品,不向其支付报酬,但不得直接或间接获得经济利益。当事人另有约定的除外。前款规定的为陈列或者保存版本需要以数字化形式复制的作品,应当是已经损毁或者濒临损毁、丢失或者失窃,或者其存储格式已经过时,并且在市场上无法购买或者只能以明显高于标定的价格购买的作品。[3] 根据此条款的规定,图书馆可以在不经著作权人许可且不向其支付报酬的情况下,对馆藏作品进行数字化处理,但有以下前提条件:(1)数字化的目的是为陈列或保存版本需要;(2)数字化的对象是本馆合法收藏的作品。对于非本馆

---

〔1〕 参见《中华人民共和国著作权法》(2010 年修订)第 10 条。

〔2〕 参见《韩寒诉百度文库》,载搜狐网,http://roll. sohu. com/20120713/n348089246. shtml,最后访问日期:2019 年 11 月 10 日。

〔3〕 参见《信息网络传播权保护条例》第 7 条。

合法收藏的作品，图书馆无权进行复制。在服务方式上，可通过网络在图书馆馆舍范围内进行传播服务，但必须满足以下条件：(1)不向馆舍以外传播；(2)不获取经济利益。对于超越陈列或保存版本需要目的之外的图书数字化，图书馆需要与权利人协商，在获取著作权许可后，才可行使相应数字化行为。

第三，保护作品完整权。图书在数字化的过程中，由于软件性能、网络平台和系统的差异等原因，有可能造作品原本的某些内容丢失或者改变。或者作品数字化后的语料库或数据库遭受恶意攻击和篡改，破坏了作品的信息完整，这都是侵犯著作权人的保护作品完整权的行为。我国《著作权法》明确规定了著作权人具有保护作品完整权，即保护作品不受歪曲、篡改的权利。[1]

数字化能够使作品的复制和传播变得快速和便利，数字化作品在大型数据库中的聚集为其进行数据分析价值的发挥创造了条件。因此，不仅是大规模数字化活动的规模将其与数字世界中进行的其他活动区分开来，而且所涉及的过程在质量上也有所不同。从著作权法的角度看，这是一种范式的转变。从公共利益的角度来看，质疑大规模数字化活动的潜在积极成果，可能与当前的著作权授权模式有很大的冲突。这一范式的创造性被形象描述为“把著作权倒起来”，这意味着它已经从传统的事前授权制度转向了一个选择退出的制度。[2] 在后一种制度中，权利人的同意不再需要进行传统上经许可进行的活动，例如，复制和复制受版权保护的材料；相反，作者只能事后回溯，以反对使用他们的作品。

---

〔1〕《著作权法》(2010 年修订)第 10 条。

〔2〕 Maurizio Borghi, Stavroula Karapapa, *Copyright and Mass Digitization*, Oxford University Press, 2013.

第二节 图书大规模数字化引起的著作权法律问题

技术障碍的克服和社会基础的完备并不能代表法律“瓶颈”的突破,历史上音乐作品和电影作品利用方式的数字化转变,都曾导致相关产业受到极大的冲击。关于图书数字化活动的合法性,引起了广泛的学术争论以及司法关注。由此前鉴,图书著作权人对大规模数字化持更为谨慎的态度。作为欧洲文化遗产的门户,Europeana 项目迄今为止进展缓慢,最主要的原因是版权许可问题。在 2012 年 10 月 10 日的裁决中,纽约地方法院发现,在 HathiTrust 数字化项目范围内开展的所有活动都被允许合理使用被告受版权保护的作品。[1] 这标志着从事馆藏数字化工作的图书馆取得了重大胜利,这一决定解决了图书大规模数字化的一些关键问题,而其他问题则没有得到回答。而最具代表性的是美国谷歌公司开始于 2004 年的谷歌图书计划,以及网络零售业巨头亚马逊公司为“Kindle 电子书”创立的数字图书在线商店。两者皆旨在传播数字化的文字作品,但后者仅以零售方式传播数字图书,尚未涉及作品地再许可。相比之下,“谷歌图书”计划则包含了再许可的内容。谷歌图书计划在全球范围内引发的著作权纠纷,说明数字化利用图书的商业模式还没有受到各利益相关方肯定。许多人将谷歌公司的大规模数字化视为“大规模侵权”,包括美国、德国、法国和中国在内的著作权组织分别以诉讼或其他方式提出反对。经谷歌公司多次修改的和解协议,也于 2011 年被纽约南区法院否决,直到谷歌公司放弃和解协议中商业利用的内容后,单纯数字扫描才于 2013 年 11 月被法院认可为合理使用,但著作权人再次提出上诉,使持续 8 年的诉讼再度延长。直至 2016 年 4 月,美国联邦最高法院作出不予受

[1] Author' s Guild Inc. v. HathiTrust, No. 11 Civ 6351 (HB), 2012 US Dist.

理美国作家协会诉谷歌公司案的决定,才使纽约南区法院的判决成为最终生效判决,才意味着谷歌数字图书馆长达十多年的著作权纠纷尘埃落定。谷歌案件只是一个缩影,它的背后所反映的是图书大规模数字化发展趋势以及其面临的著作权危机。

从著作权的角度来看,图书大规模数字化只是数字时代现象的一个显性的表现,大量复制和处理著作权内容已经成为许多服务和研究活动的核心业务。各种各样的数字化项目都有一个共同的愿景,那就是创建一个所谓的世界图书馆,几乎囊括了世界上所有已知的优势。这个愿望和互联网一样古老,在 20 世纪 90 年代中期开始实现,当时一些图书馆和非营利组织开始对它们的馆藏进行数字化。然而,这些项目在规模、功能和目标方面有很大的差异,它们的差异只是表明大规模数字化涉及的活动超出了建立数字图书馆的目的。在这方面,图书大规模数字化项目所产生的法律问题与新兴网络经济的其他活动所产生的法律问题具有共同的特征,如报纸文章以数字形式转换以提供新闻服务,系统提取和二次利用的各种数据库来做价格比较的内容,或者将数字内容聚合成网络。将这些活动结合在一起可以产生大规模效应,即大量复制是将作品中的信息用于各种商业目的的先决条件,而作品甚至都不向公众展示。这些技术被描述为"依赖于复制",因为它们基于常规的、自动的、不分青红皂白地大量复制品的方式进行操作,而实际上是无法获得授权的。[1] 这种大规模的影响表现在一种似乎将著作权彻底转变的层面上:虽然著作权是一种事前许可的系统,但大规模数字化带来了一种强制性的要求,即将著作权恢复为一种选择退出机制。为个人使用而结算的权利是不可行的,或者可能成本高得令人望而却步。正如本书稍后探讨的那样,使用所谓的"孤儿作品"(还在著作权保护期的作品,在经过仔细搜索之后,找不到作

[1] Matthew Sag, *Copyright and Copy - Reliant Technology*, Northwestern University Law Review 103 (2009) 1607.

者的作品),以及采用谷歌图书数字化的方法,都表明了这种转变。

在数字网络时代,从作品的复制到传播都发生了巨大变化。数字环境下的网络传播因其传播时间上的自由性、传播空间上的无限性和传播方式上的多样性,使公众获取了比在传统著作权时代更多接触作品的机会,社会公众可以更容易并且以更少的成本获取作品。这除了打破了原有著作权体系的利益关系格局,也对著作权的各项制度发起了严峻的挑战。图书大规模数字化活动受到了现有著作权法的制约,导致数字化利用作品的著作权纠纷频发,但是在传统著作权法律领域内却没有有效的解决路径。产生这些纠纷的主要原因在于诞生于前数字时代的著作权法无法适应图书数字化资源的建设和数字化利用图书的方式,主要体现为:图书大规模数字化适用的著作权限制空间狭窄、大规模著作权许可成本高昂和数字化作品完整权保护缺位等方面。

一、图书数字化适用著作权限制空间狭窄

尽管图书大规模数字化在获取知识和文化发展方面被证明是有优势的,但从法律的角度来看,它是一个复杂的问题,因为它的合法性仍不确定。图书大规模数字化通常被认为是大规模以数字格式转换著作权作品。近年来,由于图书、期刊、照片、录音和电影被大量数字化,集中出现在档案馆、资料库、数字图书馆,搜索引擎和数据聚合器中,这一活动越来越引人注目。例如,谷歌图书这样的商业项目,[1]非营利性企业如 Internet Archive 及其附属的开放图书馆。[2] 大型合作项目 HathiTrust。公共资助项目 Europeana。以及档案馆、图书馆、

---

〔1〕 Commission of the European Communities, Green Paper, Copyright and Related Rights in the Information Society, Brussels, 19 July 1995, COM (95)382 Final, 49.

〔2〕 Brad Stone, *Amazon Backs off Text – to – Speech Feature in Kindle*, NY Times(27 February 2009), http://bits. blogs. nytimes. com/2009/02/27/amazon – backs – feature – in – kindle/.

出版商和私营公司为实现商业或非商业目的而开展的一系列项目。虽然所有这些努力的联合效果有望提高获得文化和知识的机会，但图书大规模数字化背后的活动的合法性在很大程度上仍不确定。作为通往欧洲文化遗产的门户，Europeana 项目迄今为止取得了保守的进展，最显著的原因是著作权许可。[1] 从2005年的集体诉讼开始，谷歌图书在欧洲和美国遭遇到了诉讼的挑战。[2] 即使谷歌已经与出版商达成数字化目录的协议，法律的不确定性依然存在。关于大规模数字化现象的合法性的含糊不清引起了广泛的学术探讨和司法关注。在2012年10月10日的判决中，纽约地方法院认为在 HathiTrust 数字化项目范围内进行的所有活动都被允许"合理使用"被告的著作权保护作品，这标志着允许从事数字化馆藏图书。

即使图书大规模数字化的结果对广大公众而言是极具价值的，但这种潜在的公共事业是否足以撼动现有的著作权规则，或者著作权保护是否对普及知识的未来构成了障碍，是值得思考的问题。大多数争议都与图书大规模数字化似乎颠覆了著作权规则这一事实有关。这一点在谷歌图书案例的公平听证会上经常被提到。例如，代表亚马逊的 David Nimmer 教授是最初提高对和解协议的设想的人，他认为，没有作者同意将被要求进行一系列活动，通常需要作者的许可复制工作作为一个整体。美国司法部总检察长的副助理 William Cavanaugh 也重复这一观点，认为该协议将把著作权的事先征得作者同意的原则性的规则剔除，这在传统上属于著作权限制的范畴。[3] 这并不是图书大规模数字化将著作权从授予或拒绝许可的体系转变为授权后生效的体系的唯一案例，授权要求将作品从不受欢迎的用途中移除或排除。另一个例子来自美国作家协会和 HathiTrust 之间的诉讼。

---

[1] Perfect 10 v. Amazon. com, 508 F 3d 1146, 15474; Kelly v. Arriba Soft Corporation, 336 F 3d 811 (CA9 2003).

[2] Sony Corporation of America v. Universal City Studios Inc, 464 US 417, 454(1984).

[3] Infinity Broadcast Corp v. Kirkwood, 150 F 3d 104, 112(2d Cir 1998).

HathiTrust 资产管理公司成立于 2008 年，是由超过 70 家美国研究机构和图书馆共同合作创建的大规模的数字内容协作存储库，包括由谷歌、Internet Archive 和 Microsoft 进行数字化的内容，以及由合作图书馆发起的本地数字化的作品。[1] 截至 2012 年 11 月，HathiTrust 注册了包括 1000 多万册图书，其中 320 多万册属于公共领域，据说 HathiTrust 还举办了孤儿作品展览。[2] 作家协会，以及两个其他国家的作家团体和一些个人起诉 HathiTrust，他们对 HathiTrust 的数字化的努力提出了挑战和质疑。HathiTrust 的数字化努力为印刷不便人士提供全文搜索、保存和访问服务，他们还计划将孤儿作品提供给教师、学生和图书馆的读者。此案于 2012 年 10 月以有利于被告的方式判决，美国地方法院认为 HathiTrust 的数字化行为是合理的，并且认为案中的孤儿作品问题还没有成熟到可以判决的程度。[3]

图书馆和档案馆等机构的用户也参与了图书大规模数字化，但不参与作品的复制。2006 年，欧盟委员会（European Commission）宣布决定，通过将所有欧洲文化机构的努力结合在一个框架内，推广一种与谷歌图书计划类似的欧洲图书项目。欧洲数字门户网站 Europeana 于 2008 年启动，这是一个完全由公共资助的项目，它旨在通过创建一个通用的可以操作的数字平台，承载所有欧洲文化遗产。然而，与谷歌图书计划和 HathiTrust 不同的是，它通过其合作机构进行了选择，最重要的是，它不会在未经许可的情况下数字化作品。数字化的对象主要是公共领域的作品，已经获得许可使用的作品，或者是仍在保护中的作品的元数据。截至 2012 年 4 月，Europeana 向合作机构提供了超

---

〔1〕 Ringgold v. Black Entertainment Television Inc. , 126 F 3d 70, 78 – 79 (2d Cir 1997) rev'g, No. 96 Civ 0290, 1996 WL535547 (SDNY 19 September 1996).

〔2〕 Lloyd Weinreb, *Fair's Fair: A Comment on the Fair Use Doctrine*, Harvard Law Review103 (1989 – 1990) 1137 – 1140.

〔3〕 Melville B. Nimmer, David Nimmer, *Nimmer on Copyright: A Treatise on the Law of Literary, Musical and Artistic Property and the Protection of Ideas* (New York, NY) 13. 03 [A][2], 13 – 38 (1987).

过2300万件由欧洲2200多个文化和科学组织数字化的作品。尽管这些数字令人印象深刻,但到目前为止,该项目已经取得了保守的进展,特别是关于欧洲最近的文化遗产。这主要由于涉及定义作品的著作权地位和清算权利对于可能具有著作权的作品。正如欧盟委员会欧洲数字议程所承认的那样,现行许可制度的混乱和复杂也阻碍了欧洲文化遗产的数字化。权利许可必须得到改善,而Europeana应加强。这样的改进之一是在2012年10月颁布了《孤儿作品指令》,该指令将使欧洲文化机构能够数字化孤儿作品,并提供大量属于其收藏的作品。

最近的合作项目有美国数字公共图书馆(Digital Public Library of America),该项目于2010年启动,旨在将包括美国国会图书馆(Library of Congress)在内的美国主要公共图书馆的藏书统一起来。这个项目的灵感来自Europeana,它希望把来自其他合作机构的资源连接起来。谷歌图书的案例是版权和大规模数字化之间潜在冲突的典型,在许多方面,谷歌的活动可以被看作是为图书执行它通常为网络上的任何其他资源所做的,即复制和制作索引文本,使图书可搜索。然而,互联网作品的版权是以一种特殊的方式获得的,这并不完全符合传统环境中适用的规范,即为了商业目的而进行的大规模复制需要事先获得许可。谷歌希望通过其扫描程序将数字世界的版权规范强加给网络世界。版权和大规模数字化的冲突所产生的核心问题是,这种强制执行是否符合法律规范和原则。

面对数字技术对著作权法的挑战,知识产权相关的各个部门都使用了积极的措施来进行处理,同时还针对著作权进行了完善。从1996年开始到之后的几年中,国际有关组织纷纷颁布了相应的条约对这方面进行管理。我国制定了《著作权法》,但是由于实践时间较短,所以规定中存在较多问题。之后,我国又制定了《信息网络传播权保护条例》,特意用来保护数字环境下信息网络传播行为。可以说信息网络传播权保护条例对数字作品著作权保护起到必要的和积极的作用,但是存在不同的声音，主要原因是认为著作权新权利的增多表现出著作权人权利扩张的趋势，这造成了以扩大图书可接触范围为宗旨的图书大规模数字化所享有的著作权限制空间受到损害，最终对社会整体的利益带来了很大的不良影响。在全球角度来讲，判定合理使用的立法例主要有要素主义、规则主义以及要素主义和规则主义的结合这三种形式，要素主义将判定合理使用的标准归纳为多个要素。规则主义指的是通过列举的方式来对实际情况进行判定，德国、法国、中国、日本等大陆法系国家是采取这种模式的典型代表。要素主义和规则主义的结合主要指不但能够列举出合理利用的实际情况，同时还可以归纳出相关的判定准则，中国台湾地区在这一方法上的研究较深。要素主义可以分为灵活性以及概况性这两种，其中前者必须依赖于法官的判定，因此在实践过程中存在一定的缺陷。规则主义具有稳定性和规范性，使法官在裁判过程中具有确定性，但相较于不断发展的技术环境和社会背景，立法模式的缺陷逐渐显露出来，从而在面对种种问题的时候会遇到较多困难，会致使相关法官陷入困境。因此，应在最大程度上使这些缺陷得以解决，从而确保法律可以顺利实施。

现有的著作权法受到了来自数字技术和信息网络技术的冲击，传统著作权法所确立的利益格局被全新的作品传播方式和利用方式改变了，之前平衡的状态被影响，分配方式也需要进行创新。起着平衡利益的重要作用的合理使用是著作权限制制度的一种，然而在数字网络技术下作品的传播和利用行为无法适用传统的合理使用的列举式规定，因此数字化利用图书的情形直接被排除在了合理使用的列举范围之外。另外，由于网络环境中技术的复杂性，在以往环境中所形成的符合相关规定的活动，也开始呈现出较多的缺陷，这也致使法官在工作的过程中产生了同案不同判的情况。社会进步的重要标志之一就是技术的推陈出新和使用体现的更新换代，这是法律必须面对的情况，针对通过数字化的方式使用书籍来完善著作权限制制度是有必要的，也是势在必行的。

二、大规模著作权许可的成本高昂

图书大规模数字化试图建立一个网络上的世界图书馆，使所有图书最大范围的被接触到，这就意味着需要面对数量庞大的待数字化处理的图书资源。在开发数字图书资源的过程中，未能与著作权人达成作品利用合意而使有关于著作权方面的矛盾频繁出现，之所以会出现这种现象，主要是因为当前相关法律并未给数字化利用图书提供足够的著作权限制的空间，另外，在现有的著作权法律框架下，大规模著作权许可的成本高昂，数字化主体很难一一取得著作权人的授权。一份关于“2000～2007 年加拿大卡耐基梅隆大学数字图书馆计划”的调查结果显示，著作权的许可是图书数字化资源获取的过程中的一大阻碍。该调查采取随机抽样选取著作权人的方法，通过信函的方式来对其进行调查，最终结果显示，大部分人都积极配合，根据实际情况来进行了回答，但是同样也有很多人并没有给予回馈。其中给出较为清晰的答复中，大多数都属于合理的建议，图书馆在对书籍进行管理的时候可以借鉴。[1]

前文已述，图书大规模数字化可适用的著作权限制的空间十分狭窄，于是若想顺利实施图书数字化，只有投入极大的成本获得著作权人的许可。在图书馆电子信息委员会发布的针对欧盟《知识经济中的版权》（绿皮书）中提到，图书馆为了在一定程度上降低成本，在大部分情况下都会组织一个团队，用于专门采购资源。但虽然如此，图书馆依然需要支付大量的资金给图书资源提供者。[2] 在一个被授权的阅读环境中，读者们可以通过虚拟的方式访问这本书的具体情节，读者可以寻求文本的自动翻译，就如同是在图书馆中自如行走。在博物

---

〔1〕 Carole A. George, *Testing the Barriers to Digital Libraries: A Study Seeking Copyright Permissions to Digitize Published Words.*

〔2〕 EIFL. *Response by Electronic Information for Libraries: European Commission Green Paper Copyright in the Knowledge Economy.*

馆,达·芬奇的画作可以通过与在线艺术收藏的链接被仔细地观摩,可以通过使用世界范围的网络来找到更多的信息。这个环境可以由用户在网上搜索、阅读和分享内容的积累效应产生,而展示作品的平台可以追踪使用者的阅读习惯和偏好,并提供个性化的阅读环境。这是一种前所未有的阅读体验,它通过探索知识的计算能力,积累了世界上所有图书的电子格式,以及所有可能的关联,这一切是图书大规模数字化可以实现的。在这种情况下,让所有的图书和其他作品都可以在线搜索,是使它们成为网络空间内容的必要条件,[1]它的所有内涵都是信息社会进步的滋生地。[2] 然而,这个项目超出了著作权人的利益的微观范围,提高了著作权许可的成本。尽管现有的著作权规范似乎阻碍了图书数字化的快速发展,但著作权的目的从来不是为知识创造和传播的阻碍。通过对其历史演变的考察可以看出,著作权是旨在促进学习的进步和科学文化的发展,这一目的是通过保护著作权人的利益来实现的。[3]

根据加拿大魁北克地区国家图书馆的政策,魁北克国家图书馆和档案馆的馆藏图书资源主要是受著作权保护的作品,即不是公有领域的作品或者超出著作权保护期的作品。在数字资源开发方面魁北克国家图书馆采取自愿政策,图书馆组建专门的图书资源收集小组,以对受著作权保护的图书进行数字化开发为由,与著作权人或者其权利继受人进行接触、协商,从而获得许可,签署许可合同。自 1996 年魁北克国家图书馆使用了数字化的方式来对书籍进行管理,到目前为止获得了很多成就。然而,魁北克国家图书馆和档案馆项目对受著作权保护的作品所采取的数字化获取方式,不是法律方面的问题,而是与

[1] Laura A Heymann, *Everything is Transformative: Fair Use and Reader Response*, Columbia Journal of Law, 31 (2008) 445 - 448.

[2] Leon E Seltzer, *Exemptions and Fair Use in Copyright: The Exclusive Rights Tensions in the* 1976 *Copyright Act*, Cambridge, MA: Harvard University Press, 1978, 24.

[3] Sony Corporation of America v. Universal City Studios, 659 F 2d 963(9th Cir 1981).

政策相关。部分专业人士认为该国家图书馆在开展工作的过程中具有很大的缺陷，认为其可以效仿美国谷歌数字图书项目，对更多元化的图书通过数字化的方法来进行管理。相关人员回应指出该项目的目的是构建一个涵盖书籍、报纸、电影等多种类型的可以长远稳定发展的数字化图书馆。该负责人的真实意思是虽然她并不想攻击谷歌的数字图书计划，但谷歌数字图书计划的做法是具有风险的，如她所说谷歌的确疲于应对不断的著作权纠纷。虽然最后谷歌在同美国的官司上取得了胜利，可是在此过程中，谷歌也体会到了其中的不易，因此大面积地停止了这项工作。魁北克在没有触犯法律的底线的同时对受著作权保护的作品进行了数字化开发，在此过程中提出，通过与作者进行协商能够实现意想不到的效果，但是魁北克数字图书馆需要承担高昂的许可费之外还有十分昂贵的间接成本，如果一部图书有多个权利相关方，获得最终批准的难度就会加大，因此就需要耗费大量的资源。并且数字化的图书也很有限，那些不为多数人知的孤儿作品还是被人们遗忘在角落里。选择一一授权也是出于对图书数字化的著作权法律缺失的无奈之举，从现实情况来讲，需要从法律的角度出发来针对这一问题制定合理有效的处理方案。

20 世纪 80 年代末期，在时任法国总统的努力之下，法国开始使用数字化的方式来对书籍进行扫描。在最开始就出现了较大的问题，有部分出版社不愿意进行配合，在同其进行商议的过程中，会耗费更多的时间以及精力，同时还需要投入大量资金。尽管如此，最后的效果也可能不尽如人意。当时图书馆有关管理人员提出，在同出版社进行沟通的时候会遇到很多的困难，因为大部分出版社不愿意进行配合，但是大部分人因为对可能发生的数字出版的垄断的忧虑而拒绝磋商。[1] 这也造成数字化图书馆在 20 世纪末开始发生转变，同时群众

---

〔1〕 参见《法国公共图书馆数字化的是与非》，载国家数字文化网，http://www.ndcnc.gov.cn/zixun/huanqiu/201304/t20130411_616495.htm，最后访问日期：2019 年 11 月 23 日。

对其才产生了不好的印象。图书馆管理人员提出，在刚开始尝试的过程中，大多数作者以及出版社都同意通过数字化的方式对其相关书籍进行处理。可是当前网络呈直线式发展，人们开始担心这种现象会给他们之后的利益带来消极影响，于是停止了前进的脚步。[1] 最终只能通过双方签订协议的方式来解决，图书馆以及出版社之间达成一致共识，只允许让数字化管理手段接触公共书籍。这次事件成为法国法官作出司法判例的转折，此后，除上述规定之外，被著作权所保护的书籍等在使用数字化技术进行处理的时候不再受到著作权限制的约束。

数字化利用图书进程中的大规模数字资源的著作权获权是图书大规模数字化发展必须面对的问题。实现图书的数字化利用，前提是有大量的资源，而这些资源主要来自数字作用以及将之前的作品通过数字化处理。要想把这两种类型的作品在互联网上进行发展，则必须在此之前首先得到权利相关方的允许，若是依靠协议采取一一授权模式违背了互联网技术快捷的特征，将耗费巨大的时间成本和经济成本，很大程度上降低了文化流传的速度，对社会发展形成了很大的约束。所以，基于该情况对当前的著作权进行研究，对其中所存在的问题进行深入的论述，寻求高效又合理的著作权许可机制是当下学界关注的焦点。

三、保护作品完整权设定滞后

数字技术压缩了纸质媒体著作权信息的显示空间，而数字媒体所记载的有关作品本身和作品被使用的信息则具有易消失、易篡改和易暴露的特征，这也是孤儿作品数量逐渐增多的原因之一。图书的大规模数字化改变了人们对著作权的归属、许可和侵权概念的理解，这表现在图书的数字化实践中，图书的扫描和建立数字化语料库等用于使

---

〔1〕 参见《法国公共图书馆数字化的是与非》，载国家数字文化网，http://www.ndcnc.gov.cn/zixun/huanqiu/201304/t20130411_616495.htm，最后访问日期：2019 年 11 月 23 日。

用这些图书作为数字资源的商业和研究应用中。初步看来，所有这些做法的共同之处是规模效应，即获得海量的许可和扫描海量的图书。但正如前文所述，这种大规模的数字化利用图书的方式能够为作品带来新的含义、功能和价值。大量的数字化作品数据库的价值不仅在于使社会公众能够访问的作品的总和变大，而且在于集合本身使计算机可用的数据体量变大，在海量数字化存储库中使用作品不可避免地由数据处理中介，这包括计算机自动化处理作品中包含的数据、作品数据元数据、作品使用数据和作品最终用户的个人数据。在著作权人的眼中，这超越了机构用户或营利性企业应该涉及的范围。

在大量数字化语料库中，作品和数据的融合需要有一个规则框架，这超越了已建立的著作权规范的边界，需要以超出著作权人和机构用户的利益的方式规范数字化语料库的获取和使用的行为。更为重要的是，社会公众重视人类文化遗产或民族文化遗产的持续完整，希望可以不受限制得获取和利用这些知识和信息。不管大规模数字化的图书的著作权状况如何，这种重新分类的排序包含海量作品以供访问和使用的数字资料库应该成为法律保护的主题。在海量处理数字化作品的背景下，作品完整性的保护原则和方式会面临诸多挑战。图书大规模数字化并不会必然造成对作品完整性的影响，但是由于数字技术、网络技术的特点，在数字化利用作品的过程中会产生与传统利用方式不同的新问题，容易造成与传统利用作品方式不同的影响作品完整性的情况。

小　　结

本章主要阐释关于图书大规模数字化的基本问题及其引起的著作权法律问题。图书大规模数字化，是指大范围地将纸质载体上的作品转化为数字格式存储、传播和利用的活动。早在 20 世纪 80 年代，人们已经开始进行图书数字化，随着谷歌图书计划的发展，图书的数字化经历了初步探索、出现质疑、遭到反对和理性开发四个阶段。数字技术改变了图书的传播和使用方式,图书的大规模数字化可以起到保存作品,检索信息,数据挖掘和分析的作用。图书大规模数字化存在其正当性,其正当性主要体现在它是数字时代的图书利用方式的必然选择,是数字网络产业不断进步与发展的体现,它能起到保存图书、保护知识、传承文化的重要功能,会促进知识、信息在更大范围的传播,尤其是使那些不为多数人知的绝版作品和孤儿作品重获新生,从长远来看符合社会公众的利益。本质上,图书大规模数字化活动与著作权法促进文化的交流,推动社会的进步的目标是一致的。

图书大规模数字化与图书数字化的不同表现在三个方面,作品的利用方式由数字化变为了数据化,著作权许可的规模由个别的许可变为了海量的许可,作品数字化的方式由分散变为了集中。与传统的图书利用方式中的著作权法律关系不同,在数字化图书利用方式中除了著作权人,出版者,使用者三方之外,还会加入网络服务提供者,在一定程度上,网络服务提供者甚至可以替代出版者成为新兴的作品传播者。图书大规模数字化的客体主要是纸质载体上文字作品,根据文字作品著作权性质的不同,可以分为公共领域的作品、绝版作品、孤儿作品和其他受著作权保护并正在流通的作品。数字化利用图书的过程会涉及著作权人的保护作品完整权、复制权、信息网络传播权等权利。然而技术障碍的克服和社会基础的完备并不能代表法律瓶颈的突破。从目前各国的立法现状和司法实践来看,图书大规模数字化的著作法律困境主要体现为:图书大规模数字化适用的著作权限制空间狭窄,大规模著作权许可成本高昂,数字化作品完整权保护滞后等方面。因此,解决图书大规模数字化的著作权法律问题也应当着重从这几方面入手寻求解决路径。

第二章 图书大规模数字化适用著作权限制问题分析

图书大规模数字化意味着获取和使用图书方式的根本变化，并使得著作权保护成为数字网络环境下图书传播效率提高的制度“瓶颈”。图书的数字化利用方式会带来新的商业模式，图书的数字化会涉及著作权法中的复制行为和传播行为。然而诞生于前数字时代的著作权法对此活动的回应却非常简单，这导致图书的大规模数字化行为在著作权法上没有相应的依据。

第一节 图书大规模数字化适用著作权限制的困境

如果说专利法促进着技术的进步和发展，那么著作权法则一直被技术的发展所影响着。回顾历史，著作权概念的形成、著作权保护制度的出现、著作权限制制度的设置，都与技术的发展息息相关。在研究著作权法时，必须将其与各个历史时期的技术特征联系起来，因此著作权又是一个历史的概念。[1] 著作权的具体演变进程，和技术有

---

〔1〕 参见郑成思：《版权法》，中国人民大学出版社 2009 年版，第 1 页。

着极为密切的关系，著作权自身归属于技术成长的重要附属产物，该制度随着印刷体系的成长而出现，从其产生之日起就随着印刷技术，广播技术和录音、录像等技术的变革持续进行相应的调整措施，同时此类技术在实际的发展进程中，进一步存留了较为深刻的印记。[1]相较于以往的技术发展，数字技术对著作权法的影响更加深刻，它不仅对作品的传播方式产生影响，还造成作品的创作方式、承载方式、获取方式和使用方式产生了变化，数字技术对图书的利用方式也造成了同样的影响。数字化利用图书的行为在著作权法上没有明确的定位，数字化利用图书的行为在适用传统的著作权限制制度时产生了困境，具体表现在以下方面：

一、著作权在网络环境中的扩张

在20世纪下半叶的时候，基于数字、微电子以及生物工程等技术的发展，为著作权的成长提供了显著的影响。因此，技术革命属于著作权体系变革的核心动因。[2] 在新的数字网络体系中，再度论证了特定权利发展的基本规律，此类网络体系内所出现的扩张效应，重点彰显于保护客体的增加与权能的扩张的两个方面。

（一）著作权保护客体增加

传播技术的发展对著作权权利客体有着密切的影响，使作品的表现方式、承载方式和传播方式越来越多样，在以往的著作权法中，很多情况都无法预料到，但是在新的环境和形势下，产生了新的问题，比如对于保护客体范围的拓展。当下人们很关注的问题之一就是著作权的保护与实现。数据库一般是源自公有领域中的信息，其本身也不符

---

〔1〕 参见［英］R. F. 沃尔、［英］杰里米、［英］菲利普斯、［英］王捷：《版权与现代技术》，载《中外法学》1984年第6期。

〔2〕 吴汉东：《科技技术、国际贸易与著作权保护——关于当代著作权制度发展变革趋势的分析》，载《黑龙江省政法管理干部学院学报》1999年第1期。

合著作权法中作品的具体要求，不过数据库在网络环境下具备关键的价值，同时能够创造实实在在的效益，因此，国际条约和各国立法开始规定了对数据库的保护。[1] 例如，在20世纪90年代末的时候，欧盟就专门出台了《数据库指令》，该指令的出发点是对数据库的著作权进行充分保障，引导和创建知识经济时代的权利保护。

按照欧盟所出台的指令以及相关文件内容，其对于相关作品的创造性、投资领域等问题进行阐述说明，同时设定了具体的保护条例和满足要求的门槛。对于数据信息、材料的选用和设计层面，只要满足足够的创造性价值，就将承认并提供相应的著作权保护；只要是实施了具体性的投资，就算不满足独创性的要求，同样会给予一定的权利保护。特殊权利是针对数据内容而作出的规定。[2] 设置特殊权利保护是保护数据库制作者的投资，其根本目的不是基于保护创作者智力劳动，而是在于鼓励人们投资和开发更多具有社会效益和经济价值的数据库。有学者质疑这种规定，认为对数据库特殊权利保护的规定无法科学而高效地协调好公平与效率所存在的关系。在立法路线、权利构成、权利的设定和划分、保护时间等多个方面上存在明显不足。[3] 还有一些研究人员认为对这种特殊权利的创建以及保护是面临外部压力而做出的无奈选择，并非实际市场和外部的需求。因此这样的制度设计将会导致利益失调，同时带来不正当竞争的可能性。

（二）著作权权能扩张

传统上复制权被认为是著作权的核心，确立信息网络传播权，是著作权发展中的里程碑式的事件。作品的印制权和重印权是著作权法最初保护内容，有形物质载体的呈现使著作权的发展有了依托。世界上第一部保护作者权益的法律，是英国所出台的《安娜法令》，其颁

---

〔1〕 参见崔国斌：《著作权法原理与案例》，北京大学出版社2014年版，第214~215页。

〔2〕 参见李明德：《欧盟知识产权法》，法律出版社2010年版，第175~181页。

〔3〕 李扬：《数据库特殊权利保护制度的缺陷及立法完善》，载《法商研究》2003年第4期。

布的出发点是给予作者以及出版者在印刷完成的图书上具备相应阶段中的权限，实际上是鼓励和引导知识创造，营造良好的尊重知识的氛围。[1] 在以往的著作权中，其重点关注的是复制权，因此很大程度上体现出复制权中心的明显特征，在著作权权利的设定上都是以复制为核心，从而进行部署。而进入信息网络时代，此时的核心不再是简单复制权，而是以传播权为核心，这种环境下著作权主体的权利也相应地拓展到网络中，对以往的著作权制度，尤其是包括合理使用、首次销售原则等制度带来了前所未有的冲击。

图书的大规模数字化项目通过光学字符识别技术大规模扫描和处理这些作品，创建图书页面的扫描图像文件和打印版本的文本文件，数字化过程需要对原始文件进行两次复制。前文已述，复制这些材料不仅是为了保存，而且是为了加强对内容的访问，并在越来越大的程度上探索这些信息的计算潜力。在未经授权的情况下进行复制，这显然是侵权行为，大规模数字化活动就是以一种前所未有的方式改变了传统的获取和使用作品的方式。例如，谷歌图书计划对阅读方式产生了影响，比起通过既定的索引形式提供图书搜索，不如通过内部文本搜索直接检索电子书。亚马逊的便携式电子书阅读器 Kindle 在很多方面也改变了人们的阅读体验，例如，它的文本到语音的功能可以实现电子书的语音自动叙述。其他新兴技术，如自动文本翻译、图像分析或声音识别，对作品的体验方式也产生了越来越大的影响。

在数字技术得以发展的全新环境下，国际条约以及各个国家的立法，在著作权制度层面上展开了一系列的改革与调整。自 20 世纪 90 年代以后，伴随计算机地位重要性的进一步凸显，美国率先创建了信息网络传播权的概念。美国的《知识产权与国家信息基础设施》将数字环境融入著作权法之中，并对以适应数字技术发展和数字版权产业兴起为目的的著作权法的修改进行探讨。1996 年，世界知识产权组织

---

[1] 参见吴汉东：《著作权合理使用制度研究》，中国人民大学出版社 2013 年版，第 9～13 页。

通过了《世界知识产权组织版权条约》(World Intellectual Property Organization Copyright Treaty,WCT)等规范性文件,而美国在后一年推出了《数字千年版权法》,也是为了对数字时代下的数字版权问题进行更好地规范以及引导发展。在后续阶段的发展中,欧盟在2001年时公布了《信息社会版权指令》,对于整个欧盟范围中的版权分歧给出解决方案。而我国在该领域的立法工作也积极跟进,在2001年对《著作权法》进行修改时规定了信息网络传播权,不过因为该法律的不成熟不系统,以及法律条文不够具体,所以在司法实践以及行政处理中面临诸多的不确定性,在一些法律条文的适用以及其中的个别事项上分歧很大。我国在2006年的时候公布了《信息网络传播权保护条例》,这部法律更加具体更有针对性,对于新时代下的著作权问题以及涉及的一系列事项进行规定和阐述。但是传统的合理使用制度无法适用于数字网络环境中,其他相关制度也尚未构建,导致数字化利用作品的著作权纠纷时有发生。

二、合理使用判断标准无法适用于数字环境

(一)合理使用适用空间被挤压

著作权权利在数字网络环境中扩张造成使用者的使用自由被挤压,[1]使得在网络环境中得以适用合理使用制度的类型减少。首先,针对传统图书利用方式而设置的合理使用没有延伸至图书的数字化利用方式中。法律承认并保护著作权人可以决定自己的作品是否在网络环境下进行传播和流通。不过对于该权利的限制情况并未结合网络进行设定。[2] 在以往的传播环境下,图书馆等机构可以合理使用的情况,无法在网络时代下进行运用。其次,数字技术改变了传统

---

〔1〕 参见薛红:《网络时代的知识产权法》,法律出版社2000年版,第129~131页。

〔2〕 朱理:《著作权的边界——信息社会著作权的限制与例外研究》,北京大学出版社2011年版,第153页。

的获取和使用作品的方式，然而尚未形成针对这类方式的著作权限制制度。当下我国的数字化图书行业发展已经初具规模，数字化图书的获取和实现方式多种多样。我们能够发现，在数字信息技术加快自由流通以及传播的过程中，同样面临全新的侵权风险和相关问题，这是无法逃避的。

（二）合理使用判断标准落后

作为一项重要的著作权限制制度，合理使用的设定，是为了更好地协调个体的利益和公共利益之间的矛盾冲突问题。合理使用制度通过赋予著作权人对其作品享有专有权利的同时，并提出著作人需要免费让出一定的权利，让公众能够使用资源。当然公众在使用这些资源的过程中，需要保障著作权人的基础权益不受侵犯，保障作品能够继续得到使用，进而达到二者之间利益的平衡效果。[1] 分析现在世界范围内合理使用的立法例，由于缺乏原则性的指导，开放式的因素主义模式容易造成不稳定的司法实践；[2] 由于弹性不够，在封闭式的环境下，倾向于导致制度不断失去活性，逐渐僵化，所以合理使用制度落后于时代潮流发展，对于数字技术下面临的挑战无法高效应对。

在图书大规模数字化的发展中，同样存在著作权保护和公共利益之间的矛盾，对著作权人权利的过度保护会侵害社会公众的利益，因此，需要限制著作权人的权利，以保障在图书大规模数字化关系中私人利益与公共利益的平衡。数字化涉及很多受到著作权保护的行为，尤其是在复制权方面。虽然复制需要著作权人的授权，但其他增强信息获取功能的使用[3] 是否侵权尚是疑问。这类增强信息获取的功能

---

〔1〕 参见吴汉东：《著作权合理使用制度研究》，中国人民大学出版社 2013 年版，第 142 页。

〔2〕 Severine Dusollier, *Copyright and Access to Information in the Digital Environment – A study Prepared for the Third UNESCO Congress on Ethical*, Legal and Societal Challenges of Cyberspace, Infoethics, 2000.

〔3〕 比如复制后用于进行文本搜索的功能。

可以赋予作品更多的价值，例如，使其易于在网上搜索，但从著作权的角度来看，它们是否被允许，是否应该被允许，是不确定的。作品价值的提高以及对社会效用和公共福利的影响的加大，是否需要免除这些行为对复制权的侵犯。这并不完全符合传统著作权法允许的使用范围，除非复制被严格限制为保存的目的。没有其他的著作权限制制度来涵盖这种行为。因为作品是被复制的，有时甚至是被整体的复制，这些用途被认为是彻底的侵权行为。尽管如此，图书大规模数字化活动可以在美国版权法下找到依据，因为合理使用制度扩展到覆盖逐字复制的技术授权的行为，因为这些行为能够给作品一个新的用途或意义。[1] 这就是转换性使用，转换性的要素并不存在于后续使用者的创造性输入中，而是存在于一种新技术的应用中，这种新技术可以为已经存在的作品带来新的功能。

三、法定许可和强制许可的适用范围狭窄

法定许可制度可以解决图书大规模数字化资源获取的效率问题，但是传统的法定许可制度是根据前数字时代的传播方式所制定，无法直接适用于图书的大规模数字化发展之中。法定许可省去了作者和使用者双方授权许可的烦琐过程，大大降低了交易成本，为图书数字化的著作权交易提供了便利。但是法定许可所规定的法定价格一般远远低于图书的市场，会阻碍图书价值的实现，著作权人创作作品时所预期的经济利益可能无法实现，即作品无法通过创作作品获取期望的经济收益，也许会在一定程度上挫伤作者再创作的驱动力。进一步地，价格、供给和需求之间具有紧密的联系，对价格的控制会影响市场效果，当政府对竞争市场实行限制性价格上限时，会产生物品的短缺。[2] 同理，当法定许可对作品实施最高限价时，会造成作品在价格

---

〔1〕 Stefan Bechtold, *Digital Rights Management in the United States and Europe*, American Journal of Comparative Law, 2004, p. 323.

〔2〕 [美]曼昆：《经济学原理》，梁小民译，机械工业出版社 2003 年版，第 115～116 页。

控制之下的短缺,从而引发作品供不应求的局面。因此要发挥法定许可在图书大规模数字化中的作用,解决图书数字化的海量授权问题,还应对现有的法定许可制度作出调整。

著作权强制许可主要具有两层含义:第一种含义指,著作权人在没有正当理由而拒绝公众使用作品时,公众可向著作权行政管理部门申请强制许可使用该作品。著作权强制许可不需要经得著作权人的同意,但使著作权人保留了取得经济报酬的权利,即被许可人可以不取得著作人的授权而使用作品,但是需要向后者支付使用报酬。因此,成立强制许可需要满足两个条件:首先,著作权人没有正当理由拒绝他人对作品的使用,以及实现拒绝其他主体运用的相应协议;其次,使用人需要向专业的管理机构进行申请,取得著作权行政管理部门的授权才能使用该作品。只有以上两个条件同时发生才能构成著作权强制许可。依据《保护文学艺术作品伯尔尼条约》第 17 条的规定,著作权人行使权利不得违反社会公共秩序。根据著作权公有领域保留原则,针对著作权滥用,即当著作权人滥用权利时,既可以根据著作权强制许可制度禁止作品的传播和使用,也可在一些需要的情形下,通过行政管理机构强制设定要求,从而许可作品的传播和使用。据此,著作权强制许可制度可以有效地防止著作权人的权力滥用。第二种著作权强制许可的含义是指著作权相关国际条约中针对发展中国家设置的一种优惠政策。在《保护文学艺术作品伯尔尼公约》附件和《世界知识产权版权公约》中都规定了针对发展中国家使用他国作品的强制性许可的优惠条款,即发展中国家的使用者想要对某些外国作品进行复制或者翻译,但是找不到著作权人,或者著作人拒绝授权,简言之,在无法得到外国著作人的授权许可情况下,使用人能够利用相应的程序,从所在国的专业管理部门处得到类似于许可证等文件后,能够更加便利地翻译或者拷贝海外作品,不过需要为此付出一定的报酬。[1] 这里提到的强制性许可的特点主要包括有:(1)从使用目的来看,强制许可使用更多以社会公共利益为出发点,主要为科研、教学和学术活动提供便利;(2)从使用性质来看,强制许可属于行政许可行为,需要通过使用者申请并通过行政机关审批才可以成立;(3)从适用范围来看,复制权和翻译权是强制许可的权利范围,不包括对信息网络传播权的强制许可;(4)从使用性质来看,强制许可使用未要求必须是非营利性的,但一般为营利性,因此使用者需要向著作人支付报酬;(5)从权利限制的程度来看,强制许可与法定许可均在对著作权人权利作出限制的同时,保留了著作权人获得报酬的权利;(6)从使用主体资格来看,强制许可仅针对提出申请并获得批准的使用者。综合看来,强制许可制度会受到更多诸如使用目的、适用范围、使用程度等限制。而相对应地,法定许可使用的方式无法通过程序审批,适用情形由法律直接规定,适用范围更广,主要以公共利益和促进产业发展为目的。综上所述,在进行综合比较之后,以强制许可的方式来解决图书大规模数字化的著作权许可问题,不具有现实意义和实际操作可能性。

第二节　建立面向图书大规模数字化的著作权合理使用制度

如果将文化的传播和发展比作一棵大树,著作权法律可以看作不断地浇灌这棵树的养分,使这片土壤越来越肥沃。但养分的给予应该坚持适度原则,过量的养分并不适合大树的茁壮成长。对著作权所进行的充分保护对于其自身的发展是不利的。在著作权权利不断拓展的大环境下,合理使用制度可以起到关键作用。考察数字环境下合理使用制度的实施现状,找出数字化利用图书无法直接适用合理使用的原因,对有关著作权的国际公约和代表性国家或地区的合理使用立法

〔1〕 参见郑成思:《版权法》,中国人民大学出版社 2009 年版,第 420 页。

例进行比较研究,从而找到面向图书数字化的著作权合理使用制度的完善路径,具有重要的理论价值和实践意义。

一、数字环境下合理使用的实施现状

(一)合理使用规则主义立法模式缺乏灵活性

合理使用规则主义立法模式指的就是合理使用的三步检验法,其最先由《保护文学艺术作品伯尔尼公约》规定,后来被TRIPs协议、《世界知识产权组织版权条约》等条约充分吸收后,后续也实现了一定的发展。根据多个国家所签署和达成《保护文学艺术作品伯尔尼公约》的规定:"本同盟成员国法律以及成员国之间现有或将要签订的特别协议的规定,可以合法地通过出版物、无线电广播或录音录像使用文学艺术作品作为教学解说的权利,只要是在为达到目的的正当需要范围内使用,并符合合理使用。"该条创设了三步检验法的机制,认为各个成员国在符合下面三个要求基础上,才能对著作权的问题进行合理使用的判定,具体为:(1)该限制仅可以运用在特殊的情况中;(2)该限制不会不利于作品的正常使用;(3)不能对著作权人的权益造成损害。

TRIPs协议基本贯彻了《保护文学艺术作品伯尔尼公约》关于合理使用的规定,并在此基础上进行了延伸,TRIPs协议规定:"所有成员应将针对著作权的限制或例外局限于某些特殊情形,并与该作品的正常利用不相冲突,不得不合理地损害权利人的合法利益。"基于此不难发现,TRIPs协议中对于著作权限制的问题,同样基于三个角度进行设定和阐述:(1)该限制是在一定特殊情形中;(2)该限制需要满足合理要求;(3)该限制不能对作品的常规使用形成影响。相比较来看,对于公约中的内容进行一定拓展,延伸了限制的权限区间,从最初的复制权发展到全部著作权权项,此外还对主体的设定进行扩展。

《世界知识产权组织版权条约》第10条第2款规定:"各缔约国可

以依据本条约在某些特殊情况下设置针对文学和艺术作品著作权的限制和例外,但是该设置不能与作品的正常使用相冲突,并且没有不合理地损害作者的合法利益。"[1] 该条约内容中,对于相关协议内容中的利益主体的范围进行缩小,重申了《保护文学艺术作品伯尔尼公约》合法利益的主体问题,也就是只能是著作人。更为关键的是,《世界知识产权组织版权条约》的条文中,将著作权拓展到全新的数字环境中,同时对于信息时代下的作品是否适合相应限制的问题进行了规定。[2] 《世界知识产权组织版权条约》等条约的出台,代表着世界范围内在著作权人和公众之间努力追求一种利益的稳定平衡,特别是科学研究和数据共享的协调问题,在实践活动和问题判断上具备重要的参考价值。

上述国际性条约均设置了三步检验法的内容,尽管存在一定的差异,不过大致的描述以及结构基本一致。通过梳理,该方法含有的内容为:首先,著作权合理使用只存在特定的少数情形中;其次,这种合理使用不能影响作品的常规使用,避免出现冲突;最后,这种使用不能不合理地损害著作权人的利益。可以得出,这种方法中的三个过程实际上是重合的,这说明相应地以三个条件分析使用行为时,在三个条件都符合的基础上,才能判断为合理使用。[3] 各国著作权法在这种三步法的前提下,列出了合理使用的具体情形,基于此建立了规则主义的立法观念。在具体的运用情形中,人们常常结合三步法来分析某具体的著作权限制的设定是否满足《伯尔尼公约》中的条例以及立法规则,[4] 不过该方法的规定过于宽泛,在实践中造成了适用困境。

---

〔1〕 参见世界知识产权组织《世界知识产权组织版权条约》。

〔2〕 [英]埃斯特尔·德克雷:《欧盟版权法之未来》,徐红菊译,知识产权出版社 2016 年版,第 255 页。

〔3〕 参见朱理:《著作权的边界——信息社会著作权的限制与例外研究》,北京大学出版社 2011 年版,第 110 ~ 111 页。

〔4〕 See Sam Ricketson, *The Three - Step Test, Deemed Quantities, Libraries and Closed Exceptions*, Center for Copyright Studies, 2002.

规则主义立法模式的追随者，主要为欧洲的德国以及法国。在德国的法律体系中，对著作权合理使用的情况进行了具体的罗列。[1]德国著作权法中没有合理使用判定标准原则性的规定。法国著作权合理使用制度也采用了规则主义的立法模式，和德国的情况较为接近，《法国知识产权法典》第 L. 122 - 5 条详细列举了合理使用的情形。[2]另外，《法国知识产权法典》规定了合理使用的判定标准，即本条所列例外情形不得有损作品的正常使用，也不得造成作者合法权益

---

〔1〕 包括：(1)临时复制行为；(2)法院和政府机构为维护公共安全和公民权利进行的必要的复制行为；(3)为向残疾人提供非营利性服务而少量复制作品的行为；(4)出于学校教育目的，将学校广播电视播放的作品转录成音像制品的行为；(5)对公开演讲的内容进行复制、发行和公开再现的行为；(6)对报纸文章、广播电视评论进行摘录，并对摘录进行复制、发行或公开再现的行为；(7)对时事新闻报道在一定范围内进行复制、发行和公开再现的行为；(8)对已发表的作品进行简短引用的行为；(9)出于社会保障、教育之目的对已经发表作品在一定范围内进行公开再现的行为；(10)出于科学研究之目的，将已经发表作品的片段或部分内容在一定人群内部传播的行为；(11)出于个人使用之目的对作品进行复制的行为。参见[德]雷炳德：《著作权法》，张恩民译，法律出版社 2005 年版，第 725 ~ 729 页。

〔2〕 包括：(1)仅在家庭范围内进行的免费的私人表演；(2)仅供复制者私人使用的复制行为；(3)在明确指出作者姓名和出处情形下的简短引用，用于报刊提要，通过新闻报道对在政治、行政、司法或学术大会及政治性公共集会和官方庆典上面向公众发表的讲话，进行的全文播放等，出于科研教育目的对作品进行的表演和复制；(4)法律所允许的滑稽模仿、讽刺模仿和滑稽漫画；(5)按照合同规定的需要和限度而进入电子数据库的必要行为；(6)临时复制的行为，该复制必须是某个技术方案的基本组成部分，该复制仅在于允许作品的合法使用或者使作品能够借助媒介网络而在第三人之间得以传播，该复制仅适用于计算机程序和数据库以外的作品，且不得具有经济价值；(7)图书馆、档案馆、多媒体文化及资料中心等对公众开放的机构向特定残疾人群，不以获利为目的提供作品的复制和表演行为；(8)博物馆或档案馆，在不以营利为目的和不追求任何商业利益的情形下，在其馆舍内或向公众开放使用的终端设备上，为保存或保护用户私人学习和研究进度和查询情况而对作品进行的复制和展示行为；(9)在明确指出作者姓名的前提下，通过平面、视听和在线媒体，仅以提供实时信息为目的的，并与实时信息紧密联系的，对平面、立体或建筑作品进行的全部或者部分的复制或展示行为。参见《法国知识产权法典》，黄晖、朱志刚译，商务印书馆 2017 年版。

的不正当损害。[1]

在司法实践中,德国法院对著作权合理使用的适用进行了限制性解释,法国在三步检测法的使用中同样运用到这种十分严格的做法。分析其原因在于:著作权属于宪法中规定的权利,著作权人对于作品能够获得自身所得的经济权益。而著作权合理使用是著作权的特殊例外情形,只有在著作权和宪法中规定的权利在出现严重的矛盾冲突时才能进行一定的运用。对于一些客观的案例,需要对不同参与方的利益进行协调后从而给出判决结果。不过在欧洲一些具体性的案例中,司法机构对合理使用所进行的阐述较为模糊。比如法国法院在2000年4月进行的一次司法判决中提出,就算是相关作品的具体使用不是著作权法中所给出的合理使用的多种情形中的任何一种,但若该使用是满足《欧洲人权公约》第10条[2]的规定的前提下,此时已然视为著作权合理使用。[3] 德国也有类似案例,当著作权人利益和公共利益或公众基本权利发生冲突时,法院往往选择了维护公共利益或公众的基本权利,采取宽泛的解释方式创造了著作权法没有明文规定的合理使用情形,突破了著作权合理使用法定情形的限制。

(二)要素主义立法模式和转换性使用理论为合理使用提供了新的出路

与规则主义的列举形式不同,要素主义是一种开放式的合理使用立法模式,将合理使用的判断分析总结为一定要素条款构成的立法模式中,此时具备更加充分的灵活度。美国是其中的典型国家,在司法审判中,需要根据美国《版权法》中给出的四要素进行全面的区分研

---

[1] 参见《法国知识产权法典》,黄晖、朱志刚译,商务印书馆2017年版,第1233页。

[2] 《欧洲人权公约》第10条第1款规定:人人享有表达自由的权利。此项权利应当包括持有主张的自由以及在不受公共机构干预和不分国界的情况下,接受和传播信息和思想的自由。本条不得阻止各国对广播、电视、电影等企业规定许可证制度。

[3] Dalloz 1999,581,note KAMINA.,R. L. D. A.,Avril 2000,p. 374.

究,从而判断相关行为是否可以划分到合理使用的范畴中。法官在各要素之间进行综合权衡从而作出裁决,与三步检验法不同的是,四要素不是累积适用。而美国法律中所规定的四要素准则和具体的司法实践过程中的转换性使用理论对解决图书数字化的著作权纠纷具有重要的借鉴价值。合理使用的思想起源于英国 1741 年 Gyles v. Wilcox 案,法官认为,该案中对作品进行缩略处理,从而形成全新的版本,而这种情况被视为合理使用的范畴,并没有涉及侵权的问题。[1] 在 1841 年,美国法官 Joseph Story 在 Folsom 诉 Marsh 案件[2]中运用到一些英国的判例,进而对合理使用的问题进行区分,并梳理得到了合理使用的基础原则,后续将原则内容运用到其国内版权法的创建中。[3] 1976 年美国《版权法》继续进行更新和调整,按照其调整得到的内容,在判断的过程中是否满足合理使用时需要满足下面的四个要素:(1)使用的目的与性质;(2)被使用作品的性质;(3)使用的程度;(4)对被使用作品造成的影响。从理论角度分析,复制权和衍生作品的创作适用合理使用适的情况较多,法官需根据四要素,结合每个案件的具体情况进行综合判断。[4]

1. 使用的目的与性质

这一要素主要研究相关的使用行为是经济利益的目标还是公益性、非营利性,比如运用到学校的教学行为等场合中。在具体的司法认定上,商业领域以及教育领域的运用也不是十分鲜明,所以经济利益和商业目的并非判断过程中的确切指标,需要结合实际情况进行考虑。而在后续的发展和演变过程中,人们开始逐渐普遍运用转换性使用标准。

---

〔1〕 Gyles v. Wilcox,(1741)26 Eng. Rep. at 490.

〔2〕 Folsom v. Marsh,9 F. Cas. 342(C. C. D. Mass. 1841).

〔3〕 参见吴汉东:《著作权合理使用制度研究》,中国人民大学出版社 2013 年版,第 16 ~ 19 页。

〔4〕 Jane Ginsburg,Chronique des USA(Ⅱ),RIDA,avril 1999,p. 126.

(1)商业性使用标准逐渐消失

在最开始的一些案例处理中,法院往往认为商业领域的使用不满足合理其使用的要素。索尼诉环球影业一案中,环球影业指控录像机生产商,应承担间接侵权责任,原因是消费者购买录像机及录像带等录像设备从而在家欣赏环球影业出品的影视作品,人们利用录像机在自家录制电视节目进而调整了观看节目的具体时间。而联邦法院提出这种为了调整观看时间而实施的复制带有非商业性的目的,也就是不存在自身经济利益的追求,此时不属于侵权的范畴。[1] 此外,索尼案还在录像内容的播放上具有明显的公益属性。虽然在美国的版权法中所规定的四要素并不涉及这一问题,不过,问题的重点在于这种使用行为到底是为了有利于公共利益还是为了追求自身的经济利益。现在看来,索尼案的判决,对于我们在信息网络时代保护使用者自由获取作品,并维护著作权人和公众利益之间平衡具有重要的意义。[2] 在 Harper & Row 诉 Nation Enterprises 案中,美国联邦最高法院又一次提出满足商业性的作品使用行为将被视为不利于合理使用判定的独立性要素。[3] 基于此能够发现,那个时候的美国法院在合理使用问题的区分上,所运用的最为重要的标准就是考察涉案的使用行为是否具有商业性,一旦认定该使用行为具有商业性的追求,就划分到不合理使用的范畴中。不过 20 世纪 90 年代初在全美沸沸扬扬的 Campbell 诉 Acuff – Rose Music 一案[4]让这一切发生了变化,转换性使用判定开始得到运用,并非简单地衡量复制行为是否带有商业目的。而这给处理新时代网络环境下著作权的合理使用难题,特别是大规模数

---

〔1〕 Sony Corporation of America v. Universal City Studios, Inc. 464 U. S. 417(1984).

〔2〕 参见王迁:《"索尼案"二十年祭——回顾、反思与启示》,载《科技与法律》2004 年第 4 期。

〔3〕 Harper & Row, Publishers, Inc. , et al. v. Nation Enterprises et al. , 471 U. S. 539, at 562 (1985).

〔4〕 Campbell v. Acuff – Rose Music, Inc. 510 U. S. 569(1994). Ⅱ.

字化利用图书的现象开辟了一条全新的路径。

(2)转换性使用在美国司法实践中的演进

当一件作品被赋予新的意义或目的,并在这方面被转换性使用时,即使作品是逐字逐句复制的,也可以允许使用它。合理使用原则通常被描述为公平的理性规则,它是由四个非排他性法定要素组成的司法适用工具。[1] 这四个要素是:使用的目的和性质,包括这种使用是否属于商业性质或属非营利教育用途;被使用作品的性质;使用的程度;作品使用对潜在市场带来的影响。合理使用需要依据每个个案事情进行判断,很难预测某一特定的版权使用行为是否被认为是公平的。在合理使用条款中,除非法庭判决,否则不能预测这种使用是否属于合理使用。除了上述四个要素外,这种不确定性在很大程度上与以下事实有关:法官将回归基本原则,如市场失灵,以确定使用是否公平,[2]如果不可能通过市场机制来规范一种使用,那么这很可能等同于合理使用。由于没有规定这四个合理使用判断要素应同等衡量,因此将取决于司法审查,因为每一案件的事实都将被强调,而且没有决定性价值。[3] 尽管能力有限,但这四个判断要素的作用很好,因为他们的作用足以覆盖每一种模棱两可或有争议的用途。从转换性使用的概念的演变可以归纳出它的核心意义。

其一,从创意到转换性使用。分析具有转换性特征的合理使用,大部分都可以归因于此。合理使用应反映对创造性激励的需要,是功利性版权所固有的,对公共利益是至高无上的,合理使用应作为防止

---

〔1〕 Agnieszka Vetulani, *The Problem of Orphan Works in the EU: An Overview of Legislative Solutions and Main Actions in This Field*, Report Prepared for European Commission DG Information Society, 2008.

〔2〕 The United States Copyright Office, *A Report on Orphan Works*, 2006, p. 92.

〔3〕 Marybeth Peters, *Register of Copyrights*, *before the Subcommittee on Courts*, *the Internet*, *and Intellectual Property*, Committee on the Judiciary, United States House of Representatives, 110th Congress, 2nd Session, 2008.

版权受到侵犯的安全阀,[1]防止复制权在追求宪法授权时产生反作用。按照这一条款解释版权,需要把转换性使用的概念放在中心位置。转换性的考虑主要体现在包含了使用作品的目的与性质这一要素的第107条款中,当法庭评估特殊的使用是否属于合理使用时,他们应该审查这种使用的目的。在进行合理使用抗辩时应标明这种转换性使用是否实现了版权法的目标,以激发公众的创造性。[2] 为了确定是否达到这一目标,法院应确定这种转换性使用的范围。转换性使用的用途是哪些涉及创造行为的,而不仅仅是原始的复制。这种使用必须富有成效,且必须以不同的方式使用原作。如果所引用的材料被用作原材料,在创造新信息、新美学、新见解和新理解的过程中被转化,那么二次使用就会为原作品增加价值,这正是合理使用制度为丰富文化而保护的行为的类型。[3] 合理使用作为一种平衡手段,这种平衡手段通过承认只有在此作品中创造额外价值的情况下才能实现公平,从而兼顾著作权人和社会公众的利益。虽然创造性的初步建设需要在作品的二次创作中进行创造性投入,但在需要对原作品进行补充或修改的意义上,它已经扩大到纯技术改造的用途。

其二,转换性使用与公平。二次创作的作品含有与原作品相似或相同的内容。从功能来分析,转换性使用扩大到包括虽然只是复制,但增加新价值的使用,因为他们比原作品有不同的功能。虽然这种对转换概念的扩展在某些情况下可能很有用,但在其他情况下则未必如此例如,一名摄影师起诉一家公司,称其使用互联网搜索引擎汇编了

〔1〕 Johan Axhamn, Lucie Guibault, *Cross – border Extended Collective Licensing: A Solution to Online Dissemination of Europe's Cultural Heritage*, Final report prepared for Europeana Connect, Amsterdam: Institute for Information Law, 2011.

〔2〕 Darrin Keith Henning, *Copyright Deus ex Machine: Reverse Registration as Economic Fostering of Orphan Works*, Journal of the Copyright Society of the USA, 2007, p. 201.

〔3〕 *European Patent Office and Google Sign Memorandum on Translation of Patents*, Press release, European Patent Office (30 November 2010), http://www.epo.org/news – issues/press/releases/ archive/2010/20101130a.html.

一个以缩略图形式存在的图像数据库，其中一些照片是从摄影师自己的网站上提取的。在法庭上，原始照片的缩略图并没有达到同样的目的，因为它的目的是方便人们在线观看这些照片。法院强调，网站利用这些照片作为加强互联网上的信息获取技术的活动所产生了公共利益，这一公共利益的足以超过网站数据库的商业性质，再加上作品是作为一个整体被复制的，而且在本质上具有表达性。[1] Perfect10 诉 Amazon 中的事实与此相似，但并不完全相同，在该案中，受审查的是谷歌搜索引擎的行为。该引擎定位网站上的图像，将它们存储为缩略图，并将它们编入索引，以方便用户访问。Perfect10 是一家向客户提供在线裸体模特图片的公司，该公司对谷歌提起了侵权诉讼。与 Kelly 案不同的是，Perfect10 通过另一家获得授权在手机上使用这些图像的公司，拥有缩小图像的市场。鉴于原有市场，这种事实的背离原则上可能妨碍合理使用第四个要素的实现，但事实并非如此。法院认为，没有足够证据证明公众曾通过谷歌下载缩略图，以供在手机上使用，因此，这种对 Perfect10 市场的潜在损害仍然是假设的。法院认可了谷歌的行为所产生的公共利益，认为这一目标足够强大，足以克服对合理使用第四个要素的解释。[2] 正是基于这一推理，法院认为谷歌对缩略图的使用具有极大的变革意义，法院认为，搜索引擎提供通过将一件原创作品融入一种电子参考工具中而获得的社会公共利益。事实上，这样的一个搜索引擎可能比模仿更具有转换性，因为搜索引擎提供了一个全新的使用方式，而模仿通常与原作品有相同的娱乐目的，而这超越了转换水平表示的意义，即又创造一个新的作品，但是，搜索引擎没有创造一个新的作品，搜索引擎所做的就是按照事先编入程序的指令进行操作，以便在一定程度上实现在线搜索和索引，他们执行的是纯粹的机械功能。一个高度转换的创作往往依赖于作

---

〔1〕 Kelly v. Arriba Soft Corporation, 336 F 3d 811 (CA9 2003).

〔2〕 Perfect 10, Inc. v. Amazon. com, Inc. , 508F. 3d. 1146 (9th Cir. 2007).

品的主要用途和次要用途之间缺乏联系，主要用途与次要用途之间联系越紧密，次要用途的转换就越高。[1]

其三，转换性使用的新进展。在转换性使用的情况下，广泛地定义的转换性一词引起了争议，也引起了相当多的批评。转换性使用范围从创造性的转化用途，如戏仿，到纯技术上的授权的用途，如缩略图。由于这个定义的宽泛，在图书大规模数字化的背景下，复制和光学字符识别可以被认为是公平的使用，因为在检索和体验作品的方式中增加了价值，这超越了传统的使用含义。为了在本质上进行改造，需要修改原作品。使用这种用途是指作者通过利用先前作者作品的合理部分，创作新的版权作品，以丰富社会文化。虽然生产性用途主要涉及对原作品的改变，但合理使用中的信息传递性概念也包括对作品获其用途的修改。这种转换必须与新技术的使用有关，该新技术具有便利使用作品的新功能，尽管在使用中缺乏任何再创作，并且该使用既可以是对原作品逐字复制的，也可以是整体复制。正是由于这个原因，图书大规模数字化的活动在合理使用规则中找到了安全港。

在 Hathitrust 案中，法官认为，从转换使用的用途来考虑，大学图书馆合作使用作品不仅实际改变了原作品的目的，而且增加了全新的服务目的，无论其是否涉及著作的海量复制，大学图书馆合作使用作品是公平的。Hathitrust 案件中使用作品具有转换性，因为复制件产生的服务效果完全不同于原作品，这个目的是卓越的搜索功能，而不仅仅是访问受著作权保护的图书，这种搜索功能已经产生了新的用途，如文本和数据挖掘。在 Hathitrust 对复印件的使用中也发现具有转换性的是，这便利了残疾人士对图书的使用，由于残疾人士不被认为是重要的或潜在的市场，因此提供给残疾人士的图书不是原作品预期用途的一部分，因此，Hathitrust 的用途具有转换性。在本案中，被告方图书馆为达到便查找及接触残障人士的目的，必须提供全部复制件。法院

---

〔1〕 Pierre N. Leval, *Toward A Fair Use Standard*, Harvard Law Review, Vol. 103(1990).

认为，由于使用是转换性的，所以这种使用受到合理使用的保护，并进一步认为 Hathitrust 增强了著作权法的基本功能。Hathitrust 案例只是一个例子，说明二次使用中的转换性概念如何通过引用可能转换的各种对象来获得不同的含义。当给作品或者作品的使用赋予了新的意义或新的表达方式时，该使用具有不同的内涵。[1] 在数字环境中，对作品进行修改或使用的情况下，转换性主要用作创造性的新的二次使用的参考。当二次使用达到一定的原创性指标时，将具备转换性使用的资格。

图书大规模数字化的情况是，作品被全文复制后放置于新的语境中，这是通过使用不同于这些作品常见的技术来实现的。新的目的语境中的新意与独创性无关，新意用于指为不同目的使用作品，即与作品的目的无关的用途，这种用途对这种作品而言并不常见，或者不被认为是其正常利用的一部分。否则，就没有新的目的或功能，因此也就没有发现转换性。然而，新意也意味着不是显而易见的，如绘画，不是挂在墙上供人们欣赏，而是作为搜索引擎中的缩略图存在在 Google Art 项目中显示其具有指数放大功能的虚拟展品的特征。人们不必逐页地阅读图书来获取有用的信息，而是可以通过自动的文本搜索引导到相关的图书或页面。在上述用途中可以发现这种新意不是创造出不同的作品，而是新在这些用途不属于作者通常希望利用的范围。这种新的二次使用的概念更类似于新颖性和非显然易见的可专利性的要求，而不是传统著作权法的原则。具体地说，新颖性是旧事物在旧方法中的新用途，在专利法中，对于已经处于现有技术中并以某种方式使用的事物发现新的用途或目的，可以满足新颖性要求，因此值得保护。

其四，公共利益在合理使用判断中的作用。传统上，对使用作品所产生的公共利益是判断构成合理使用的主要决定因素。其保障了对社会有价值的行为不被定性为侵权，以至于一些学者建议将其作为判定合理使用的第五个要素，而不仅仅是次要的考虑，法院也强调了

---

〔1〕 Pierre N. Leval, *Toward A Fair Use Standard*, Harvard Law Review, Vol. 103(1990).

它在变革因素得到广泛解释的案件中的重要性。由于没有规定四个合理使用判定要素应当同等重要，因此需要着重考虑每个案件的不同事实，在这一点上，转换性的适用空间广阔。技术用途的活跃性导致对这些用途可能产生的公共利益的考虑逐渐扩大。公共利益是一个宽泛的概念，表示为公众服务的目标高于权利人可能的私人利益，在此背景下，它涵盖了由于二次使用可能产生的对公众有力的社会价值。使用也可能会出现问题，这主要是因为法院试图衡量由于特定技术使用可能产生的潜在公共利益，然后将其与对著作权人和原作品市场的任何可能的损害进行平衡，这种思路产生的问题是法院没有司法能力准确衡量或评估中性技术出现时的潜在公共利益。[1]

在 Campbell 案件之后，美国法院提出了可以合理感知的公共利益标准。[2] 可以合理感知是一个低门槛，这与技术发展的增强是一致的。在转换性使用的背景下，被告很有可能援引其活动产生的公共利益来证实合理使用的主张。然而，必主要注意的是，并非所有在转换性用途背景下进行的活动都具有社会价值，其中一些活动只是具有潜在的社会价值，其他活动很可能在社会上不受欢迎，而有些活动显然可能是私益的。[3] 例如，谷歌的图书扫描计划，促进大范围图书信息的检索是一项对社会有益的活动。[4] 同样，对语料库进行数据挖掘和分析也可以被视为对公众有益的，这些包括文本和数据挖掘行为，改进光学字符识别、语音识别算法或自动转换技术的行为。然而，开发个性化广告推介和目标营销的自动化处理，或利用搜索算法的能力进行批量数字化，从而在搜索引擎和在线广告市场上获得超过竞争

---

〔1〕 Jennifer M Urban, *Updating Fair Use for Innovators and Creators in the Digital Age: Two Targeted Reforms*, Samuelson Law, Technology and Public Policy Clinic, UC Berkeley School of Law, Prepared on behalf of Public Knowledge, 15 February 2010.

〔2〕 Ganley, *Google Book Search: Fair Use, Fair Dealing and the Case for Intermediary Copying*, p. 35.

〔3〕 Author's Guild Inc. v. Google Inc., 05 Civ. 8136(DC), p. 37.

〔4〕 Author's Guild Inc. v. Google Inc., 05 Civ. 8136(DC), p. 56.

对手的竞争优势的行为并不能证明对公众有益。

在 Hathitrust 案件中，为搜索和访问的复制被认为是一种合法的行为。[1] 然而，图书大规模数字化背景下的其他活动可能并非如此，法院在评估转换性使用可能产生的公共利益时，应当谨慎行事，以免不合理地扩大潜在公共利益的范围，损害著作权人利益。新用途的商业成功也许是公共事业的指标，但它绝不是决定性的证据。使用可能变得流行，原因很简单，因为提供商在该服务市场上具有主导地位，只有发挥比例因素的作用，才能实现原作品市场中潜在的公用事业与私人利益之间的平衡行为。在这种情况下的相称性应该理解为在技术转换背景下进行的活动。使用权应当充分，切合实际，不得与著作权人的利益和原作品的市场过分相关。就美国版权法而言，相称性的考虑通过累计应用第四个合理使用要素来解决，即二次使用对原作品市场的影响。在图书大规模数字化的背景下，美国合理使用原则下的 Hathitrust 案和其他大规模数字化项目的复制会得到许可。然而，根据欧盟著作权法律，同样的活动是否以及如何才能找到一个安全的港湾是值得怀疑的，在欧盟著作权法中，权利被广义的定义，对著作权的限制在某些具体数字化作品中得以适用。

(3)转换性使用理论在欧洲的发展

与美国版权法相反，欧洲版权法律不太倾向于采用转换性使用理论。在其限定解释的著作权限制情况的封闭清单制度下，图书大规模数字化项目的背景下进行扫描和光学字符识别是否符合法律规定是不确定的。由于图书数字化涉及两种作品复制活动，即图像扫描和文本扫描，除非得到有关著作权人的授权，否则初步判断这些是侵犯著作权的。根据欧盟《版权指令》第 5(2)(c)条和第(d)条的规定，图书馆及其有关机构只可为保存及存档目的而复制资料。查阅和计算并

---

[1] Mireille van Eechoud, P. Bernt Hugenholtz, Lucie Guibault, Stef van Gompel, Natali Helberger, *Harmonizing European Copyright Law, The Challenges of Better Lawmaking*, Kluwer Law International, 2009.

没有包括在许可范围里，因此，它们不属于著作权限制的范围。更重要的是，欧盟版权法承认，转换性使用的例子是永久有效的，但仅限于涉及原作品的再创作的情况。例如，批评或评论，模仿，漫画，新闻报道，教学和研究。第5(3)(d)条允许为批评或审查等目的维持现状，因此，只将批评和审查作为引用的可能理由的例子，在实践中虽然只能按照严格的著作权限制规则，但可以给予文本广泛的范围。例如，评注的具体目的不需要是对作品本身的分析，如果被用于其他目的，那么在某一特定作品的评论中可能由公平变得不公平。戏访、漫画或仿作也被允许在一个广泛的范围内。除了这些用途外，它们还允许重用以前作品中的元素，以达到创造性或转换性的目的。[1] 对上述例外情况虽然欧盟《版权指令》给予在国家法律下的实施方式提供了足够的灵活性，但只有在创造性转换的情况下，即在达到二次创作时，独立使用创造性技能的情况下才承认可容许性。

由于现有的合理使用情况不包括转换性使用，已经有一些案件中的使用行为被判定为侵犯著作权。汉堡地方法院裁定，如德国著作权法第19条所述，在互联网搜索引擎上显示缩略图侵犯了著作权，不能在德国法律适用的任何合理使用的情况下寻求庇护，谷歌公司的图书数字化项目也被认定侵犯了著作权，它们不适用于法院通过的几个合理使用的情况。法院强调了搜索引擎对互联网的重要性以及与之相关的公共利益，同时表示会向司法机关提出新的合理使用的情形。

在欧洲其他案件中，涉及转换性使用的行为也被发现侵犯著作权，因为不包含在法定的合理使用的情形中。例如，在比利时，谷歌新闻服务的缓存功能被认定为侵犯了著作权，没有合理使用或其他相关条款可以使其豁免。在谷歌新闻中，期刊文章的复制和索引，以及部分文章的展示，都要经过审查。上诉法院维持一审判决，认为新闻报

---

〔1〕 Henry Jenkins, *Confronting the Challenges of Participatory Culture: Media Education for the 21st Century*, MacArthur Foundation Report on Digital Media and Learning, 2009, p. 8 – 10.

道、引用和临时复制的版权限制不适用合理使用,因为这些行为超出了在这些例外情况下应受的范围。[1] 在法国,谷歌公司被认定侵犯了源自法国的某些图书的著作权。谷歌将这些图书数字化,并在未经作者事先同意的情况下,将这些图书的摘录提供给搜索人员。这些图书在美国被扫描,并从美国的服务器提供给世界各地的用户,包括法国的用户。谷歌公司在辩护时声称,根据《保护文学艺术作品伯尔尼公约》第5(2)条,应适用美国合理使用原则。法院驳回这一观点,认为对在互联网上进行的侵权行为适用的法律是据称侵权行为发生在其领土上的国家的法律。由此可见,适用的法律应该是法国法律,与本案联系最密切的是法国,因为原告是在法国成立的公司,案件涉及法国作家的作品和法国出版商。此外,这些数字化资料是通过法语网站"Google Livers"面向法国读者的。至于如何利用图书的摘录,除了简短的引用外,不适用,因为著作权是以智力创造成果为前提的,而谷歌图书计划则不是这样。

由于著作权合理使用的范围很窄,而且必须严格解释,所以欧洲著作权法内没有足够的空间来涵盖图书大规模数字化项目中的行为因为没有相关的著作权限制来涵盖这种使用,虚拟博物馆收藏品或在线美术馆中作品的缩略图只有在获得作者同意时才是合法的。[2] 著作权限制并非涵盖所有使用情形,为了索引和搜索的目的复制作品的合法性取决于是否获得著作权许可,正是由于这个原因,欧洲图书大规模数字化项目的增长一直比较缓慢。

然而,越来越多的欧盟判例倾向于将转换性使用的行为排除在侵权之外。这反映了对公平的需要,并可避免无法适用著作权限制地使用行为被认定为侵权。在德国,如果原数字作品的作者提出侵权索赔,法院可能针对搜索引擎会恢复默示许可原则。通常情况下,原告

---

〔1〕 P Goldstein, *Copyright's Highway From Gutenberg to the Celestial Jukebox*, Stanford University Press, 2003, p. 216.

〔2〕 Lan Hargreaves, *Digital Opportunity: A Review of Intellectual Property and Growth*, 2001.

会优化他们的网站,从而在搜索引擎的结果中增加一些功能。[1] 在西班牙,法院对合理使用的三步检验法作了宽泛解释。在法国,法院采取了保护网络服务提供商的隐私的方式,将谷歌图像搜索从纯粹的自动行为中豁免出来,这些行为是搜索引擎正常技术功能不可或缺的一部分。

德国联邦法院对谷歌缩略图的判决表明,受限于封闭的合理使用制度,法院需要寻找著作权法之外的可能性。[2] 鉴于德国著作权法中引用的例外情况,不允许由谷歌图像搜索引擎以缩略图形式复制并向公众提供版权图像,法院采用默示许可原则,免除了谷歌的侵权责任。虽然法院没有仅仅从在互联网上提供内容的行为就推断出搜索引擎的默示许可,但却认为谷歌使用这些图片并不违法。这是因为版权所有人已经含蓄地同意在图像搜索服务中使用它的作品,它们可以在线使用,无须使用技术手段阻止搜索引擎自动索引和显示在线内容。[3] 图像缩略图的案例反映了在欧洲和美国处理技术革新使用的方式多年来的司法差距。缩略图是在搜索引擎,博物馆网站或其他艺术和图片档案中出现的缩小尺寸的图像。在欧盟,司法实践中认为复制和提供这些图像是侵权的。相比之下,美国在一些情况下允许这些用途,因为它们可能赋予原始艺术作品新的功能,以及它们可能体现的公共利益目标。然而,在越来越多的欧洲司法案例中,技术转换性用途已开始得到有利的处理。

被动式网络服务提供商防御谷歌图像搜索引擎的案例来自法国。

---

〔1〕 Paul Edward Geller, *A German Approach to Fair Use: Test Cases for TRIPs Criteria for Copyright Limitations*, Journal of the Copyright Society of the USA, 2010, p. 901.

〔2〕 Lucie Guibault, *Why Cherry – Picking Never Leads to Harmonisation*, Journal of Intellectual Property Information Technology and E – Commerce Law, 2010, p. 55 – 57.

〔3〕 Matthias Leistner, *The German Federal Supreme Court's Judgment on Google's Image Search – A Topical Example of Limitations of the European Approach to Exceptions and Limitations*, International Review of Intellectual Property and Competition Law, 2011, p. 417.

巴黎法院在初审时认为涉嫌侵权缩略图生成的谷歌不适用合理使用学说。[1] 法院认为谷歌搜索服务涉及非法复制法国、加拿大和其他地方视觉艺术家的作品，这些作品的复制件在法国向公众开放，因此，这是侵权行为。然而，法院认定谷歌不用承担责任，因为图片的著作去权人没有通知谷歌从搜索引擎的索引中删除的作品的链接。从技术角度来看，谷歌不会为纯自动化的行为承担责任。

图书大规模数字化以前所未有地方式改变人们在网络世界中阅读图书的体验。在美国，可以通过引用转换性使用理论，数字化利用图书的行为可能被允许解释为合理使用。这种情形可能在欧洲出现，因为最近出现的趋势是数字化利用图书的行为在著作权限制之外寻找依据。

2. 被使用作品的性质

在分析被使用作品的性质这一要素时，法院主要考察被使用作品是叙事的风格还是虚构的风格，同时需要分析相关的作品是否已经完成发表。对于作品的风格特征而言，前者代表的是客观的发生的事实，是对历史信息的记录等，比如传记类型。[2] 这种风格和性质的作品一般都是基于充分的历史材料以及实际素材信息，在历史线索、地理环境、客观人物等很多方面都带有明显的真实性。因此相比之下其创作的空间更小一些，所以在人们运用的过程中关于合理使用的判定更加宽松一些。相比之下，假如属于一些创作类型的，自身发挥和想象力比较多的部分的，虚构色彩明显，此时的个性创作更为突出。[3] 虚构类艺术作品需要融入作者更多的个人特色和艺术创作个性。因此，虚构类作品具有更高的独创性，对虚构类作品合理使用的判定要比叙事作品更为严格一些。所以在一般情况下，假如作者的作品能体

---

〔1〕 Abraham Drassinower, *A Note on Incentives, Rights, and the Public Domain in Copyright Law*, Notre Dame Law Review, 86/5(2011), p. 1869 – 1881.

〔2〕 吴汉东：《著作权合理使用制度研究》，中国人民大学出版社 2013 年版，第 178 页。

〔3〕 吴汉东：《著作权合理使用制度研究》，中国人民大学出版社 2013 年版，第 179 页。

现更多的独创性,此时相关的法律法规将会更加倾向于提供权利的保护,在这种情况下其他主体的活动行为,适用合理使用的领域也越狭窄。但是如果某使用行为符合合理使用第一要素的中的转换性使用标准,此时对于作品的属性特征自然不会十分关键了。Campbell 案中,法院提出在对模仿的问题进行审判研究时,相关作品的性质这一要素的影响并不大。[1] 在 Bill Graban Archives 的案件中,法院提供了较为一致的论断,提出在判断转换性使用的情形下,合理使用第二要素的作用十分有限。[2]

通常情形下,我们所探讨的合理使用问题仅仅局限在已对外发表的一些作品中,而没有发表的情况能够通过另外的法律进行保护。不过这种情况在 20 世纪 60 年代后逐渐出现了一定的改观。美国国家版权局在《关于全面修订版权法报告(1961 年)》的报告中表示,假如是针对公共利益进行考虑,得到一般法律保护的没有进行发表的作品同样能够运用到相应的合理使用中进行规范,保障其权益。[3] 美国国会对此给出了相应的解释,就算是部分作品没有及时得到发表,不过在作者本人的许可以及同意下,或者是因为公共利益考虑,得到一般法律保护的没有进行发表的作品同样能够运用到相应的合理使用条例进行规范。[4] 对于其他类型的使用而言,尚未发表这一因素并不利于合理使用的认定。在 Harper & Row 案中,法院提出是否进行发表是关键的因素,根据实际案例来看,在没有发表的情况下对于其合理使用的范围更加狭窄。[5] 以上的一些案例将作品的发表状态作为判定合理使用的必要条件,这意味着否定了作品发表前具有合理使用

---

〔1〕 Campbell v. Acuff – Rose Music, Inc. 510 U. S. 569(1994).

〔2〕 Bill Graban Archives v. Dorling kindersley Ltd. ,448 F. 3d 605(2d Cir. 2006).

〔3〕 *Register' s Report on the General Revision of the U. S. Copyright Law* (1961).

〔4〕 William F. Party, The Fair Use Privilege in Copyright Law, 1886 p. 440. 转引自吴汉东:《著作权合理使用制度研究》,中国人民大学出版社 2013 年版,第 178 页。

〔5〕 Harper & Row, Publishers, Inc. , et al. v. Nation Enterprises et al. ,471 U. S. 539, at 562 (1985).

的情形，而在 20 世纪 90 年代后，美国对于相关的法律法规进行了一定的修正，这种情况才算得到积极的改观。比如 1992 年所调整的《美国版权法》给出规定，对于合理使用的判定，其属于全面分析不同要素的基础上而创建的，就算是相关的作品并未进行发表，也不会对合理使用的认定造成影响。

3. 使用的程度

在合理使用的判定问题上，还涉及一个十分关键的因素，即对于作品的使用状态以及程度，具体能够在数量与质量两个层面进行分析，将新作品与被使用的部分作品的数量和实质性内容进行比对，不仅需要进行定量分析，也需要进行定性分析。

关于使用作品的数量的维度，通常认为使用作品的内容更加充分，此时合理使用的概率更低，也就是较多地运用原作品中的内容，此时其面临着侵权的问题更加严重，可能性更大。在具体数量的角度上，很多国家及区域习惯运用引用字数、复制份数等进行考量。当然，实际中会存在一些使用很少但是构成侵权，或者使用作品的数量很大但是仍构成合理使用的情形。因此，除了数量上的考量之外，还应该从使用作品的实质性角度上展开研究。举例说明在 Harper & Row 案例中，被告 20 万字的作品中仅直接运用 300 个字，就被视为不满足合理使用，因为这几百个字属于核心内容。[1] 在谷歌图书数字化案中，虽然谷歌公司对涉案图书进行了几乎全文的扫描，但法院还是认定谷歌公司的全文复制，仅仅是获得查找性能的基础，同时谷歌在技术等方面做好工作，不会让作者的基础权利遭到侵犯，有利于保障和维护著作权人的利益，[2] 所以，即便运用了作品量上的巨大比例，仍然不会对合理使用的认定造成影响。

当然，对于其中实质性内容的判定，在相关的法律法规中并非细

---

〔1〕 Harper & Row, Publishers, Inc., et al. v. Nation Enterprises et al., 471 U. S. 539, at 562 (1985).

〔2〕 Author's Guild Inc. v. Google Inc., 05 Civ 8136(DC), p. 47.

致的规定，在司法处理中也莫衷一是，标准不一。通常情况下，对作品过量或者实质的使用，都将被判定为不合理。[1] 作品的实质性内容就是整个作品的灵魂与精华所在，在文学作品中主要为一些创造性的、独具匠心的构思设计、情节安排等；而音乐方面重点为在艺术审美角度上的节奏、音调、声线等创新工作；在科学作品中给出了相应的理论解释。然而在数字网络环境中，尤其是关于数字化利用图书的著作权纠纷中，应将第三要素的判定与第一要素的转换性使用结合考察。数字化利用图书的前提是对图书进行大规模的全文扫描继而进行数字化处理，在数量和规模的角度来分析，此时其使用的是全文拷贝的方案，同时从实质性的层面来分析，核心环节也都包含在内。不过因为其使用的出发点，并非重新呈现，而是扩大了具体的全新的利用方式，这就满足了转换性使用。通过这样的转换，新增了图书的价值，实现了与原图书正常使用方式不同的新的功能。图书大规模数字化的主要任务是构建相应的查找索引等，进而能够让社会公众十分便利地查找，符合公共利益。

4. 对被使用作品造成的影响

著作权法保护著作权人基于其作品的人身权利和财产权利，在没有得到许可的情况下擅自使用，将会让著作权人的人身权利和财产权利造成影响，会被认定为侵权使用。而对于作品的影响，则重点表现在财产性权利上，也就是作品潜在的市场价值。在该领域问题研究中，对作品的利用是否构成合理使用是十分关键的问题。通常情况下，对作品的使用行为如果对原作品的市场销售产生了负面作用，将会被视为侵权。不过有些情况下对作品的利用行为并非会直接导致其价值的降低，或者对于其市场销售行为带来负面影响，但是并不能基于此而判定其属于合理使用的范畴。相应地，某些利用行为就算是导致了该作品市场销售的不利局面或者作品价值的贬损，也不能将该

[1] 吴汉东：《著作权合理使用制度研究》，中国人民大学出版社2013年版，第181页。

行为认定为侵权。此时对于其市场销售中表现的下降能够划分到两种情形进行考虑:第一种情形是利用作品创造而形成的,后续的新作品在某种程度上是原作品的替代,无形当中市场被分割,那么著作权主体的实际经济利益必然遭到损害;第二种情形是对原作品的幽默模仿或讽刺等行为,对于其市场的销售量带来了负面的影响。前面一种不利于当下市场的开拓,是一种不正当竞争,因此认定属于侵权行为。第二种情形中,Campbell 案的法官认为,假如是因为滑稽模仿等方式,让公众的内心体验和感受出现了变化,进而造成其市场销路不畅,这种情况下不是著作权性质的侵害,因为二者之间的关系不具有高度直接性。

针对使用行为影响潜在市场的界定,有学者认为,除非严重打击了著作权人创作作品的积极性,达到了一定严重的程度,才可以认定。[1] 但是,由于每个人的主观感受和心理承受力千差万别,这种判断方式具有很大的主观性,"严重"程度没有统一的标准。还有学者认为,著作主体的市场负面作用大小和使用者得到的利益情况高度相关。换言之,假如使用人没有支付一定报酬但是使用后获取了相应的利益,此时的使用行为将会被视为行为侵权的范畴。[2] 这种损害除了含有实际造成的利益损失,还有原作品著作权人对于权利使用面临的不利要素。在谷歌图书计划案中,对第一要素的转换性使用的判定有利于谷歌公司,对第四个要素的相关作品在市场中所形成影响的分析中,法院提出,谷歌数字化图书的活动并不会给潜在市场带来负面影响。一方面,图书原本的功能不会被谷歌图书计划的搜索功能所取代;另一方面,谷歌图书还能够更好地开发市场,从而更多的用户能够接触到运用到,进而产生购买的欲望,谷歌公司的使用行为没有削减图书的潜在市场,反而给图书带来更大的市场,同时还利于创建更大

---

〔1〕 Pierre N. Leval, *Toward A Fair Use Standard*, Harvard Law Review, Vol. 103(1990).

〔2〕 Patricia Aufderheide, Peter Jaszi, Bryan Bello, Tijana Milosevic, *Copyright, Permissions, and Fair Use among Visual Artists and the Academic and Museum Visual Arts Communities*, A Report to the College Art Association, February 2014.

的消费市场，谷歌企业在网页设计的过程中加入了链接，从而让更多人在接触和使用的过程中，能够利用在线的方式进行购买。对于著作权人来说，这种行为根本称不上竞争行为，反而具有积极作用，能够为其开拓市场，获得更大的经济效益，所以在第四个要素的判定上，法院偏向认定为合理使用。按照著作权法的宗旨与目的，法院在综合多个因素进行分析后，判定谷歌图书计划的扫描和搜索使用行为构成合理使用。

综上所述，在判断数字化利用图书是否构成合理使用时，四要素中的第一要素，尤其是对转换性使用的判定，起到最重要作用。在分析过第一要素之后，法官才综合权衡其他要素。首先，图书的大规模数字化带来了一种全新的使用方案，从而让图书作品得到了全新的使用价值。经过创建索引的方式，虽然其使用的是全文拷贝的方案，在实质性的层面来分析，也将核心环节都包含在内。但因为其使用出发点，并非重新呈现，实际上是扩大了具体的全新的利用方式，这样就满足了转换性使用。通过这样转换，增加了图书新的价值，实现了与原图书正常使用方式不同的新功能。图书大规模数字化的主要任务是构建相应的查找索引等，进而能够让社会公众十分便利地查找到，所以满足公共利益，增加了社会福利。其次，这种使用方式与图书原本的使用目的不同，仅仅是为读者提供了一种有别于图书原本阅读功能的搜索功能，无法替代图书带给使用者的阅读体验，因此，这种行为实现了一种图书的新功能和新价值，是具有创造性的独立于原图书表达意义的新的表达方式。再次，进行数字化的图书对象主要是已经发表的作品，全文复制图书是实现新功能和新价值所必不可少的条件，在使用相关技术措施之后，著作权人的权益并没有受到损害。最后，图书数字化和图书搜索语料库的建立不仅不会影响图书的销售市场，还会增加使用者接触图书的机会，拓宽图书的销售渠道，赋予了图书更多的销售潜力。所以，对图书进行大规模数字化从而建立图书搜索语料库的行为应属于对著作权的合理使用。

二、规则主义与要素主义相结合的合理使用立法模式

(一)合理使用的立法模式选择:规则主义与要素主义相结合

合理使用的规则主义模式和要素主义模式在不同的运用中具有各自的优势以及不足。第一种模式下,其主要运用具有类型化的列举方式,对于已经存在的不同形式的使用情形都列举出来,进而在后续的使用过程中更加便利和具有可操作性,有利于维护司法的稳定性。但是由于规则主义立法模式列举的是已有的可预估的情况,在面对数字网络技术对带来的全新的作品利用行为时,其表现出了法律的滞后性,缺乏灵活处理的空间。第二种模式的目的是将合理使用的判定标准归纳为若干要素,当面对全新的作品利用行为时,第二种模式具有灵活性,给予法官结合判定要素根据具体个案进行综合权衡的自由裁量空间。对于具有判例法历史的国家和地区来说,就有更多的司法经验,法官在理解和操作能力上更加突出,进而能够理想地克服要素主义本身的局限性。[1] 对期待移植要素主义立法方案的相关国家以及地区而言,因为这种模式对于法哲学系统以及司法经验、人文环境等设定了较为严格的标准,同时不同要素规则之间边界的模糊,个案的千差万别,都会给法官带来巨大的挑战。合理性问题的判定实际上十分综合以及抽象,因此在具体的司法审判环节中给法官带来了不小的难度,同时不利于司法工作实现公正和统一。因此,合理使用制度的创建是为了制度的稳定运行,同时这种判定机制以及其具体的概念具有明显的抽象和模糊,不存在绝对的确定性标准。因此,判定合理使用原则的合理性不能仅依靠以确定性不足。[2] 所以,将规则、要素主义进行结合,能够给在很大程度上避免各自独立运用的不足,从而更

---

〔1〕 参见李琛:《著作权基本理论批判》,知识产权出版社 2013 年版,第 208 页。

〔2〕 朱理:《著作权的边界——信息社会著作权的限制与例外研究》,北京大学出版社 2011 年版,第 50 页。

加灵活地进行判定以及处理。

（二）合理使用的立法模式关系：要素主义是规则主义的补充

在规则主义、要素主义相结合的立法路径中，双方的彼此关系可视为后者是前者的积极补充，而欧盟以及我国台湾地区在该领域的立法中都是运用到二者相结合的模式，但是他们都将规则、要素视为一种累积关系，因此在对使用行为进行判断分析的过程中，不仅需要符合要素的条件，同时还需要符合规则的条件。

我国台湾地区在使用著作权法的时候主要依据的是将规则以及要素主义相联系的形式，并列举了大量详细的合理使用的情形，涵盖了制定法律、行政等各个角度以及地级、高层等各个部门在开展工作过程中的需求，教育界向学生传授知识的需求，图书馆、展览馆等部门的需求，开展评估工作、科学研究等方面的需求，视听障碍者的需要，通过符合相关规定的方法借助电脑程序运用机器的需求，互联网媒体针对政治、经济等对社会影响较大的事件进行讨论的需求，群众在应用过程中的需求等。[1] 除此之外，对比美国的相关规定，我国台湾地区针对著作权法制定了科学应用的判断标准，判断著作的利用是否与相关规定存在矛盾，通过还应该结合实际情况将以下内容归纳在考虑范围之内。[2]

我国台湾地区针对著作权所制定的法律主要结合了规则以及要素主义这两方面立法形式的特征，按照相关条例，如果被告将符合规定的使用手段当作侵权抗辩的主要理由，那么必须证明下面两方面内容：其一，该使用行为属于著作权法规定的合理使用的某一具体情形；其二，该使用手段与我国台湾地区著作权所制定的条例中的内容不会

---

〔1〕参见"台湾著作权法"，http://blog.sina.com.cn/s/blog_6b9e5e650100oebs.html，最后访问日期：2019年11月23日。

〔2〕参见"台湾著作权法"，http://blog.sina.com.cn/s/blog_6b9e5e650100oebs.html，最后访问日期：2019年11月23日。

发生冲突。只要满足以上两方面需求,法官便可以判定其在使用过程中所采取的方式合理。按照相关条例,在提倡合理使用的过程中必须同时满足两个条件,不但要有充足的证据证明其在使用过程中所采取的方式与相关法律条例之间没有冲突,同时还需要证明其自身行为合理。在对使用行为进行判断的过程中,对于所依据的标准,我国台湾地区借鉴了美国在这方面的规定,即都通过在利用时的最终目的以及在使用过程中所产生的性质,该作品本身具有的性质,使用部分在全部著作中占据的比重,使用的结果和对该著作未来与当前价值所产生的作用。可以看出,我国台湾地区的合理使用判定标准十分严格。

欧盟颁布的《信息社会版权指令》,其中对于著作权也进行了详细的规定,并且同样结合了规则以及要素主义这两方面立法形式的特征。其中还针对著作权的限制进行了列举,在第 5 条中建立了一个具有公开性的结构,涵盖了一个具有强制性的条例,针对复制权、传播权分别制定了诸多条例,针对发行权的使用程度归纳了全部的可能性,除此之外还规定,在对全部限制进行重申的时候皆必须根据三步检验法来对其行为是否合理进行判断〔1〕按照第 5 条规定,所有成员国都能够根据自身实际情况在制定法律的时候选择合适的方法来进行约束,可是所采用的手段必须要在欧盟所颁布的指令规定之内。〔2〕

欧盟所颁布的这一指令以及我国台湾地区针对著作权法所制定的条例都十分严厉,在个别案例中,不但要属于法律列举的情形,还要接受合理使用判定标准的审视,可以说并未展现出其自身的优势,同时在面对特殊问题时也不能灵活应对。上述中提到的合理使用主要是希望能够将规则以及要素主义进行充分的联系,并在此基础上可以直接对行为进行判断,通过这样的方式还可以在一定程度上解决规则

〔1〕 参见《欧盟信息社会版权指令》,载 http://www.maxlaw.cn/p－kjhqbs－com/artview/913910773295,最后访问日期:2019 年 11 月 23 日。

〔2〕 参见[英]埃斯特尔·德克雷:《欧盟版权法之未来》,徐红菊译,知识产权出版社 2016 年版,第 255～260 页。

主义中所存在的缺陷，在遇到突发性事件时能够及时进行处理。在司法实践中，针对当前法律并未涉及的情况，被告能够通过上述要素来进行抗辩，法官可以按照实际情况来对其行为进行整体判决，该做法存在一个很大的优点，即在法律并未涉及的方面也可以做出合理的判断，如果该行为符合要素判断的标准，仍然可以认定构成合理使用。

三、作为合理使用判断标准的转换性使用理论

在判定谷歌图书计划中的数字化利用图书的行为是否构成合理使用时，转换性使用理论成功为其开辟了新的途径。作者以及公众所具有的权利都是最基础的，通过著作权法，能够在很大程度上确保作者在创作的作品之上享有精神权利和财产权利。表达自由则是指个体根据自身实际情况选择所要学习的知识以及发表自身言论。通过上述内容我们可以发现，著作权主要是站在作者的角度来讲的，而表达自由权主要针对当前对该作品的利用人等方面来讲的。这两种权利在法律中占据着同等的地位。然而在司法实践中，合理使用并没有从作品使用者具有的基本权利的角度来看，却往往被定性为对作品使用者的侵权行为进行豁免的抗辩事由。通过霍菲尔德权利研究法来对合理使用的本质展开研究，从法律的角度上来讲，权利同义务具有同等重要的作用，是相辅相成的关系，而同特权相对的是没有权利。比如存在私人对作品进行复制，法律通过审理最终判定该行为人无罪，这样的结果并不是因为规定作者不能阻止使用人利用作品，同样也并非作者应该帮助使用人来对作品进行复制，通过上述内容我们可以了解到，该限制从实质上讲并不属于一种权利。若从一开始就不具有义务，则合理使用就会被当作使用人的特权。[1] 可是在具体案例中，在有关合理使用的相关案件中，作品使用者并没有享有和著作权

---

〔1〕 参见朱理：《著作权的边界——信息社会著作权的限制与例外研究》，北京大学出版社 2011 年版，第 65 ~ 66 页。

人一样平等的地位,而往往被置于相对弱势的地位。在审判中,法官倾向于视合理使用作为对著作权人专有权进行保护的特殊状况。在实际案例审理过程中,法官在面对著作权以及使用权的时候,很难将这二者放在同等重要的位置上,由于在著作权法中,著作权以权利的形式显现出来,而使用权则是通过相关规则所呈现,因此在对这二者进行判定的时候,很难找到一个平衡点。

现实生活中在利益面前存在诸多矛盾,其中利益给法律起到了一定的支配的作用,而在权利方面所产生的矛盾则在很大程度上将利益呈现出来。只有将合理使用或者转换性使用明确界定为使用者所享有的表达自由权利,转换性使用才能获得与著作权平等的位阶。将合理使用以权利的形式确定,意味着法院在著作权审判中需要从以保护著作权人权利的角度转移为使用者表达自由的权利来对案件进行处理,这样才能使使用者摆脱诉讼中的弱势地位,使权利的天平平衡,天平两端的个人基本权利应该受到平等的对待与尊重。这样一来,法院在审判中,不应将合理使用视为对著作权人专有权项进行保护的例外情形,而是将转换性使用视作使用者在行使其表达自由权利的体现。

前文已述,作品的使用目的是使其所呈现出来的形式更加丰富,而使用手段,则主要为了提高该作品的价值。因此,在法院对该作品的使用性质进行判断时,不应就不同的使用目的进行歧视性的区分,只要使用行为满足了转换性使用的核心要素,即转换性使用对作品的使用并非为了替代它,而是希望可以使其表现形式更加丰富,从而产生一定的利益,则在审视到底是何种新的表达意义上,法院应保持中立态度。

需要强调的是,无论是公益性图书馆还是营利性的互联网公司,图书数字化的宗旨都是为了促进文化繁荣和精神文明建设,其根本目的在于维护社会公众的利益。对待图书数字化主体的法律性质和法律地位问题,应秉持全面看待网络服务提供者的多重法律地位,在不同的场合根据不同的功能分析网络服务提供者的不同主体身份,应正确认识网络服务提供者的多重权利主体地位。但是在对网络服务提供者的权利义务进行设置过程中,在相关利益权衡的设计考量中,应对网络服务提供者的服务性质作细致分析,根据不同的消费需求和不同的服务性质特别处理部分营利性服务,从而保障数字化利用图书的运作和数字化利用图书业务的良性开拓。因此在对图书的大规模数字化建设过程中,如果使用作品的行为符合转换性使用的要素,赋予了作品新的功能与意义,那么应该认定构成合理使用。

第三节　建立面向图书大规模数字化的著作权法定许可制度

与著作权合理使用制度一样,著作权法定许可制度也是著作权限制的一种。著作权法定许可取消了特定情形下作者允许他人使用该作品的权利,但是作者可以向使用人收取一定的报酬。法定许可规则有效地降低了著作权的交易成本,在当前这个信息急速发展的时代,通过这样的方式能够处理大量许可问题,为图书大规模数字化中的大规模著作权许可提供了便利。

一、数字环境下法定许可的实施现状

美国版权法的法定许可制度重视对公共利益的维护,将发展社会文化和规范传播媒体的市场竞争秩序作为重点。法定许可制度可以兼顾公平与效率,著作权人私益保护和社会公共利益维护之间的平衡。1976 年的美国《版权法》设立了五类强制许可,分别为:(1)通过有线途径来进行传播;[1](2)通过录音制品或者公开表演的方式来传

〔1〕 参见《美国版权法》第 111 条。

播;[1](3)制作和发行以非戏剧类音乐作品为题材的录音制品;[2](4)采用投币式播放机使用以非戏剧类音乐作品为题材的录音制品;[3](5)将已公开的非戏剧类音乐作品、美术作品和雕塑作品等用于非商业性广播中。[4] 之后的美国《版权法》经过修订,引入了法定许可制度,将第一种和第二种强制许可制度改为了法定许可制度,并添加了另外三种情形作为法定许可:(1)以家庭电视为媒介,对电视台节目转播;(2)对某些录音制品进行临时复制;(3)在最初市场中通过卫星来开展传播工作。美国针对这方面所制定的相关制度的适用范围进行了拓宽,并对合理使用制度做灵活性的设置,体现了对社会公共文化发展和传播市场秩序规范的立法重点。虽然美国《版权法》没有直接设置针对数字化利用图书的法定许可制度,但是数字图书馆的建设可适用网络服务提供商的相关规定。针对法定许可使用费的确定和相关的裁决程序,由于作品的不同实施方式对各方权益带来的效果具有较大差别,也难以用统一标准进行限定。因此美国秉持兼具灵活性和实事求是的原则,将法定许可使用费留给当事人来协商确定,[5]或者由行政主管部门根据具体情况进行裁决。[6] 具体体现为:(1)法定许可使用费一般由当事人约定优先;(2)已经确定的版税和实施条款根据公平原则和情势变更原则可做适当调整;(3)仲裁决定在最大可能尊重双方意思自治的基础之上,依据市场原则作出;(4)当事人之间的个别关系不会对公众合理获得信息资源的权利带来影响。[7] 上述四点可以归纳为四大原则——约定优先原则、灵活变更

---

〔1〕 参见《美国版权法》第 114 条。

〔2〕 参见《美国版权法》第 115 条。

〔3〕 参见《美国版权法》第 116 条。

〔4〕 参见《美国版权法》第 118 条。

〔5〕 参见《美国版权法》第 803 条。

〔6〕 参见《美国版权法》第 805 条。

〔7〕 参见李永明、曹兴龙:《中美著作权法定许可制度比较研究》,载《浙江大学学报(人文社会科学版)》2005 年第 4 期。

原则、尊重市场原则和公益优先原则，这四大原则对我国法定许可制度的改革具有重要的借鉴意义。

欧盟成员国代表之一的法国在其《知识产权法典》中规定了两种法定许可的情形：第一种为第 L. 214 – 1 条规定的在公共场所传播、广播或者用有线设备传播因商业目的发表的录音制品的法定许可；[1] 第二种为第 L. 311 – 1 条规定的出于私人使用之目的复制录音制品和录像制品的法定许可。[2] 德国著作权法设置了两种法定许可情形：第一种为该法第 46 条规定的为宗教、培训和教育之目的使用已经出版的短篇或单篇文字作品、音乐作品或者文学艺术作品编制集体作品，为此复制和传播的法定许可；[3] 第二种为该法第 49 条第 1 款规定的复制或公开传播内容涉及政治、经济和宗教的单篇广播评论和报纸文章，且作者未注明不许转载的法定许可。[4] 针对公益性数字图书馆的数字源建设，欧盟国家普遍通过设置公共借阅权制度，[5] 规定无须取得著作权人许可，但数字图书馆需向著作权人支付一定报酬。由于公益性数字图书馆由国家财政支持，因此由国家将拨付的经费扣除一部分补贴给著作权人即可。除此之外，许多国家专门设置图书馆规则，并希望能够以此来确保图书馆的价值不受到损害，从而确保图书馆发展事业所必需的人事、经费、设备等其他合法需求，调节图书馆的各类关系，促进图书馆网络的建设，加强图书馆的管理统一，保证图书

---

[1] Article L. 214 – 1, Code de la Propriete Intellectuelle Dalloz Edition 2015, p. 338 – 339.

[2] Article L. 214 – 1, Code de la Propriete Intellectuelle Dalloz Edition 2015, p. 347.

[3] Act Dealing with Copyright and Related Rights (Copyright Act, as amended up to Act of June 23, 1995), article 46.

[4] Act Dealing with Copyright and Related Rights (Copyright Act, as amended up to Act of June 23, 1995), article 46.

[5] 公共借阅权，又称公共出借权、作者出借权等，是指作者及相关著作权人因其作品在各类型图书馆被免费借阅而享有的补偿金的权利。作者按其有版权的每本图书在图书馆被借阅的次数收取版权费税的权利但是这项费用不是直接向读者收取的，而是由政府统一支付。

馆的正常秩序，推动图书馆事业的发展。其中有专门针对图书馆建设数字资源和进行知识共享的规定，对图书馆的数字图书资源建设提供了法律保障。

我国于2016年颁布了《公共文化服务保障法》，2017年颁布了《公共图书馆法》。以上两部法律为我国公共文化服务，公共图书馆的功能发挥和人民群众的精神文化建设提供了重要的法律保障。《公共文化服务保障法》对公共文化设置建设与管理、公共文化服务提供、保障措施、法律责任等作出了规定，该法第一条指出，本法制定的根本目的是加强建设我国的公共文化服务体系，向广大人民群众传播优秀的中华传统文化，丰富人民群众的精神生活，提高民众的文化素质，建立民族文化自信。[1]《公共图书馆法》对公共图书馆的设立、允许、服务和法律责任等作出了规定，并明确指出制定公共图书馆规则的主要目的是希望能够使其进一步得到发展，提高其在公众心目中的地位，从而丰富公民的精神生活，传承优秀中华文化，树立民族文化自信。[2]这两部独立的法律秉持着一致的目标，即实现社会公共利益保障全社会公众精神文化福祉的实现。[3] 但遗憾的是，两部法律仅进行了基本的框架式立法，未对作品的数字化开发问题、数字作品的利用问题和数字图书馆的数字资源的建设问题进行规定。在《公共图书馆法》中，条款多次使用了“应当”“鼓励”“支持”等具有导向性的词语，但是针对工作的开展和操作细节没有进行具体设计。《公共图书馆法》中规定，政府设立的公共图书馆应当加强数字资源建设，配备相应的设施设备，建立线上线下相结合的文献信息共享平台，为社会公众提供优质服务。第40条第2款规定为公共图书馆的数字资源建设提供了开展工作的法律依据，但是具体工作如何开展，如何解决利用作品进行数字资源建设中的著作权问题未予提及。

---

〔1〕 参见《中华人民共和国公共文化服务保障法》第1条。

〔2〕 参见《中华人民共和国公共图书馆法》第1条。

〔3〕 参见何荣华：《数字图书馆合理使用问题再思考》，载《图书馆》2017年第7期。

二、建立面向公益性图书数字化的法定许可的必要性

(一)有利于维护著作权利益平衡的基本原则

虽然著作权在数字网络环境中呈现强保护的趋势,但是数字图书馆的社会职能和公益性使命却不能被削弱,数字图书馆应充分利用数字技术的优势,发挥自身的社会职能和社会价值。现有著作权法律制度成了数字图书馆资源开发和馆藏建设过程中的一个阻碍,公共利益与著作权人私人利益之间的矛盾加剧,在一定程度上体现了法律条文与新技术时代下法律关系之间的不协调性。著作权立法应遵循著作权利益平衡的立法原则,对著作权法定许可制度进行完善与扩展,允许数字图书馆为保障公共利益和满足公共需求而享有适度的法定许可。平衡著作权人利益和社会公共利益,私人经济收入和社会产业发展的一个较好方式就是建立促进图书数字化产业发展的法定许可制度。建立面向公益性的数字化利用图书的信息网络传播权法定许可使用,有利于保持著作权人的专有权与社会公众获取信息之间的平衡,符合著作权法利益平衡的基本原则。此外,完全没有经济利益的复制行为几乎很难推进数字图书馆开展更多优质的服务,[1]不利于促进数字版权产业的发展,构建面向数字图书馆的信息网络传播法定许可避免了合理使用对著作权人经济利益的削弱,保留了著作权人的获取报酬权,充分体现了法律的公平性和正义性。

(二)有效解决图书馆数字图书资源建设的授权问题

法定许可是著作权限制的一种,从本质上来看,法定许可是合理使用制度与著作权排他性使用之间的一种中间制度,它移除了作者的允许权和禁止权,保留了作者的获取报酬权。给予著作人过多的排他

---

〔1〕 参见张力:《合理使用、法定许可抑或其他——论数字图书馆使用作品的行为模式选择》,载《图书馆情报知识》2004 年第 4 期。

性权利会影响社会对作品的开发与利用,无法实现作品的真正价值;若将作品使用完全等同于合理使用,那么著作人的经济利益的实现就得不到保障,虽然经济刺激不应是创作的唯一动力,但是在物质条件决定生产方式的客观条件中,无法得到物质鼓励,作者创作的积极性会严重受挫。因此,法定许可作为一种折中的制度,体现了制度的效率性。习近平总书记强调,好作品要把社会效益放在首位,实现与经济效益的统一。[1] 发展各类文化事业要坚持始终把社会效益放在首位,图书馆的数字图书资源建设作为我国文化共享工程的重要组成部分,应当始终坚持和贯彻这一指导思想。法定许可能够适用于公益性图书馆的数字图书资源建设,保证公益性图书馆与数字化相结合,降低公益性数字图书馆的授权交易成本,保障公益性数字图书馆的正常运作,有效提升公益性数字图书馆的工作效率,从而实现发扬中华民族先进文化、促进信息知识快速传播的目标。

小　结

本章针对图书大规模数字化适用著作权限制问题进行分析研究。世界范围内,数字化利用图书的行为屡屡遭到质疑,最大的原因是其没有著作权法依据。著作权法保护著作权人在其作品上享有精神权利和财产权利,同时也对著作权人的这种专有权进行了限制。国际公约和各国著作权法均有关于著作权限制的规定,合理使用制度和法定许可制度都是著作权限制制度。然而,在数字网络环境中,由于著作权人权利的扩张,合理使用制度遭遇到了适用的困境,法定许可制度适用空间狭窄,这导致了图书数字化的著作权纠纷频发。从著作权法律方面解决数字化利用图书的合法性是最有效的方式,这需要调整和

---

〔1〕 习近平:《好作品应把社会效益放首位,与经济利益统一》,载中国新闻网,http://www.chinanews.com/cul/2014/10-16/6685880.html。

完善合理使用制度和法定许可制度。

通过研究和比较合理使用制度立法模式和合理使用判定标准可以得出,合理使用规则主义立法模式在应对数字化利用作品的著作权纠纷时缺乏灵活性,合理使用要素主义立法模式中的四要素判定标准和转换性使用理论为解决图书大规模数字化引起的著作权问题提供了新的出路。在合理使用立法模式的选择上,应采取规则主义与要素主义相结合的模式,从而将著作权合理使用的解释空间与明确规则进行结合。要素主义和规则主义是补充关系,要素是规则的补充。在合理使用判定标准方面,需要引入合理使用四要素判定标准和转换性使用理论。首先,在列举式规则的基础上增加合理使用的一般性判定规则;其次,明确转换性使用的目的是增加作品新的表达形式,实现作品新的功能和价值,判定使用者使用作品的行为是否构成转换性使用时,应着重分析使用行为是否对作品具有替代性,是否赋予了作品新的价值和新的功能;最后,明确著作权法是关系到作者、传播者和使用者权利的法律,改善使用者的弱势地位,在保护作者著作权的同时,不能忽视对使用者表达自由权利和文化权利的维护。此外,应逐渐将转换性使用规则转化为体系化的标准,将判例规则发展成为法律制度规则。

通过分析面向图书数字化的法定许可制度可以得出,在公益性图书馆的数字图书资源建设方面,法定许可制度可以为图书大规模数字化提供法律依据。诞生于前数字时代的著作权法定许可制度是根据当时的作品传播方式和利用方式所制定,缺乏应对数字网络环境下获取作品和利用作品行为的规定。针对信息网络传播技术的特征建立专门针对公益性图书馆数字化利用图书的法定许可,符合著作权法的利益平衡原则,可以有效解决公益性图书馆数字图书资源建设的获权问题。

第三章

图书大规模数字化的著作权许可问题分析

著作权许可，是指著作权人通过授权，许可他人以特定的方式、在一定的期限和一定地域范围内使用其作品的权利。著作权许可是一项实现作品价值的重要方式和手段。数字技术改变了作品的传播方式和利用方式，在数字环境中知识产品能够极为快速便捷地流通，只要拥有网络和一台电脑，轻点鼠标就可以在世界任何角落无距离障碍的获取数字方面资源，当前信息技术呈直线式状态发展，在此基础上，人们吸收文化的能力也得到了长足的提升。对于知识信息的传播和文化资讯的交流来说，这是一个最好的时代，也是一个最坏的时代。新技术的快速发展使法律制度的滞后性问题显得尤为强烈，法律的发展速度无法跟上技术发展的速度。数字技术在带来知识产品快速便捷传播之人类福利的同时，也引起了利益失衡的社会问题：一方面，信息网络的开发共享特性与知识产权的私权保护之间发生了剧烈冲突，著作权人惧怕网络的快速传播使其失去了在传统传播方式中对作品传播享有的控制权，于是呼吁加强在网络环境中的著作权保护；另一方面，对著作权的过强保护会侵蚀社会公众获取和利用信息的空间和权利。于是社会公众一方面要求对著作权人的权利进行限制，不断地在社会公益和私益保护之间进去博弈需要耗费大量的时间，当前互联网中的作品数量庞大，内容多种多样，因此在授权许可方面就涌现出了大量的难题，并且这些问题在图书的大规模数字化过程中尤为突出。

探寻针图书的大规模数字化的著作权许可模式，实际上是一个关于公平与效率的问题，即旧有著作权许可模式的低效性与数字技术的高效性无法兼容，也与大规模数字化的功能与使命不相协调，使大规模数字化无法发挥其价值，也使著作权人和公众的利益无法得到公平的实现。应探寻一种在确保利益不受损害的基础上还能提高效率的方法，以此来处理图书大规模数字化中的海量授权问题。

第一节　图书大规模数字化适用著作权传统许可方式的困境

数字化利用作品的高效性、快捷性、交互性与共享性与著作权保护之间产生了不可调和的矛盾，传统的著作权许可模式所体现出交易成本过高、效益低的弊端，使其在图书大规模数字化过程中遭遇了运行困境。

一、著作权传统许可的低效率性

著作权许可在著作权领域中发挥关键的作用，是著作权人实现作品经济价值的主要形式之一。许可使用法律关系的相关方可以通过法律的途径来表达自身意愿，主要目的是在这二者之间构建一个义务的桥梁。通俗来讲就是双方可以通过签订条约的方式来对自身的行为进行约束，之后作者便允许使用人来利用作品，而使用者则应该向作者支付对应的报酬。

在以印刷技术为主要传播方式和渠道的时代，作品主要以纸质媒介作为传播载体，掌握着复制设备的是具有大量资本和资金的出版商。一般情况下，作者创作作品之后，需要与出版商一对一达成自愿许可,并签订著作权许可协议,出版商根据协议对作品进行复制和传播,这是作者与出版商之间所形成的一对一著作权许可模式。这种授权许可模式的交易成本较高,效率较低。但是在这一时期,作品传播的范围和速度受到了复制技术和传播载体的限制,公众拥有的复制能力十分有限,作者可以通过对作品复制设备的管理进行对作品传播的控制。由此看来,这种传统的著作权许可模式在复制和传播技术有限、作品传播可控的情形下,不存在成本和收益严重不平衡的现象。

广播技术发展后,作品的传播方式得到了巨大的改善,传播路径由原本的"点对点"传播演进为"点对面"传播,作品的受众更加广泛。不可否认,广播技术相较于印刷技术而言,对作品复制、传播和使用的效率有很大的进步,作品的使用方式和使用频率更加多样和频繁,若仍然适用产生于印刷技术条件下的一对一授权许可模式去逐一寻求著作权人的许可,那么将面临交易成本过大以及与现有技术发展不协调的问题。据此,新的许可模式应以降低交易成本为目的,这使得集体管理模式随之产生。该模式事实上为一对一授权许可方式所进行的有效补充,参考其中详细的集体管理模式,代理著作权人与使用者订立许可使用合同,向使用人发放使用许可并收取许可使用费,之后将许可使用费转交给著作权人。由于这一时期复制设备更加普及,复制技术也越来越简化,公众的复制能力得到增强,为避免私人复制行为的普遍发生对著作权人经济利益造成的影响,诸如德国在内的一些国家采取了对复制设备或复制载体收取补偿金的方式来对著作权人的经济收益予以弥补。但是受众对作品的接受仍然处于被动地位,使用者可以选择接受或者不接受作品的传播,却无法决定接受作品的时间、方式以及其他事项并且此时的复制作品仍然依赖于有形的物质载体,因此对作品的传播仍然在控制范围之内,著作权人的权益没有受到较大影响,一对一的授权许可模式仍然可行。

传统技术环境中的著作权许可模式均以实现对作品传播和使用的控制为目的,一方面传播技术的限制和作品呈现方式的物质载体的使用使作品传播的速度和广度仍然在可控范围内；另一方面，出版商、发行商、广播电台和电视台等作品的传播者起到了控制作品传播的看门人的作用，作者经济利益的实现需要以上这些传播者的协助。因此，在传统技术环境中，一直适用自愿许可模式和著作权集体管理模式，著作权人和使用者之间尚算相安无事。

然而，信息网络技术的发展完全颠覆了这种传统著作权商业模式，时间、空间、损耗、成本等不会局限文件的传输与移动等操作，数字载体的复制件能够以更小的努力和更少的成本在极为短暂的时间快速传递到全球的任意角落。在新技术时代，这种高效率的传播方式与传统的授权许可模式的低效性之间产生了极大的矛盾。在图书大规模数字化过程中，授权许可针对具体的服务供应者来说，时间以及经济等方面都有着极为庞大的成本，有着低效的问题，这会显著影响服务优势的开发以及质量的优化。因为公示、管理体系所存在的“短板”，配套的权属登记以及跟踪调查等，要求消耗较多的时间以及经济投入，此类巨大的压力都会转移到服务提供主体之上，针对庞大的图书信息，要求获得较大规模的授权许可，这会对于基本的提供者带来极大的压力，乃至于超出了数字化服务提供者的处理能力。逐一与著作权人接触磋商并取得授权许可会延缓数字化的进程，并使其复杂化。依靠传统协议模式得到相应授权许可的模式，需要消耗较大规模的人力、物力以及时间，针对著作权人享有的诸多作品，还需要获得全体权利人的基本许可，与对应的邻接权等基本权利，都会导致服务提供的复杂性大幅提升，非但会消耗较大规模的成本，也难以开发数字技术所存在的显著优势，大幅压缩了知识传播的效率，也会对于文化传播以及社会发展构成显著的负面影响。面对数字技术的发展，应如同广播技术发展时一样，对著作权相关许可机制作出调整，使法律不成为技术促进版权产业发展道路上的阻碍。

二、著作权占有规则与传播规则的不平衡发展

著作权制度的发展史实际上是一部传播技术发展的历史，著作权

制度经受了三次技术浪潮的冲击，分别为18世纪初印刷术的诞生与普及、私人复制的广泛应用以及数字技术和信息网络技术的迅速发展。在面临每一次技术发展的考验时，著作权制度都需要进行调整与抉择：究竟应该加强著作权保护，扩大著作权的权利行使范围，以此保障著作权人利益、鼓励创作，还是应该维持现有著作权范围，侧重对著作权的限制，以此保障公共利益的实现和文化信息的有效传播。以上实际上涉及著作权制度中占有规则与传播规则的平衡。过分地强化著作权保护会造成因垄断而产生的交易成本升高的问题，相反地，弱化著作权保护会导致被侵权风险增大，增加创新投资的不安全性和不稳定性。[1] 因此，面对每一次的技术发展，著作权法立法的重点在于充分结合新技术特性，寻求著作权人和公共利益的良好平衡点，这就要通过平衡占有规则和传播规则来实现。

一般来说，对著作权制度中占有规则的调整重点关系到客体范围扩充、财产权权项提升与适用范围的延伸。因技术发展而导致著作权占有规则的单方面调整会引起作品的作者、传播者和使用者之间利益平衡的状态被打破。据此，立法者应从天平的另一端在调整占有规则的同时，对著作权制度传播规则也作出相应的调整，使对著作权人利益的保护不至于妨碍社会公众获取并使用作品的权利，不至于妨碍信息知识的传播流通。

数字环境中，作品的创作方式和传播方式发生了巨大改变，过去只有少数掌握着资源的作家、媒体和出版商才能生产作品。信息网络传播技术使供给作品的时代已成过去，作品的创作和传播变得方便容易，人们可以在自己家中通过设备对以数字化存在的作品进行获取、改变和再创作，从而形成一个全新的作品。数字技术彻底颠覆了传统"点到面"的传播模式，交互性成为数字环境中作品传播的最典型特

---

〔1〕 参见[澳]彼得·达沃豪斯、约翰·布雷思韦特：《信息封建主义》，刘雪涛译，知识产权出版社2005年版，第13页。

征，通过交互创作，任何一个人都可以通过多样的创作方式而成为著作权人。群体协同创作模式成为数字环境中作品创作的一种新样态，全民创新的时代正式来临。同时，数字环境的开放性促成了知识共享平台的形成，数字图书馆就是最为典型的数字信息共享平台。

数字技术使著作权的合法垄断与社会公众对文化传播的合理需求之间形成了冲突，主要体现为著作人私人利益与社会公众利益之间矛盾的激化。有学者认为，实际上著作权制度面对技术发展而作出的演变呈现出了一种更为复杂的状态，即著作权法律制度在数字环境中失效了。数字技术不仅使得数字复制件可以花费最少的努力和可以忽略不计的成本而在瞬间被传送到全世界的任何一个角落，还使法律面对在数字环境中的侵权者束手无策，法律无法完成追踪并惩罚侵权者的任务，严重影响了法律对非法复制的惩戒效果。[1] 因此，数字环境中的著作权制度困境呈现出的复杂的状态不仅仅使公众担忧的利益失衡，实际上并未产生因过度垄断的现象导致进一步影响后续的信息传播效应，同时也不会因不可控制造成创作的减少，反过来两个方面都有着快速的发展，仅仅是存在“冷落”法律或是有少数人通过“违法者”的角色，进行难以追责的“自得其乐”之事。[2]

数字技术的发展从本质上来看，颠覆了传统技术环境中以控制为核心的著作权商业模式。在前互联网时代，首先作品要依靠一定的物质载体作为其呈现方式。其次，作品的传播主要依赖于国家依法设立的各种传播机构，国家对作品物质载体和传播机构的运行均进行着严格管控。据此，作品的传播和复制也在作者的掌控之内，不会有传播和复制泛滥情形的发生。正是由于这种可控性，版权产业的整个产业链有序运作着，法律能够通过设置规则在产业链的各个环节进行调控和规制，以保障相关利益的平衡。但是在数字环境中，作品传播不再

---

〔1〕［美］劳伦斯·莱斯格：《代码》，李旭译，中信出版社 2004 年版，第 154 页。

〔2〕参见张平：《网络环境下著作权许可模式的变革》，载《华东政法大学学报》2007 年第 4 期。

依靠物质载体，而是依托于以字节表示的一段0和1的数字流二进制虚拟的数字介质来进行传播，著作权人失去了原来物质载体和传播机构所赋予的对作品复制和传播的控制能力。符合数字技术特性和数字环境特性的新的商业模式在数字环境中诞生，必须强调的是，数字技术的发散性特质和数字环境中的“去中心化”的特点要求应运而生的商业模式需要拥有克服以上特点的能力。概言之，著作权人对作品传播的控制力在数字环境中被严重地削弱，数字环境中著作权利益平衡机制的重构必须回应数字技术“去中心化”所导致的著作权人控制力弱化的形势，[1]在不妨碍社会公众使用作品和作品流通的前提下，建构一种全新的“中心”模式和利益分配机制。

三、大规模数字化的信息共享理念与著作权许可的传播控制的矛盾

数字技术的运用对作品的传播和使用带来了广泛且深刻的影响，作品的传播和使用无须借助物质载体，也不需要受到传统技术中物理空间的限制，只需要一台计算机设备和可以接入互联网的端口便可以完成对作品的传播和创作。技术的发展使作品的创作方式呈现多样性和多元渠道，直接导致网络中海量作品的产生。海量作品授权许可的低效性和数字技术的方便快捷性之间，大规模数字化的高效、快捷、交互与共享性与著作权保护之间产生了不可调和的矛盾，新的冲击为新的授权许可模式的产生提供了契机。数字环境中，传统的著作权许可模式无法满足海量作品的许可需求，导致了交易成本和著作权人收益之间的巨大落差，传统的著作权许可模式在数字化资源开发过程中作用甚微，甚至还会对数字化作品的价值实现带来负面影响。要解决这一困境，必须充分考虑数字环境的特性，以较少的著作权许可交易

---

〔1〕 孟兆平：《网络环境中著作权保护体系的重构》，北京大学出版社2016年版，第18~19页。

成本、协调利益分配为目的,构建著作权许可机制。

在实际的处理过程中,专业的数字和信息技术的发展,大幅转变了公众传播、使用作品,甚至是创作作品的能力,在信息网络环境中,人人都可以成为潜在的著作权人,都可以不再受到传播媒介和传播机构的限制而传播自己创作的作品。数字技术在给每个人提供创作便利的同时,也使作者失去了原本基于物质传播载体和传播机构所带来的对作品传播的控制力。对于著作权人来说,数字技术实现了更为便捷的作品传播,而且也会遭遇额外的非法复制的风险。传统的法律体系依靠复制权以及发行权等方式,从而控制有形存在的流通机制,在特殊的数字环境之下,有形载体的消亡提供了更为新颖的发展模式,而且信息网络所具备的快速传播机制,让有关的作品可以更为便捷的散播至全球的诸多区域。数字作品复制件的传递和普通的载体交付有着显著的区别,因为数字环境载体的大范围运用,从而让数字作品后续的传输活动附随于相应的复制活动。事实上,数字作品所进行的各个传输操作中,都会造成各种新的复制件随之而创造,此类新的传输程序实现了特定媒介间的大量复制。

互联网从诞生之初就一直秉持信息共享的理念,并产生了共享经济时代互联网思维下的协同消费商业模式,它是指消费者在互联网上进行物物交换或者服务交换,实现资源优化配置的一种经济模式。某些协同消费人员,实际具备着前瞻性的基本特征,因此这些人是天生的乐天派代表。不过部分人是因为所存在的十分紧迫的实际需求,此类行为或许是为了减少经济开支、节约时间、获取更为高质量的服务、在经济上获取更多优惠、分享更多的资源、获取更多的体验等。每个个体都可以溯及至自身的利益,另外不同个体之间高度联系以及互助,从而创建了一个统一的群体,就像是一家人相处一样。[1] 互联网的信息

---

〔1〕［美］雷切尔·博茨曼、路·罗杰斯:《共享经济时代:互联网细微下的协同消费商业模式》,唐朝文译,上海交通大学出版社 2015 年版,第 87～88 页。

共享理念与图书大规模数字化的天然使命形成了完美的契合。但是这种理念与传统著作权授权许可模式所强调的传播控制产生了根本性的冲突,使传统著作权授权许可模式在大规模数字化过程中运行不顺。

在信息网络环境中,首先每个用户都可能兼具三种身份,可以在作者、传播者、使用者三者之间自由转换,使用者可以容易地获取作品,也可以自由地进行创作和传播。由于物质传播载体和传播机构在互联网中的不再适用,传统作品传播者的地位也被弱化。创作工具的普及和简易化以及信息网络的高效性,使创作主体数量急剧增加,类型向多元化方向发展。一边是著名作家群体和媒体集团,他们所创作的畅销书、音乐作品、影视作品具有较高的市场商业价值,因此对著作权经济利益的要求较高,希望沿用传统的著作权许可模式,严格控制作品的传播和使用;另一边是年轻的新锐作家和创作者,如网络作家、网络歌手等,他们主要出于兴趣或者提高知名度而进行创作,他们对著作权经济利益没有过多期待,相反地,希望通过互联网可以将作品传播得更加广泛,这部分人群则倾向于以开放许可的方式促进作品的传播。由此可见,创作主体的多元化带来了对信息网络环境中著作权许可模式的不同诉求,这对针对大规模数字化的著作权许可模式的构建具有重大的影响,也是必须切实考虑的因素。

长久以来,我们认为作品进入了公有领域就会使得更多人的利益得到满足的想法是错误的。而实际上,最终受益的并非公众,而是相互竞争的出版商,仅仅是其他的竞争性的出版商可以开发出版进入公有领域的作品,而作品的零售价格并没有降低。长久以来,公众都无法以一个较低廉的价格来享受进入公有领域的作品,甚至大部分高质量的作品仍然保持着高昂的价格,让大部分公众望而却步。在这种情况下,图书大规模数字化可以很好地解决这一问题,可以使公众更加自由和便捷地接触到进入公有领域的作品。但是由于将这些作品进行加工处理需要国家财政资金、广告等收入的支持,所以这些数字化作品也不是完全免费,但是价格低廉。

第二节　图书大规模数字化中孤儿作品著作权许可的特殊问题

孤儿作品是人类文化遗产的重要组成部分，是指著作权人身份不明或者无法找到但仍受著作权保护的作品。[1] 潜在使用者通过勤勉搜索，希望获得许可，如果无法找到著作权人，潜在使用者将面临两种选择：要么未经授权使用该作品，要么根本不使用该作品。第一种选择冒着著作权法律纠纷的风险，第二种选择体现出著作权作品中的很大一部分可能没有被人们利用，从而被渐渐遗忘。由于孤儿作品的法律地位尚不明确，后续创作者和使用者可能不被鼓励将孤儿作品纳入新的衍生作品；机构用户，如图书馆、档案馆和博物馆，它们也可能会避免将馆藏的孤儿作品数字化。这严重阻碍了图书大规模数字的建设。如果没有对某些作品的特定用途数字化适用合理使用，或者没有适合大规模数字化的集体许可方式，大规模数字化将是不可持续的。

一、数字化孤儿作品的著作权许可困境

（一）孤儿作品产生的原因

由于孤儿作品的权利人身份不明或者无法查找，孤儿作品数字化利用的难题在于著作权获取问题。产生孤儿作品的第一个原因是著作权先授权后使用的保护模式与著作权信息建设缺失之间的错位。根据《伯尔尼公约》，著作权自动保护模式使得著作权信息的形式要求放宽，[2] 多年来，全球范围内的著作权法要求作者在

---

〔1〕 United State Copyright Office, *Report on Orphan Works*, http://www.copyright.gov/orphan/orphan - report.pdf.

〔2〕 Maurizio Borghi, *Copyright and Truth*, Theoretical Inquiries in Law, 2011, p. 1.

其作品中获得保护，这包括将他们在公益性图书馆的作品进行数字化。

世界上第一部著作权法《安妮法》，把出版前的注册登记作为保护的前提。在法国，1793 年法案的第 6 条也将行使著作权与交存作品复制件联系在一起，未提交复制件的作者不能起诉侵犯著作权。1908 年在柏林修订《伯尔尼公约》时，取消了保护的规定，并在所有的签署国中逐渐消除。作为国际著作权法的基础，《伯尔尼公约》第 5 条第 2 款规定不受著作权保护任何作品信息形式的影响。[1] 为了消除对著作权行使的形式审查，这一规定大大影响了著作权保护模式。随着著作权登记的取消，著作权的自动保护标志着无条件保护制度。在多数情况下，这导致缺乏足够的或确定的信息来识别作者。由于取消登记手续，孤儿作品的数量增加了。然而，在国际上取消著作权登记程序并不意味着它们是违法的，被禁止的是在手续上行使或享受版权。尽管注册不是保护的必要，但一些国家法律鼓励作者自愿登记他们的权利，以在侵犯著作权的情况下建立证据。例如，在西班牙，为了更好地识别权利人，作者可以向知识产权总登记处登记。在美国，也需要重新登记，以便作者有资格获得法定损害赔偿，如果作者是美国公民，可以提起诉讼。

孤儿作品存在的另一个原因是随着数字网络技术的兴起，数字格式记录的著作权信息具有易修改、易灭失的特征，这无疑增加了孤儿作品的数量。随着著作权保护期的逐渐延长，著作权人和企业家作品的著作权人不可转让的风险增加。尤其是当版权所有者不能保持版权管理的最新信息。[2] 在较长一段时间内继续保护，作品被排除在公共领域之外，因此，需要获得权限的作品量增

---

〔1〕 Maurizio Borghi, *Copyright and Truth*, Theoretical Inquiries in Law, 2011, p. 12.

〔2〕 Paul M. Schwartz, *Property, Privacy and Personal Data*, Harvard Law Review, 2004, p. 101.

加了。[1]

(二)孤儿作品查找机制的缺失

为了平衡著作权保护和孤儿作品利用的关系,兼顾著作权人与使用者的利益,对查找义务的设定需要整体考量。既要防止对孤儿作品的利用逃避著作权制度的保护,又要防止高昂的权利人查找成本阻碍孤儿作品被使用的积极性。对于一些作品,无论是因为初始著作权归属不明确,还是因为其已经太复杂而不能厘清的著作权链条,都无法合理识别著作权人。除了这些所谓的纯粹的"孤儿"作品,还有一种情况是"语境"孤儿作品,即原则上可以找到著作权人,但是从成本效益的角度来看,理清权利链条所涉及的交易成本高得令人望而却步,需要制定的许可协议的数量过多。孤儿作品问题的严重程度难以量化,作为"2010:数字图书馆倡议"的一部分,欧盟委员会进行了一项研究,目的之一是调查孤儿作品在多大程度上是权利审查中的一个实际问题,并确定了这种现象发生的频率。委员会提出的问题之一是,利害关系人是否认为孤儿作品现象具有经济上的重要性和实际意义。尽管在量化问题的严重程度方面存在困难,但研究结果显示,利害关系方认为孤儿作品的著作权许可是一个真实的、重要的问题。[2] 现有的孤儿作品数量仅为估计值。就图书而言,据估计,在欧洲大约有300万孤儿作品,占公共图书馆可获得为受版权保护图书总数的13%。[3] 根据欧盟委员会的报告,95%的报纸都是以前的报纸。英国博物馆进行的一项调查显示,1700万张照片的版权人(占博物馆照片总收藏的90%)下落不明。大英图书馆还估计,超过40%的现有版权作品可能

---

〔1〕 Stavroula Karapapa, *Private Copying*, Routledge, 2012, p. 49.

〔2〕 参见常唯:《2010:数字图书馆》,载《图书情报工作动态》2006年第4期。

〔3〕 Paul Goldstein, *Copyright's Highway - From Gutenberg to the Celestial Jukebox*, Stanford University Press, 2003, p. 106.

成为孤儿作品。[1] 尽管美国版权局早在2006年就进行了一次大规模调查，但美国的孤儿作品数量仍然不明朗，并且关于孤儿作品的授权许可费用在过去的20年中有显著的增加。这些费用包括寻找版权人所花费的时间和精力成本，就许可证进行谈判的费用，以及在找到版权人后向版权人支付的费用。孤儿作品的使用主要分为四种类型：(1)后续创作者演绎性使用(uses by subsequent creator)；(2)大量接触性使用(large - scale access uses)；(3)爱好者的使用(enthusi - ast uses)；(4)私下使用(private uses)。[2] 因此，孤儿作品的查找机制是数字化利用孤儿作品中最复杂，也是最重要的问题。

二、孤儿作品查找机制的实施方式

自从孤儿作品问题变得普遍以来，国际上已出现了一系列的应对机制，包括2012年10月的欧盟《孤儿作品指令》，法国《二十世纪不可获图书数字化发展法案》和北欧延伸性集体管理制度。最早针对孤儿作品制定立法的国家包括瑞士、匈牙利和加拿大。作为谷歌图书和解协议的一部分，在HathiTrust运营的孤儿作品项目的背景下，这个问题也在和解协议中得到体现，尽管纽约南区法院最终否定了和解协议的合法性。

随着图书的大规模数字化的发展，某些类别的作品，如照片和插图，可能面临被强行认定为孤儿作品的危险。[3] 这主要是因为网络服务提供者可以在不提供作者信息的情况下对这些作品进行数字化。对于某些天生的数字化作品，著作权信息容易被删除或更改，作品可以在归属不明的情况下进一步传播。著作权登记的取消和著作权保

---

〔1〕 参见赵力：《数字化孤儿作品法律问题研究》，武汉大学2013年博士学位论文。

〔2〕 United State Copyright Office, *Report on Orphan Works*, http://www.copyright.gov/orphan/orphan - report.pdf.

〔3〕 Hansen, David R., *Orphan Works: Definitional Issues*, Social Science Electronic Publishing, 2011, p. 245.

护期限的延长说明获得作者信息的困难是正当的。在数字环境中，由于所谓的穷尽原则的不适用性，使孤儿作品的数字化方面出现了问题。在美国，穷竭原则被称为首次销售原则，它规定，当一件作品首先在权利人的同意下投入市场时，权利人即放弃对该作品随后的任何利益分配的控制。[1] 它适用于复制行为，也适用于数字副本的传播，著作权人原则上仍然有权控制其作品的数字化使用。

孤儿作品的复印件在公益性图书馆和学校图书馆中已经存在，由于穷竭原则的应用，对它们的使用不会产生法律问题。图书馆甚至可以在无明确授权的情况下出售他们收藏的不需要的资料的复制件，因为著作权人的分发、销售、租用或借阅那些完全相同的副本的权利已经用尽。然而，当这些作品涉及电子传输时，由于权利穷竭并不适用于电子出版和数字化传输，所以就对希望使公众能够充分获取信息的数字图书馆造成强烈的法律障碍。除非获得权利人的许可，否则不能通过网络获取和使用数字化的作品。

著作权法主要是以禁止他人未经权利人的许可而使用作品的表述来规定权利内容的。除非允许在司法审查下使用或发现使用，否则必须经过著作权人的授权许可。这一原则仍然适用于孤儿作品。由此产生的矛盾促进了美国和欧洲的一系列关于孤儿作品查找机制探索和设置。除了美国提议限制补救措施的建议之外，已经制订的方法包括法定的例外或许可。版权例外反映在欧盟《孤儿作品指令》和一些版权法规的条款中，而许可解决方案则反映在法国《数字开发法》中。

（一）美国方式

1. 美国版权局的孤儿作品方案

早在 2006 年，美国版权局就建议修改 1976 年美国《版权法》第五

---

〔1〕 Oren Bracha, *Standing Copyright Law on Its Head? The Googlization of Everything and the Many Faces of Property*, Texas Law Review, 2007, p. 1800 – 1854.

章,并签发了由美国国会图书馆发布的《关于孤儿作品问题的报告》。[1] 根据该报告,使用者需要进行合理的勤勉查找,并且必须与事后出现的权利人进行协商并支付合理的使用费。首先,金钱救济将限于对使用的合理补偿;对于非商业性使用,如非营利教育机构、图书馆、档案馆或公共广播平台,或者在接到侵权通知后迅速停止侵权行为的,不必支付合理补偿。其次,在使用者根据孤儿作品创作派生作品的情况下,如对被侵权作品的改动、转换、改变,禁令救济是有限的。自 2006 年以来,美国已经制订了三项立法草案,但都没有获得通过。争议重点是在确定孤儿作品身份之前,是否需要有一个权利人查找机制。通过功利主义的考虑,这些草案扩大了孤儿作品允许使用的范围,使公众在勤勉查找后可以从免费使用中获益。对于这种使用的受益人(机构或用户),以及使用的用途(商业或非商业),只要进行了合理的勤勉查找,就没有任何限制。前文已述,在美国,鼓励著作权人登记他们的作品以便符合法定损害赔偿的条件,从而对侵权行为提起诉讼,因此缺乏代表他们更新身份信息的勤勉查找可能导致强行认定他们的作品为孤儿作品的情况,这样他们获得补救的权利将会受到限制。

2. 谷歌和解协议中的孤儿作品方案

2015 年 6 月,美国版权局发布了一份题为《孤儿作品和大规模数字化》的调查报告,[2] 以便为国会提出可能的立法解决方案的建议。在美国没有关于孤儿作品的立法的情况下,谷歌公司已经想好了解决机制。在谷歌图书计划被法院否定的和解协议中,[3] 一项涵盖了谷歌的所有图书,以及谷歌在未来将要数字化图书的收入总额计划已经

---

〔1〕 United State Copyright Office, *Report on Orphan Works*, http://www. copyright. gov/orphan/ orphan – report. pdf.

〔2〕 United State Copyright Office, *Orphan Works and Mass Digitization*(June 2015), https://www. copyright. gov/orphan/.

〔3〕 *Google Book Search Settlement Agreement*, http://www. googlebooksettlement. com /.

到位。根据和解协议，谷歌将出资1.25亿美元，其中包括建立非营利的图书权利登记机构的3450万美元，该机构由出版商协会和作家协会各出一半代表负责运营，负责登记那些尚处于保护期但已绝版或找不到权利人的图书，并为这些图书的版权人提供版权费，谷歌将为图书权利登记机构的建立和初始操作提供资金，今后谷歌图书计划产生的任何销售、订阅和广告收入都将与该机构按63%和37%分成，并由该机构向权利人转付。权利人如果不愿自己的作品被数字化，有权声明退出谷歌图书计划，这被称为"选择退出"机制。[1] 虽然没有直接提到孤儿作品，但就本报告而言，该方案将具有解决孤儿作品问题的实际效果。值得强调的是，该协议即将为权利人引入一项新的权利，即"选择退出"机制，这个权利包括从语料库中删除作品和排除作品被数字化的权利。任何一本书的权利人在任何时候都可以指示谷歌公司或图书权利登记机构排除该作品，图书的权利人可以指示该图书不被数字化，如果已经数字化，有权要求删除该数字化副本。如果当谷歌公司收到该书的删除请求时，图书尚未被数字化，谷歌公司将遵守删除请求权，使用合理的努力不将该书数字化。

根据这一方案，图书权利登记机构将代表所有没有选择退出谷歌图书计划从而产生的收入份额的版权人进行版权管理。为了参与收入分享，权利人有向图书权利登记机构登记他们对一本书的版权权益。没有登记的图书被称为无人认领的书，其版权人的利益将由指定的受托人来管理。[2] 未申报作品产生的收入将由图书权利登记机构登记在未申报资金中，六年后，这些资金将用于进行勤奋的搜寻，以寻找权利人，10年后，剩下的部分将分配给慈善机构。

在对和解协议的反对意见中，"选择退出"机制被批评为可能使谷歌公司有能力没收那些未同意转让这些权利的版权人的权利。该协

---

〔1〕 *Google Book Search Settlement Agreement*, http://www.googlebooksettlement.com/.

〔2〕 Bently L., Kretschmer M., *Primary Sources on Copyright* (1450－1900).

议提出非自愿地剥夺权利，欲设立一种类似强制许可的制度来限制权利人本可依法获得的救济，这触动了版权法的根基。[1] 然而，根据修改后的和解协议，如果版权人没有失去权利，并且没有选择退出，意味着他们已经释放了他们的权利，让谷歌来决定他们的作品如何被使用。有了和解协议中设想的机制，许多作品最终将被商业利用，即使它们不是所谓的孤儿作品。谷歌和解协议不仅遭到其竞争对手，如微软、雅虎、亚马逊等的反对，还受到美国司法部的反对。纽约联邦法院拒绝了谷歌图书和解协议，法院认为，假设权利人事先已经同意使用者利用其作品，事后发现不同意时可以退出的机制，本质上是一种强制许可。[2] 然而，法官拒绝进一步详述，理由是版权强制许可的规则应经过法律程序来设立，不能由一家商业公司来设立。

3. HathiTrust 孤儿作品项目

在谷歌和解协议被否决之后，美国作家协会连同两个外国作家团体和一些个人作家，于 2011 年 9 月就强制性和声明性救济提出诉讼，寻求阻止形成 HathiTrust 的图书馆将来实现版权作品的数字化。谷歌图书计划中的获取数字化孤儿作品的计划需要，通过 HathiTrust 的孤儿作品项目来达成，该项目会查阅图书的作者和出版者信息，调查版权内书籍的权利状况。如果 HathiTrust 无法找到权利人，并且该书不可用，他们就会标记此作品为潜在的孤儿作品，并将其列入名单。版权人被给予 90 天的时间来选择是否退出，并将他们的作品从列表中删除。如果版权人没有反对意见，在此之后，作品将被认定为孤儿作品，然后提供给学生，教师以及组成 HathiTrust 信托协会的一些图书馆的其他附属机构。然而，这些搜索并非没有错误，许多图书被列为潜在的孤儿作品，尽管据称它们的作者的信息很容易检索。在对未来的

---

〔1〕 参见管育鹰：《欧美孤儿作品问题解决方案的反思与比较——兼论我国〈著作权法〉相关条款的修改》，载《河北法学》2013 年第 6 期。

〔2〕 Author's Guild v. Google, Inc. (2011), http://www.nysd.uscourts.gov/ca-ses/show.php?db=special&id=115.

禁令和声明救济的行动中，作者协会寻求在版权项目的数字化中停止的大学图书馆，认为在没有版权人授权的情况下，复制、归档、在版的作品，是大规模的侵权。[1] 此案于2012年10月审理。根据它的意见和命令，地区法院驳回关于孤儿作品项目的声明性和强制性救济的要求，认为这种要求尚不成熟。

（二）加拿大方式

加拿大孤儿处理机制与美国不同。在加拿大，任何人寻求许可使用已出版的作品，但无法找到其权利人时可以申请加拿大版权局的许可证，由公共机构评估是否已作出足够的努力来查找权利人，如果认可查找的勤勉性，公共机构可颁发许可证。许可使用费由一个基金持有，用于补偿权利人再次出现的情况。如果在许可证到期后五年内没有版权人出现，公共机构允许版权集体协会为其成员的总体利益处置其认为合适的版税。[2] 这种模式下，在使用人独立搜索的前提下新增了公布部门的审查等功能，显然会让获取成本明显提升，不适合图书大规模数字化的发展。

（三）欧洲方式

虽然谷歌图书计划的"选择退出"机制有望大大加速大规模数字化的进程，但它们加剧了著作权人和使用者之间的冲突。谷歌的"选择退出"机制修改了传统的著作权结构作为许可，因此需要修改有争议的立法。正是由于这个原因，欧洲立法者选择了一条不同的路线。

1. 欧洲数字图书馆项目提出了孤儿作品问题

欧洲对孤儿作品问题的提出几乎与美国同步，英文用词也相同。

---

〔1〕 Author's Guild v. HathiTrust, Memorandum of Law in Support of Plaintiffs' motion for Summary Judgment, 11 Civ. 6351 (HB), 2.

〔2〕 *Unlocatable Copyright Owners Brochure*, Copyright Board of Canada, http://www.cb-cda.gc.ca/about-apropos/2010-11-19.pdf.

与美国孤儿作品问题由谷歌这样的商业公司主导开发的图书数字化所不同，欧洲数字图书馆的建设和发展更多体现了区域性的文化发展的政策因素。[1] 创建法律框架以促进孤儿作品在数字单一市场中的数字化传播是“欧洲数字计划”(Digital Europe Program)中确定的行动之一，该议程属于“欧盟2020年战略”。[2] “欧洲数字计划”是欧盟设立的一项92亿欧元的资助计划，以确保欧洲拥有应对各种数字挑战所需的技能和基础设施。[3] “数字图书馆倡议”也把文化资料的数字化，在线访问和数字保存作为中心内容。在这一倡议的背景下，欧盟委员会发布了2006年的建议，通过该建议邀请各成员国将改善数字化的条件，并加强对文化材料的在线访问。通过建立促进孤儿作品使用的机制，进一步征求有关各方的意见，以及促进孤儿作品在公共领域的使用。[4]

2. 欧盟《孤儿作品指令》允许使用孤儿作品

在欧洲，关于孤儿作品的问题由2012年10月通过的《欧洲议会与欧盟理事会关于孤儿作品许可使用特定问题的指令》[5](以下简称《孤儿作品指令》)来规定。《孤儿作品指令》采取的政策与美国的“选择退出”机制有很大不同。在欧洲，孤儿作品例外的受益者只是各成员国设立的对公共图书馆、教育机构、博物馆、档案馆、电影或录音资料馆及公共广播组织等从事公共政策任务的机构用户。这符合《孤

---

[1] 参见管育鹰:《欧美孤儿作品问题解决方案的反思与比较——兼论我国〈著作权法〉相关条款的修改》，载《河北法学》2013年第6期。

[2] *Europe* 2020:*A Strategy for Smart*, *Sustainable and Inclusive Growth*, http://ec. europa. eu/eu2020/index_En. html.

[3] 参见“欧盟设立‘数字欧洲计划’发展数字技术”，中华人民共和国驻欧盟使团官网，http://www. chinamission. be/chn/kjhz/t1656111. htm。

[4] 参见沧海:《欧洲六国首脑联合倡议建设欧洲数字图书馆》，载《新世纪图书馆》2005年第3期。

[5] 参见欧盟官方网，http://ec. europa. eu/internal_market/copyright/orphan_works/index_en. htm.

儿作品指令》加强孤儿作品的文化传播的主要目标，是对利用孤儿作品的主体的一种限制。而且《孤儿作品指令》所指的公共机构可与私营组织合作，在孤儿作品的使用符合公共机构的使命的条件下，就孤儿作品的使用产生收入。但是，私人合伙人不能直接利用孤儿作品。鉴于此，新引入的例外的范围仍然很窄，因为它不含盖商业机构或为商业利益而采取的私人行动。这意味着，例外的成功潜力受到其内在局限性的约束，而这种局限性并不体现在立法者的视野中。另一种限制是机构用户在使用孤儿作品之前必须进行勤勉查找。这些查找必须在单个的基础上进行，在这方面不适合大规模数字化的背景，单个查找无疑是大规模数字化的障碍。[1]

欧盟《孤儿作品指令》不仅对各成员国的具体做法进行研究，同时考虑到数字化单一市场的建设问题，全面搜索大大增加了成本。为了控制整体的成本，该部法案在基于使用者独自搜索的前提下，运用了特定的独立方案：其一，设定了最低搜索机制。其二，需要成员国承认该作品具有版权。这种工作的基础是必须按照指令要求勤勉查找。一旦一个作品在一个成员国获得孤儿作品地位，这个作品就应被视为整个欧盟的“孤儿”。其三，对孤儿作品查找范围进行限制。其四，建立孤儿作品集中登记中心。[2] 该指令对已确定为孤儿的作品的复制和使用权提出了例外，第 6 条中的规定，各成员国应以对复制权和对公众作出损害的权利的例外或限制为准则，确保公共图书馆、教育机构、博物馆、档案馆、电影或录音资料馆和公共广播组织允许使用它们的馆藏，通过数字化，提供索引、编目，保存或恢复，并向公众提供孤儿作品或再创作的行为。如果权利人继续产生同时决定结束此列作品的情况，这种例外的情形需要伴随着获得补偿的权利。第 22 条规定，

---

〔1〕 Proposal for a Directive of the European Parliament and of the Council on Certain Permitted Uses of Orphan Works, (2011) 289.

〔2〕 Directive 2012/28 EU, http://ec. europa. eu/internal_market/ copyright/ orphan_works/ index_en. htm#main – contentSec1.

考虑到作品类型和使用方式的不同,报酬应当公平。允许使用孤儿作品考虑到了版权人在版权保护期满之前的任何时间再次出现的可能性,从而终止其孤儿作品的性质。与之前讨论的谷歌的“选择退出”机制相反,该指令没有为重新出现的权利人设定最后期限。更重要的是,指令提高了对勤勉查找的准确性的要求,这意味着一旦机构用户遵守勤勉查找要求,在此期间,恢复版权的概率就会降低,但可获得相应的补偿。然而,当一个作品被错误地认定为孤儿作品时,因为查找并没有勤勉,对著作权侵权的补救措施将会在成员国的国家法律中充分利用。该指令清楚地指示,权利人仍然主要负责他们的权利,以防孤儿作品状况被错误地确定,实际上,如果没有进行勤勉查找,这将使机构用户面临惩罚。

不同于谷歌图书和解协议和 HathiTrust 项目,《孤儿作品指令》没有引入“选择退出”机制。尽管如此,如果著作权人不反对在规定的期限内使用他们的作品,“选择退出”机制中的著作权将被认定为已经过期。对于未能在规定期限内重现的权利人来说,著作权灭失的推定在扩大权利保护期限方面起到了平衡作用。

值得一提的是,《孤儿作品指令》允许包括保存、信息获取和数据分析为目的的孤儿作品数字化行为。指令认为,用于图书的大规模数字化和索引技术提高了图书馆藏书的研究价值。创建大型在线图书馆有助于数字化,为科研人员打开新的信息获取通道,否则他们将不得不满足于使用更传统的搜索方法。

综上所述,欧洲《孤儿作品指令》允许使用孤儿作品包括使作品向公众开放的行为和复制行为,即包括为了保存,为了获取作品而提供索引编目或为了数据分析的数字化行为。这些行为反映了非常有限的计算使用立场,应该被称为机构用户的公共利益使命的一部分。新引入的例外或限制应允许未经授权使用孤儿作品,前提是这种使用符合公共利益使命。

3. 英国的分类处理机制

英国方案的特色鲜明,主要体现在除了包含全部孤儿作品及对孤儿作品的利用,还运用分类操作的思想。第一,英国默认文化机构利用管理组织进行授权的方案,从而对相关的藏品内容进行信息化呈现;第二,英国创建了全新的许可部门,从而对另外形式的使用人员带来相关产品的审核以及邀约服务。[1] 按照法律规定的内容,对于同类作品的某些使用方式,即使权利人没有授权,也可以代表权利人对第三人进行授权和管理。就分类处理机制而言,最初规定通过行政部门展开评估,不过在征询图书馆等相关人员的意见后,不再考虑个案审查的方式,而是通过抽查的方式对质量问题进行把控;在一些质量不满足要求的情况下,给予处罚或者结束资格。这和延伸性管理的模式具有明显不同,因为在后者身上,搜索与查找行为都是由集体管理部门自我承担,一般是在授权后进行,出发点也不同,分类处理机制是为了获取更多的收益。[2]

第三节 建立面向图书数字化的著作权延伸性集体管理制度

集体管理模式是当前在处理著作权海量许可方面得到广泛运用的一种通用办法。其重点是通过管理组织自身行使著作权,此类组织在得到授权和认可后,基于自身的立场使用权利人在法律上的一系列权限,比如达成合同、收取费用等。

---

〔1〕 参见许辉猛:《数字图书馆建设背景下孤儿作品查找机制研究》,载《图书馆论坛》2014年第12期。

〔2〕 David R. , Hansen, Gwen Hinze, Jennifer Urban, *Orphan Works and the Search for Rightsholders: What Constitutes a Diligent Search Under Present and Proposed Regimes*, http://www. law. berkeley. edu/12115. htm.

一、延伸性著作权集体管理制度的起源与内涵

该管理制度最早出现在北欧国家中，之后被俄罗斯等国家将其纳入到了相关法律之中，具体参见《丹麦著作权法》第 50 条至第 52 条、《芬兰著作权法》第 26 条、《冰岛著作权法》第 15a 条、《挪威著作权法》第 36 条和《瑞典著作权法》第 3a 章。[1] 在北欧，这种管理制度创建的初衷是处理广播电视播放过程中音乐作品方面的诸多难题，也即运用过程中所涉及的海量许可，在 1960 年前后，随着广播电视进入到更多公众的生活中，考虑到效果的问题，在制作节目的环节中往往会添加音乐作品，而这就关系到大规模使用许可的权限。那个时候的芬兰、丹麦等国家准备利用强制许可的方式进行处理，不过这种方式面临巨大的阻力，那就是著作权人对此纷纷表示不认同，认为自身的权益受到了侵犯。后来这些权利人联合起来，认为可以通过集体管理的方式对该问题进行处理，经过不断的协商，开始出现了延伸性集体管理的概念。后续得到行政部门社会公众广泛认可，并被写入法律制度中。而这里的新概念，即为当集体管理组织在一定领域中具备了充分的代表性，就能够相应地代表该范围所有权利人的利益并对其进行集体管理。这种集体管理相应地满足广泛性，对全部权利人都是积极有效的。假如部分个体对表示不认可，此时需要通过书面文件的方法对于其意思进行表达，退出管理即可。

以往的集体管理模式，主要创建在管理部门组织和权利人之间实现合同协议的前提之下，所以体现出明显的信托特征，所以在法律层面上被视为具备信托特征的民事关系。相应地，延伸性集体管理是基于法律条文的基础上，并不是当事主体之间的协议内容。换句话说，按照这种管理制度，中间组织可直接按照法律规定中的内容，对于作

---

〔1〕 何蓉：《数字图书馆利用作品的著作权限制研究》，中南财经政法大学 2018 年博士学位论文，第 235 ~ 236 页。

品的使用权限问题作出决定，并不需要征询权利人的意思。不满足权限的著作权人不再具有禁止许可的权限，但是依然可得到获酬权，这体现了著作权限制的属性。这种管理制度表现为两个角度：第一个角度，会员主体利用协议的方式将著作权转交到组织方面，从而实现委托；第二个角度，此时的权利转移会继续拓展到一些没有参与到的组织的非会员头上。[1] 这样，相关管理组织需要在一定领域中具备充分的代表性，基于多数的权利人立场，这也是该模式都得到运用的重要基础。

二、数字环境下延伸性著作权集体管理制度的实施现状

丹麦创建了数目繁多的集体管理组织，而 COP－DAN 属于其中的代表。该组织在 20 世纪 70 年代创建起来，是一个影响力深远、具有较多活跃分子参与的权利人协会。按照与行政部长、地方行政部门所形成的多个协议，从而给相应的对象带来服务。因为站在广大权利人的立场上，COP－DAN 自然地成为延伸性著作权集体管理的执行主体。丹麦著作权法授予 COP－DAN 代表所有权利人（会员、非会员）的利益，和市场中的使用者实现协议，同时收取费用并完成划分。在法律的保障下，COP－DAN 创建了较为理想的行政管理、财务运行等模式，取得了不错的成果。[2]

KOPIOSTO 创建于 1978 年，将芬兰国内 45 个重要的机构包括在内。按照其国内法律的规定内容，该组织能够在下面的领域实施管理活动：复制（第 13 条）、广播电视节目的记录（第 14 条）和重播（第 25 条）。权利人委托不同的集体管理组织对于作品实施管理，此类管理组织继续委托到 KOPIOSTO。常规性的部门机构假如想要参与成为会员，那么需要通过专业部门的认证以及审核通过，同时对于其发展

[1] D. Gervais, *The Changing Role of Copyright Collectives*, Gervais (2006), p. 28.

[2] 参见徐颖颖：《北欧著作权延伸集体管理制度可借鉴性研究》，华东政法大学 2015 年硕士学位论文，第 25 页。

状态全面上报。而芬兰国内有长时间的制度运作基础,因此创造了十分便利的外部环境,KOPIOSTO 所集中的诸多保护机构以及组织,从而实现了其在一定领域中的充分代表性。[1]

冰岛是北欧国家中较为特殊的一个,其设定的集体管理组织需要在教育部门最高负责人的许可下才能实施相应的管理活动。而管理组织最早创建在 1985 年,后续调整的冰岛著作权法的条文中对于延伸性制度问题进行了具体的部署。而教育部门负责后续将这一法律内容延伸到数字方面。以此为标准,1996 年起,冰岛的著作权集体管理组织可以代替所有著作权人授权许可对文字作品展开相应的处理。其可带来的许可证范围议案是大学合作的协议内容,业务主要集中在不同资料的复印许可上,将从小学到大学全部包含在内,不仅含有公立学校,同时含有私立学校、行政部门,乃至合唱团,冰岛州教会等。[2]

三、延伸性著作权集体管理制度适用著作权海量许可的优势

延伸性著作权集体管理模式能够有效解决图书数字化的海量授权许可以及孤儿作品方面的处理问题。对于不是会员的权利人同样给予一定的著作权保护,不过对于无法明确相应作者的作品来说,利用以往的授权方案以及集体运作的模式,都无法实现所需的信息环境下的海量授权。[3] 延伸性集体管理制度能够运用在一定领域中,这高效处理了以往管理组织的下列问题:无法覆盖所有权利持有人、只能被动等待著作权人加入,普及度不高导致成员数量和管理效果极其

---

〔1〕 参见孟磊:《我国移植著作权延伸性集体管理制度之批判》,载《科技与出版》2017 年第 9 期。

〔2〕 参见徐颖颖:《北欧著作权延伸集体管理制度可借鉴性研究》,华东政法大学 2015 年硕士学位论文,第 41 页。

〔3〕 参见何蓉:《数字图书馆利用作品的著作权限制研究》,中南财经政法大学 2018 年博士学位论文,第 241 ~242 页。

有限等。

和法定许可的情形进行对比分析，延伸性集体管理制度对于那些想要退出组织的权利人创造了便利的环境，设定了相应的退出机制，使他们能够结合自身的实际需求作出选择。延伸性集体管理在北欧国家的立法实践工作中，被人们看作一种科学得使法定以及强制许可模式进一步弱化的权利限制的机制，[1]其并没有对著作权主体设定较高的门槛或者对于其特定权益进行有意无意地弱化。恰恰相反，其主要出发点在于利用法定许可制度的积极价值，从而改善知识产品交易过程中的整体效率；另外，利用这种集体管理模式来强化对于著作权主体的保护与维护，同时考虑到著作权人在得到报酬上的权利，并设定了退出机制。根据设定的程序通过书面文件的形式就能够退出这种集体管理组织。而延伸性集体管理模式，正如前文所阐述分析的那样，其最初是因为政府的强制许可职能而设立，后续面临着巨大的阻力，著作权人对此纷纷表示不认同，认为自身的权益受到了侵犯。后来这些权利人结合起来，试图通过集体管理的方式进行处理，经过不断的协商，逐渐形成了延伸性集体管理概念。后续得到行政部门和社会公众广泛认可，并被写入法律制度中。集体管理组织在一定领域中具备了充分的代表性，就能够相应地代表该范围所有权利人的利益并对其进行集体管理。这种集体管理相应地满足广泛性，对全部权利人都是积极有效的。假如部分个体对表示不认可，此时需要通过书面文件的方法对于其意思进行表达，退出管理即可。而通过设定延伸性管理模式，有利于缓解大规模许可下存在的诸多问题。从根本的层面来说，这种延伸性管理制度实际上给著作权人设置了相应的空间，体现了传统管理和发行许可之间的协调以及让步，该制度依然是建立在私法自治的前提下。

在全新的技术时代，信息网络重新定义了作品的传播以及使用方

---

〔1〕 参见梁志文：《著作权延伸性集体许可制度的移植与创新》，载《法学》2012 年第 8 期。

法。很多作品都是按照数字化的形式,从而呈现在数字化资源的创建环节中。海量作品的授权问题以及民众的文化需求之间形成了十分严重的冲突,而延伸性集体管理制度的出现对于这一问题的处理提供了新的方案和路径。英国在 2014 年,采用立法的方式明确了这种集体管理的运作模式,从其国内出具的一份报告中可以认识到,对当下存在的集中许可问题的妥善处理是及时引进延伸性集体管理制度的重要因素。该报告表示,延伸性集体管理制度能够大大拓展海量作品的许可路径,使用人能够在较低风险的情况下满足需求,同时能够保障著作权方面的基础权益,而消费者自身的体验也可以大幅度的优化。[1] 美国曾经期望依靠和解协议的模式来应对问题,而非立法机关的安排,在谷歌数字图书案中,谷歌提出的和解协议所创设的"选择退出"机制实际上是一个类似于延伸性集体管理的机制,但是根据美国司法部的观点,案件所存在的争议问题为,谷歌是否具备展现自身扫描图书资料的相应权利,但是和解协议事实上可以提供特定的垄断权,协议显著超出了争议范围,最终出于美国政府对该协议乃对集体诉讼机制之滥用的担忧,2011 年 3 月,再度驳回了经过三次调整的和解协议。尽管在谷歌的案例中,"选择退出"机制通过特殊的和解协议加以成型,并未提升到特定的普适性规范以及法律体系的层级,但是著作权集体管理的思想在此之后,实现了较为快速的发展。

小　　结

本章针对图书大规模数字化的著作权许可问题进行分析研究。通过分析影响图书数字化的成本收益因素可以得出:数字网络环境中的海量作品的许可成本高昂问题是制约图书大规模数字化发展的关键因素,传统的著作权许可模式的效率低且成本高,著作权占有规则

[1] 参见熊琦:《著作权延伸性集体管理制度何为》,载《知识产权》2015 年第 5 期。

与传播规则发展不平衡,这种现状不利于图书大规模数字化的发展。由于孤儿作品没有著作权人或者著作权人不明,查找著作权人成为数字化利用孤儿作品的前置程序,这会造成孤儿作品利用的低效。诞生于北欧国家的延伸性集体管理制度不仅可以起到传统集体管理组织以自身名义行使著作权人相关权利,从而提高作品利用效率的作用,还可以有效地行使孤儿作品的著作权查找行为和利用行为。

第四章 图书大规模数字化中的作品完整性问题分析

第一节 数字化图书的作品完整性保护困境

数字技术压缩了纸质介质著作权信息的显示空间,而数字媒体所记载的有关作品本身和作品被使用的信息则具有易消失、易篡改和易暴露的特征,这也是孤儿作品数量逐渐增多的原因之一。图书的大规模数字化改变了人们对著作权的归属、许可和侵权概念的理解,这表现在图书的数字化实践中,图书的扫描和建立数字化语料库等用于使用这些图书作为数字资源的商业应用中。初步看来,所有这些做法的共同之处是规模效应,即获得海量的许可和扫描海量的图书。但正如前文所述,这种大规模的数字化利用图书的方式能够为作品带来新的含义、功能和价值。大量的数字化作品数据库的价值不仅在于使社会公众能够访问的作品的总和变大,而且在于集合本身使计算机可用的数据体量变大,在海量数字化存储库保存的作品包括计算机自动化处理作品中包含的数据、作品数据(元数据)、作品使用数据和作品最终用户的个人数据。在著作权人的眼中,这超越了机构用户或营利性企业应该涉及的范围。

在大量数字化语料库中,作品和数据的这种融合需要有一个规则框架,这超越了已建立的著作权制度的边界,需要以超出著作权人和机构用户的利益的方式规范数字化语料库的获取和使用行为。更为重要的是,社会公众重视人类文化遗产或民族文化遗产的持续完整,希望可以不受限制地获取和利用这些知识和信息。不管大规模数字化的图书的著作权状况如何,这种重新分类排序的包含海量作品以供访问和使用的数字资料库应该成为法律保护的客体。在海量处理数字化作品的背景下,作品完整性的保护原则和方式会面临诸多挑战。

一、数字化作品形式的保护缺位

一直以来,虽然著作权的客体具有非物质性,然而作品的形态却从来不是无形的。虚拟世界的实际情况需要在物理载体中得到体现,这个要求意味着智力成果必须附加到物理实体上。但是随着大规模数字化的发展,这种情况发生了变化,图书数字化后的数字复制件独立于其物理载体。更为普遍的现象是,数字时代伴随着知识对象与其物理载体的分离而来,这不仅标志着著作权保护范围需要变化,需要引入新的权利,需要限制技术措施的使用;而且标志着著作权表现方式的转变。值得注意的是,随着作品形态的非物质化,将数字形式的作品称为著作权的内容将会很常见。尽管事实上这种表现方式上的转变在著作权法中还没有明显体现,然而仔细分析法规的表述,可以探寻到变化的端倪,例如,根据欧盟《版权法指令》第 4 条规定的作品的支配权,指令包括作品及其复制品,而第 3 条中的非物质发行权仅指作品。用于界定上述权利范围的措辞上的差异反映了技术变革带来的新的现实问题,即作品已从有形载体,即复制品的必要性中剥离,可以作为“在线信息”而流动。

随着大规模数字化的发展,又出现了另一个变化。当数字化将作品变成非物质化的信息时,大规模数字化将信息的聚合变成了非智能化的数据。作品中体现的思想表达不仅用来向公众传达作者的文字,不需要有形载体,而且还用来与其他内容聚合,形成计算机自动处理的数据基础。在这样的背景下，可以纯粹地处理数字化作品的语料库，也可以作为要挖掘的数据容器来处理数字化作品的语料库。前文已述，作品作为数据库的使用对于著作权法来说是新事物，并且不适用著作权作品使用的既定理论。在这方面美国合理使用的判定原则延伸到其既定界限之外的方式具有启示性。法院必须依靠版权外的原则来判定作品使用的这些用途是否可以构成合理使用。计算机自动化处理已经在其他法律领域得到正视，特别是在隐私和数据保护方面。在数据保护法中，自动化处理的概念定义了受规制的行为的基本范围。欧洲《关于个人数据的保护公约》(Convention for The Protection of Individuals with Regards to Automatic Processing of Personal Data)第2(c)条规定，自动化处理包括对存储数据的整体或部分采用自动方式进行逻辑或算术操作，包括它们的变更、消除、检索或传播。[1] 更详细的是，在1995年欧盟《数据保护指令》中，这一定义是相同的，欧盟《数据保护指令》第2条(b)规定个人资料的处理方式是：任何操作，无论是否通过自动化方式，如收集、记录、组织、存储、适应或变更、检索、咨询、使用、信息披露、传播或其他组合、阻塞、删除或销毁。[2] 欧盟《数据保护指令》中的定义更为明确和具体，包括详细地列举清单。然而，如果不利用数据保护的语言来应用大规模数字化的语言，作品的处理是通过自动化方法进行的操作。这包括作品的收集，通过扫描和光学字符识别的组合，在某些情况下，它们出于某些原因可以全部或部分应用于公众。虽然著作权法作为平衡私人利益和公众利益的法律，但如何将作品归于公众以及其程度，是非常模糊的，这种行为是否触及著作权人的根本利益，是存在问题的。图书大规模数字化的特殊之处在于，作品集合的价值远远大于使用者分别通过单

---

〔1〕 Council of Europe, *Convention for The Protection of Individuals with Regards to Automatic Processing of Personal Data*, http://www.jstor.org/stable/20692263.

〔2〕 张建文、张哲：《个人信息保护法域外效力研究——以欧盟〈一般数据保护条例〉为视角》，载《重庆邮电大学学报(社会科学版)》2017年第3期。

个作品获得的价值的总和，自动化处理活动在作品集合上而不是在作为单个实例的作品上进行时获得实际价值。图书大规模数字化后的数百万作品是数据的载体，因此它们成为包含几乎所有人类知识的海量数据库的一部分。也许正是由于这个原因，这些海量数据产生了一些共性，例如，在生物技术领域，基因组序列信息已经成为一种非常宝贵的信息。尽管在有形物质上授予产权是传统做法，但这种传统做法通常是为了排除在整个组织中处于核心地位的个人。在数字化的背景下，信息的产权化中创建的各种权利排除了整个关系中至关重要的主体，即作者和公众。通过著作权作品与个人信息的类比可以证实，包含著作权作品或个人信息的数据库的结构和功能有惊人地相似性。这里出现了两个问题，即图书大规模数字存储库数据挖掘潜力的免费可用性，以及代表数据主体的作者的法律地位。

二、公众表达自由和著作权保护的矛盾

著作权法上存在公众文化自由和著作权保护的矛盾。公众文化自由，代表着公众开展文艺创作活动、开展科研活动与加入文化活动的自由权，这需要通过表达来得以体现，文化自由需要建立在公众具有基本的表达自由的基础上，是个人人格的体现，自我价值的实现，人类智慧的发展，也是表达自由的正当性基础。表达自由是人自身需求的本源，是人之所以为人的根基。人格理论、激励理论、劳动理论、对价理论、社会规划理论等是著作权的正当性论据。[1] 基于本质的角度分析，激励理论采取工具主义的基本论点，有着更加强力的影响。实际存在的表达自由以及著作权保护，是特殊的“硬币的正反面”。[2] 两方面构成了特殊的共生。洛克在分析中提出，不管会导致何种误解问题，法律的目标并非废止或约束自由，同时采取配套的保护与扩大

---

〔1〕 参见何贵忠：《版权与表达自由：法律、制度与司法》，人民出版社2011年版，第71～83页。

〔2〕 参见吴汉东：《著作权合理使用制度研究》，中国人民大学出版社2013年版，第74页。

措施。主要原因为可以被法律影响的人类之中，没有法律的地方就不存在自由。[1] 著作权人针对控制权采取的过度注重，必然会导致信息获取的压力大幅增长，而为助力公众信息的获取而牺牲著作权人的利益是违法的。由此可见，著作权与公众学习权、自由表达权等权利之间有着互为成本的特殊关系。换言之，所实际采取的保护措施相对更强，那么配套的保护水平也会相对更高，同时对应的学习成本、自由表达成本就越高。所以，著作权不适当的扩张必然会侵害到公众的思想自由、表达自由等基本权利。从本质上看，公众对作品的使用与著作权人的利益是一致的。然而，法律永远是滞后于社会和技术发展的，图书的大规模数字化不能等到著作权法律完善以后再去谋求发展，也不能置著作权法律于一旁而不顾。规则、原则遵照道德的基本趋势，作为后续法律演变的基本道路，但是并非代表全部的规则与原则都可以进入暂停的状态，用情感或者乐善好施来替代，走向另一个极端就完全变成了对所有法律的否定。[2] 表达自由作为现代环境的基础权利，不得因著作权保护措施而受到过度影响，对于详细的立法措施而言，有必要高效开发著作权例外的规范来保护表达自由。从宪法的角度来分析此类法益的详细取舍，有必要公众利益优先于著作权人利益的原则。[3] 表达自由与著作权保护以不同的角度，不同的方式促进文化事业的进步。著作权保护通过赋予著作权人在其作品上的排他性权利，从中获取经济利益，以积极的方式推动文化创新。表达自由一方面保障创作有更广阔的空间，同时针对此类空间提供配套的限制措施，依靠消极的模式来实现有效的调控，从而实现著作权保

---

〔1〕 [英]约翰·洛克：《政府论》（下篇），叶启芳、瞿菊农译，商务印书馆 1993 年版，第 78 页。

〔2〕 [美]本杰明·N. 卡多佐：《法律的成长——法律科学的悖论》，董炯、彭冰译，中国法制出版社 2001 年版，第 233 ~ 234 页。

〔3〕 参见吴汉东：《著作权合理使用制度研究》，中国人民大学出版社 2013 年版，第 89 ~ 95 页。

护和表达自由的适当平衡。

按照国家利益的标准针对公共秩序内的自由与权利采取配套的限制措施，主要原因为共同利益，也就是平等的利益原则所产生的特殊局限性。若是并未针对相同主张采取限制措施，会破坏相关的公共秩序以及利益的情况下，相应的自由以及权利需要面临特定的限制措施。[1] 针对权利提供配套的保护措施，会显著影响公众的基本利益，因此需要针对著作权采取相应的限制处理。在基本的保护措施和文化、表达自由等构成矛盾的情况下，有必要坚持以法益优先以及利益平衡的基本准则。为确保公众拥有运用特定作品的基础权利，以及具备文化自由的相应权利，为有效地应对权利保护与公众利益的冲突问题，需要为著作权人提供可靠的保障措施。著作权此类规范的赋予效应，核心目标不仅为作者的基本利益，也并非为特殊阶层开展分类的利益保护措施，目的为保障大部分公众的基本利益。[2]

三、作品和数据中的人格权问题

作者表达权和个人信息权有一些共同的特点，最显著的是它们都与人们的人格表现有关。这方面的理由体现在大陆法系法学家对作者表达权的解释上。在德国，作品被认为是作者人格和精神的延伸。有学者认为，这一规定区分了著作人身权和著作财产权。[3] 在这方面，著作权不同于版权，因为版权更注重作品的财产权利。因此，著作权的完整性不仅在于保护作品的完整性，还在于保护作者在作品中的精神和人格利益。著作权的客体既不是作者本人，也不是作品作为一个独立的实体，而是作者与作品之间的精神和智慧的联系。可以说这种联系存在于作品本身，并且也存在于作品之中。不要打破人格方面

---

〔1〕［美］约翰·罗尔斯：《正义论》，何怀宏、何包钢、廖申白译，中国社会科学出版社 1988 年版，第 211 页。

〔2〕参见冯晓青：《知识产权法利益平衡理论》，中国政法大学出版社 2006 年版，第 93 页。

〔3〕马琳：《德国著作权法中的私人复制与反复制问题》，载《法商研究》2004 年第 4 期。

的联系,作者对作品的兴趣源于自己的人格和智慧。这种联系的存在基于一个简单的事实,即没有作者,作品就不可能存在。在不同的层面上,这种人格联系也代表着数据保护的核心对象,是数据保护法中理解这种关系的方式。用统一的框架来保护作品和数据,可以更好地解决大规模数字化中著作权作品的自动化处理问题。[1]

数据保护源于个人在分享自己信息时的自由和尊严,著作权保护着人们彼此公开交流的权利,以促进信息的传播和人与人之间的融合。尊严、自由与公共沟通都是密切相关的概念。著作权作为一种保护人与人之间交流自由的权利,与自由的概念有着密切的关系,因为人与人之间只有在没有自由限制的情况下才能真正地进行交流。权利是康德和黑格尔著作的主要主题,法国和德国的著作权制度的理论基础以康德和黑格尔的人格理论为基础而形成。在黑格尔的权利哲学要素中,创建了一个开创性的讨论,即是什么构成了作者权利的原则,这个讨论是在分析财产权的背景下进行的,适用于确定自己的权利。在黑格尔的观念中,哲学是探寻合理性的科学,黑格尔将财产权纳入其哲学体系中,创建了意志和人格学说。[2] 他认为,法律是意志的体现,"法的基础一般地说是精神的东西,它的确定地位和出发点是意志。意志是自由的,所以就构成法的实体和固定性"。[3] 作者权利是建立在人格权基础上的这一事实并不意味着,表面上看到的作品是作者的财产,因为作者将他们的人格注入其中。对于黑格尔来说,个人不是一个经验概念,它描述的是一种人的内部领域,而不是其外部表现,它是一种纯粹的规范性概念,将个人定义为有能力传递权利,而

---

〔1〕 Huw Beverley Smith, Ansgar Ohly, Agnes Lucas Schloetter, *Privacy, Property and Personality, Civil Law Perspectives on Commercial Appropriation*, Cambridge University Press, 2005, p. 150.

〔2〕 冯晓青:《知识产权的人格理论研究》,载《河南省政法管理干部学院学报》2003 年第 4 期。

〔3〕 [德]黑格尔:《法哲学原理》,范扬、张企泰译,商务印书馆 1961 年版。

不仅仅是以法律关系为准。[1] 在黑格尔的观念中，为了作为一个思想的存在，一个人应该将其自由转换为外部的世界，并且人格是第一的，仍然是最抽象的，决定性的和最后的意志。[2] 因此，当涉及独立存在但同时又是个人性格的实质决定因素的情况时，问题是当这些情况与人分离并与公众疏远时会发生什么。在这方面，作者权利的本质在于，一旦作品被公之于众，作者有权保留其特定用途。一件作品是这样的，它使每一个拥有它的物理载体的人都能从事两种用途：一种是阅读作品或以其他方式体验它，适当地运用它的概念并从中学习，另一种是以同样的方式复制作品，而第一种用途对应于出版作品，第二个用途是时间和价值，它与直接指定实例的用途保持不同。作品的出版要经过整理，或者由公众以其他方式体验。它们不是随意复制的。换言之，将作品作为作品使用与将作品作为动产使用是不同的。虽然第一种用法是不受限制的，但后者是作者专有的。在法律术语中，对作品的实体的实质性占有不包括获得将作品作为动产使用的权利，即作为机械复制的对象。值得注意的是，这种将实体与将其作为动产使用的权利分离并不取决于作者的意愿，而是作品本身性质所固有的。类似的分离适用于所有决定一个人个性的实例，例如，人的身体。因此，隐私被理解为控制数据的权利，强调个人控制其数据和保留其自主权的能力。[3]

然而，通过出版，著作权人有能力通过作品获得经济价值。这些作品可以看作是作者个性化的创作，而作品本身也构成了财产权的主体。尽管保护个人数据不会纯粹导致一种属性，一旦提供给其他人，个人数据可能会获得一些经济意义。例如，个人的数据可能作为其个

---

〔1〕［美］劳伦斯·莱斯格：《谁绑架了文化创意——打造知识共享的自由文化》，刘静怡译，早安财经文化有限公司 2008 年版，第 199 页。

〔2〕转引自冯晓青：《知识产权的人格理论研究》，载《河南省政法管理干部学院学报》2003 年第 4 期。

〔3〕Alan F. Westin, *Privacy and Freedom*, The Bodley Head, 1970.

人权利的一部分受到保护,但只有当这些数据对其他人可用时,他们才可能获得经济价值。一旦创造了后者,就产生了一个问题,即谁有权获得适当的附加值。最自然的候选者是首先获得信息的对象。这仅仅是因为个人数据最近才作为具有潜在商业价值的实例出现,而作品长期以来一直是商业的对象。然而,这并不意味着个人信息的经济价值不应产生财产权利。作品和某些数据的共同点是容易被任何人挪用。由于信息披露可能会指定一个经济价值,私人或公共区别在版权和隐私权方面都是相关的。在版权方面,这种区别是决定侵权行为的基础。在这种情况下,一旦作品的使用不再是私有的,就可能违反数据保护中的复制。[1] 私有领域代表一个可能保持匿名和不被注意的领域,以及一个不受干扰和监管的方面。

尽管来自美国和欧洲的传统的学者都主张承认个人信息中的财产权,但法律往往是滞后的。特别是在欧洲传统中,产权仅适用于有限数量的定义的信息类别,如原始表达或新的和不明显的发明。在数据保护法中,数据主体对其个人信息的利益产生了消极的权利,即本质上是对数据处理给予和撤销同意的权利,一旦经同意发布,就不会产生控制个人信息使用的积极权利。相比之下,版权包括消极和积极的权利。传统著作权法适用于将作品作为动产使用,如复制、发行等,但不适用于将作品作为信息使用,如阅读、体验内容等。但是也存在相反的情况,例如,反对歪曲或篡改作品的权利,或反对虚假归因的权利,本质上是对作品的消极权利,这与数据保护法在正当理由和实际运行方面所承认的权利具有很强的相似性。根据数据主体对其自身数据的负面权利而指定的个人数据自动处理条例,可以类比地适用于版权作品的自动处理。

在大规模数字化背景下,大量扫描并数字化传播图书,会出现两个阶段的法律问题。第一,作品被纳入语料库时之前,需要得到著作

---

〔1〕 Stavroula Karapapa, *Private Copying*, Routledge, 2012, p. 49.

权人的授权许可;第二,当数字化作品被语料库持有人使用,并且在某些情况下,全部或部分向公众传播时,会出现问题。著作权许可的主要问题是在获取权利方面的效率,这就是为什么“选择退出”机制被建议成为大规模数字项目的可行选择的原因。在“选择退出”模式下,著作权人既不被要求对其作品的复制给予许可,也不被要求在任何阶段给予授权,相反,他们可以选择在事后反对这项活动,并排除其他人使用再创作者的作品。“选择退出”机制构成了所采用的大多数许可方案的核心。授权后阶段的使用问题也涉及此类使用的合法范围。如前所述,这些应用中的大多数都是由技术强有力的介导的,从某种意义上说,它们是以自动化处理为前提,以数据载体的方式工作的。正是在这个阶段,文化遗产的数字存储库成为可供挖掘的数据仓库,以便提取信息,或者成为几乎所有世界语言和文化信息的文化基因组。在这方面,处理大量的作品或数据会产生不易融入对作品使用的既定理解的问题。

四、使用者个人信息的隐私问题

数字化图书使用者的个人信息的保护是以隐私权为基础,并涉及广泛的利益。这些权利包括阻止个人信息被披露,控制姓名和肖像的商业用途或不以虚假的方式呈现的权利。事实上,使用者在网络上搜索信息、阅读信息、下载信息等行为都会留下痕迹,网络服务提供者可以自然的搜集这些痕迹做数据分析。一定程度上,这种使用作品留下的数据是网络服务提供者觊觎的资源,也是谷歌图书计划案中,作者代表和出版商代表质疑谷歌公司在图书数字化项目中并不是非营利的原因之一。无论国家或市场对隐私构成威胁的根源是什么,欧洲的做法都将隐私视为人类尊严的一种表现,因此,欧洲的做法为保护个人不受侵犯提供了更加坚实的基础,同时,它有足够广泛的范围来包括对隐私的自由辩护。尽管保护个人数据的法律是以优先权为基础的,但它也包括其他利益。虽然隐私法的规范性力量源于自由和尊严的概念,但数据保护关注的是个人的自主权。数据保护不能被简单理解为一种隐私衍生产品，与个人数据的隐私权相呼应，它规定着一般条件。隐私法的规范性力量源于需要通过禁止性措施保护个人信息的合法不透明性，而数据保护则要求个人信息处理的透明度，使其能够完全由数据主体控制，因为处理过程不符合社会需要。概言之，数据保护法注重规制数据处理者的行为，并赋予其责任，从而规范其行使权利。由于对公众使用作品的数据的规制不是通过著作权法，所以在此不多论述。

第二节　图书大规模数字化影响作品完整性的表现

图书大规模数字化并不会必然造成对作品完整性的影响，但是由于数字技术、网络技术的特点，在数字化利用作品的过程中会产生与传统利用方式不同的新问题，会容易造成与传统利用作品方式不同的影响作品完整性的情况。

一、数字化处理图书的质量问题

在数字化的进程中，因为软件、网络以及系统等方面的区别，或许会造成期刊原本的内容面临丢失等问题，诸如部分特殊符号因此而出现的丢失，上下角位置的调整等问题。[1] 也有部分平台欠缺基本的版权认知，以为有没有存留原作的信息影响不大，因此在实际的数字化程序中，存在忽略原本所存在的关键数据的现象，有些减少了作者介绍的信息，还有些减少了参考文献的信息，此类处理措施不仅构成了对著作权的侵害，同时也构成了对学术严谨性的显著伤害，构成了对署名权等基本权益的侵犯。在较长时间的存储与运用程序中，必然会涉及数据备份、迁移以及仿真等配套的技术程序。实际采取的数据

---

〔1〕 参见张惠：《学术期刊数字化面临的著作权侵权风险及其规避》，载《出版发行研究》2011 年第 12 期。

备份，主要通过数字资源在特定的硬盘内进行基本的复制操作，这一特殊进程中或许会对于特定的过滤与内容开展删减操作。实时迁移代表着特定的资源，从最初的数字情景迁移至其他的数字环境，在实际存储的数据资源存在过度复杂的情况下，就会导致实际的功能、超链接以及内容等产生特殊的遗漏现象。实际构建的仿真技术，重点依靠类似的技术指标、环境等，造成新的系统可以通过模拟的方式来得到资源，此类过程或许会导致功能、内容等多个维度的显著缺失问题。整体而言，大部分的技术操作都有可能导致格式、内容等多个领域出现显著的变化，而参考当前著作权法的内容，若是并未获得相应的许可，那么此类行为就构成了对保护作品完整权的侵犯。

根据作品类型和复制技术的不同，将作品转换成数字格式不可避免地会导致或多或少的质量损失。数字化过程在技术上是没有障碍的，技术并不会修改作品的结构元素，但用于固定数字化的复制品是可能出现瑕疵的，复制品的质量是有高低之分的。如果图书被数字化并以不适当的形式呈现给公众，作品的完整性可能会受到侵犯，这不是由于新技术的使用，而是受到最初选择复制品的工作人员的影响。在谷歌图书计划案中有不少这样的事例，谷歌公司在扫描一些日本图书的时候曾经出现过这样的情况，由于日本的图书大多是竖版，而谷歌公司负责扫描图书人员仍然按照横版的习惯来扫描并制作成数字化副本，这就导致公众在互联网上检索到的这些日本图书的内容片段是混乱的，是无法从中获取有效信息的。还有一个事例，《草叶集》是美国著名诗人沃尔特·惠特曼创作的诗集，谷歌公司在将其数字化后上传至互联网时将这本诗集归类于园艺类项下，这令使用者在检索和查询这本书的信息时会遇到障碍和困惑。这两个事例，一个是关于作品信息完整准确的数字化的情况，另一个是关于作品被准确搜索的情况，这是在图书数字化过程中较容易产生的影响作品完整权的情况。数字化意味着对图书扫描和光学字符识别，这两种操作显然都可能导致书籍某些结构元素的质量损失。以较低的质量复制作品并不一定构成对完整性的破坏。例如,在英国,复制缩小尺寸的视觉作品是侵权行为。同样地,在美国,搜索引擎中使用缩小尺寸的照片作为缩略图也被认为是侵权行为。尽管事实上使用缩小尺寸的作品纯粹是为了搜索引擎的索引和链接。巴黎上诉法院认为,这些数字化的作品歪曲了原作,这是因为撤回的作品不再像原作一样锐利,颜色也不再像原作一样鲜艳,而涉诉的艺术作品的创作者是艺术家赫奇,他正是以其极度精确的创作闻名于世的。法院认为,与索赔人的官方网站上显示的图像进行比较后发现,数字化并不与特定的质量和对特定的尊重不相容。这一发现意味着从模拟到数字,只有当质量损失达到不能归因于技术本身的程度时,才会破坏作品的完整性。

二、图书数字化搜索结果的片段显示问题

图书大规模数字化可能会影响作品的完整性还表现在,通常情况下,数字化后放置于网络上的作品是以碎片化的方式进行显示的,即作品全文是不可见的,只有简短的摘录会在搜索查询中显示出来。谷歌图书项目中搜索结果设置为片段视图是图书大规模数字化版权效应的一个内在悖论:如果让整本书都可显示,就一定会侵犯到该书中的著作财产权;如果只显示片段,该书的著作财产权利虽不受影响,但著作精神权利可能会受到影响。数字化图书可以逐字逐词进行搜索,通过在数字化图书网站上进行搜索查询,展示在使用者眼前的是包含搜索词或一串词的简短节选,这些节选与包含搜索词或一串词的其他书籍的节选一起展示。由于数字化图书的语料库是谷歌公司大型数据库的一部分,其中包括网页、新闻、地理位置和几乎世界上所有的信息,一本书的节选往往与其他任何图书的节选一起显示。因此,每一个搜索查询都会自动生成作品的一个片段,而该片段又包含在由搜索引擎的算法确定的上下文中,从著作权法的角度来看,这种做法是否会影响作品的完整性是值得思考的。

在欧洲的司法实践中,保护作品完整性经常与侵犯作品财产权利

一起被讨论，两者都与著作权限制相权衡。此限制是对作品完整性和复制权的外部限制，提取作品中引用其他作品或主题所需的部分并不构成侵权。但是，这种引用抗辩在保护作品完整权和复制权上的适用方式并不完全相同，例如，引用一段长的摘录可能侵犯复制权和传播权，而不影响作品的完整性；为了向读者传达与作者所写内容相反的意思而引述上下文中的一些词语，是对著作权人名誉和作品完整性的侵犯，因为没有实质性的内容，所以这不一定侵犯复制权和传播权。

到目前为止，全欧洲有四家法院一直拒绝承认计算机自动生成的摘录为“引用”。根据比利时法律，谷歌新闻在回应搜索查询时提供的报纸摘要是合理使用。[1] 在欧洲，并非每一个摘要都符合合理使用的条件，只有那些被证明是正当的提出“批评、争论、评论、教学”或在科学著作中提出的符合本专业的使用，并且不超过预定目的的正当性。这些条件是累积的，但对法院来说，考虑排除目的正当性就足够了。谷歌新闻摘自允许引用的一类，这是因为法律批评、评论等行为，在选择来源、安排来源、链接成某种新作品等方面，必然需要一些人的判断，相比之下，谷歌公司限制了文章列表和分类的作用，以一种自动化的方式这样做和不只是包含引文，它的实质仅仅归功于被复制的作品的摘录，这与权利的精神背道而驰，比利时法院在认定这一行为侵犯了复制权和传播权后，继续考虑可能侵犯作品完整权的问题。在一审中，谷歌公司辩称，这一行为不会对作品造成损害，因为互联网用户非常清楚他本人正在处理一个引用，并通过每次单击超链接在其原始上下文中看到原始文本。法院不同意并指出，互联网用户知道他只处理作品的一部分，这与尊重作品的完整性无关。法院认为，谷歌将文章的不同摘录组合在一起，它可以来源于任何来源，以便提交人所支持的编辑或哲学方法按主题划分。用户知道其在屏幕上看到的只是文章的摘录，并且他有可能通过点击超链接来阅读文章的全部内容，

---

〔1〕 Google Inc. v. Copiepresse SCRL, Court of Appeal Brussels(2011).

这并不意味着著作权人同意只在摘录中发表他的作品。[1]

同意的概念，无论是明示的还是默示的，都是作为评估未经提交人授权的使用的允许性的标准，在向公众发布作品时没有预见到的特殊情况下，如果默示同意的范围不能参照著作权人所采取的行动来确定，法院可以重新考虑作品的目的和精神。例如，在 Jean - Marie Queneau 诉 Leroy 案中，将随机挑选的雷蒙德·昆诺的诗歌的片段数字化后并入网站，是对复制权和作品完整权的侵犯，因为这些行为会改变作品的性质。法院拒绝承认对简短引用的辩护，理由是：首先，诗歌展示了网站的访问者不打算将其纳入另一个作品中，因为它提供了一个教学、科学或信息元素；其次，所使用的程序原则上可以通过并置引文来重建整个作品，这与简短引语的概念是不相容的。[2] 正是基于类似的理由，在法国关于谷歌图书一案的判决书中，法院驳回了对简短引文的辩护。对法院来说，从整本书中随机挑选摘录违背了引文例外的原则，因为作品是向公众整体传播的。案件中的事实是，节选被截短，并以碎片化的形式出现，这显然损害了作品的完整性。[3]

在前数字时代，司法实践中曾遇到一个问题，摘录作为引文使用是否足以代表原作的合法性，答案取决于许多因素。能够歪曲作品真实意思的删节引文可能侵犯作者的精神权利，但是，这并不意味着摘录必须准确地代表整个作品，作品的个别部分也可以成为批评或审查的对象。例如，在导演斯坦利·库布里克（Stanley Kubrick）的代表作《发条橙》电影一案中，法官认为提取暴力场面以供审查是一种合理使用，尽管这些摘录并不能代表整部电影，也没有保留作品的本意。[4]

---

〔1〕 Google Inc. v. Copiepresse SCRL, Court of First Instance of Brussels, (2007) ECDR 5.

〔2〕 Jean - Marie Queneau v. Christian Leroy and Others, Tribunal de Grande Instance, Paris 5 May, 1997 (France).

〔3〕 Editions du Seuil et autres v. Google Inc. et France, Paris District Court, 18 December 2009 (France).

〔4〕 Time Warner Entertainment Co., LP v. Channel Four Television Corp Plc., Court of Appeal (Civil Division), 22 October 1993 (UK).

使用的公平性最终取决于摘录的使用环境和用途，显示摘录以响应搜索查询可以找到作品时，摘录是用来定位信息的，而不是作为信息来使用的。

三、数字化图书的索引问题

为数字化作品编制索引意味着为作品提供元数据，[1] 以便于搜索引擎对其进行识别和检索。虽然这项操作可以手动完成，但现在越来越多地借助于自动提取信息的软件，并且不仅从文本中提取信息，还从图像和声音中提取。索引内容和创建元数据是搜索引擎功能的关键操作，它们是在数字图书馆和存储库中使用数字化内容的初步尝试。索引和元数据可以受到著作权和其他形式的保护，它们不太可能侵犯基础作品的著作权，这是因为它们是有关作品的客观事实的表述，而不是表达内容的复制品。但这并不排除索引和元数据在原则上可能会侵犯原作品的完整权。

在前数字时代，法国的一个具有里程碑意义的“世界报”案中，最高法院裁定，通过选择关键词和制作简介来建立期刊文章的索引，并不侵犯文章中的著作财产权，也不侵犯文章的作品完整权，只要这些行为的功能是纯粹的信息，它即是索引作者自由选择表达的作品。[2] 需要注意的是，索引作者的自由选择必须是索引本身的表现形式，即在关键词的选择和简介的撰写中得到明确的认可。如果没有这一要素，索引就可能不是独立的作者的作品，就可能侵犯作品的著作权。法院建议，当公众选择关键词是客观事实而不是选择的结果时，可以将简介理解为表达了索引作品的作者的观点，而不是原作品的作者的

---

〔1〕 元数据，指描述数据的数据，主要是描述数据属性的信息，用来支持和指示存储位置、历史数据、资源查找、文件记录等功能。参见百度百科“元数据”，https://baike.baidu.com/item/元数据/1946090? fr = aladdin，最后访问日期：2021 年 2 月 15 日。

〔2〕 Le Monde v. Microfor, Cour de Cassation, 30 October 1987 (France).

观点，继而可能会发生对现有作品的不适当处理，从而损害作品完整性。[1] 此外，索引必须纯粹是信息性的，因为它只能具有告知公众某件作品存在某处这一个作用，它在任何方面都不能取代原作。信息元素和自由选择元素的结合提供了一个比较准确的标准来测试索引和元数据是否侵犯了作品的完整性。可能出现的问题是，当图书和其他内容上的元数据不准确，无法正确识别作品时，如果元数据不是通过某种独立的技能和判断创建的，而是通过文本挖掘或从其他数字文件中提取信息后自动生成的，那么此问题将更为复杂。在这种情况下，在作品的呈现方式上，未必还会有自由选择的因素，如果没有，从著作权的角度来说，对索引和索引作品之间的关系进行划分将是一个问题，这个问题对于图书大规模数字化项目尤其重要。

四、自动关联显示产生的问题

作品的完整性可能不仅因为碎片化显示而受到侵犯，而且因为碎片化显示或作品本身是在作者所信奉的价值观或哲学方法被改变的背景下展示的，即作者有权反对出版或重新出版不符合作品意图和精神的作品。在美国，在作品完整权未被侵犯的情况下，为了保护作者的著作财产权，合作作品的作者之一有权不将其作品单独再版或在其他不属于同一作品的合作作品中再版，其效果是作者有权拒绝对其作品出版环境的改变。[2] 在欧洲，作品完整权甚至可以涵盖在营销环境下作品与产品捆绑的情况。例如，意大利一家法院裁定，将盒式录音带作为赠品分发到洗衣粉盒里是对音乐作品完整性的侵犯，并损害了其作者和表演者的声誉。著作权人成功地阻止了以这种形式销售其作品的公司发放录音制品的有效许可证。在图书的数字化语料库

〔1〕 Le Monde v. Microfor, Cour de Cassation, 30 October 1987 (France).

〔2〕 参见管育鹰：《保护作品完整权之歪曲篡改的理解与判定》，载《知识产权》2019 年第 10 期。

中展示作品所产生的问题主要是有两种情况造成:一种情况是作品碰巧与其他作品或其他一般数字化内容有着密切的联系;另一种情况是具体地涉及作品与商业产品和广告的联系。

自动化关联是图书大规模数字化项目的核心和精髓,如前所述,图书和其他主题往往成为相互联系的平台,以便进一步推广。数字图书机构不同于其他环境,在美术馆或图书馆里,原始的编辑方法不容易被复制;在数字图书馆里,图书或其复制品经常被访问。[1] 大规模的数字化项目呈现在授权的阅读环境中的作品,这些环境越来越受到自动生成的关联的影响。虽然将作品与其他作品相关联是很自然的,这是建立图书馆的原则之一。可是通过数字技术实现这些关联可能会导致影响作品的完整性。原则上,自动关联是计算机生成的,而不是通过人为干预建立的,但是这并不妨碍对作品完整性或其他著作精神权利的侵犯,法国和意大利法院多次发现,由谷歌的“autocomplete”功能产生的关联,即在搜索引擎栏中键入一个单词时建议使用更多的单词的做法,能够构成影响作者声誉的程度。正如谷歌图书和解协议的反对者所提出的那样,系统缺乏人的控制可能会导致对作者不利、冒犯或有损声誉的方式。例如,自动关联可能是由于群体引诱创建虚假外观的效果而产生的,或者更微妙地说,使用作品的读者群体的行为是为了他们自己的目的,例如,支持他们自己的政治观点可能会引起争论,因此搜索到的作品会自动与这些观点联系起来。

另一个关键的问题是,与商业产品和广告的关联是否与大规模数字化的作品的编辑和哲学方法大体一致。具体的广告可以与书籍所采用的编辑方法形成对比,广告并非偶然地不包括在书籍的页面中,或者是那些刊登广告的科学期刊特别注意不要把它们和文章放在一起,这些都是对深深植根于出版实践中的作品的尊重。对这些形式的

---

〔1〕 Elisabeth A. Jones, Joseph W. Janes, *Anonymity in a World of Digital Books: Google Books, Privacy, and the Freedom to Read*, 2/4 Policy Internet, 2010, p. 43.

任何改变,如果超过了数字化作品所必需的技术,都是对其作品完整性的潜在威胁。

权利在技术上是中立的,无论技术环境如何,无论是数字还是模拟,都应确定作品完整权的边界,都应明确侵犯作品完整权的行为。虽然作品从物理形式转换成数字形式,但是与作品相关的权利不会改变。然而,图书大规模数字化标志着作品使用方式的转变:作品不再仅仅由人类处理,而是越来越受到自动化使用的限制。大规模数字技术使作品的使用不仅改变了它的内部结构,而且也改变了它呈现给公众的背景,对作品的一些修改并不像人类干预所导致的修改那么明显。进一步说不是所有的修改都仅仅基于技术上的理由是合理的。这里,法律上的挑战是区分技术上必要的修改和那些超越了这一必要性的修改,这一挑战要求重新构建面向图书大规模数字化的保护作品完整权体系。

第三节　完善大规模数字化利用方式下保护作品完整性的措施

图书大规模数字化对作品本身而言最大的影响是作品的完整性。这不仅是因为作品受著作权控制的传统地位变得不明确,而且还因为作品被利用方式越来越多地与其主要目的和功能脱节。在某种程度上,作品总是以超越排他性的形式被利用,比如通过集体许可,以及不符合最初目的的转化性使用方式。然而,随着图书大规模数字化的发展,事物在种类和程度上都发生了变化。孤儿作品被大量使用,作者甚至没有可能施加某种形式的控制。更普遍的是,“选择退出”机制赋予作者选择是或否的权利,但对作品如何被利用没有协商权。随着一些大规模数字档案馆开始进行自动化处理,作品已不仅作为作品使用,还作为面向他人的交流方式以及其他一些超出人类目前认知范围的方式。[1] 如前所述，作品也越来越多地被用作机器可读的实体，而不是作为人类可利用的内容。这种从一方的创作控制和另一方的自然目的地的双重分离，要求在大规模数字项目的背景下，对作品许可使用的自由度进行审查，问题是这种脱离和转移是否也能证明严重影响作者向公众展示其作品的方式的使用的正当性，这就对图书大规模数字化中作品完整性保护提出了质疑。著作权法关于保护作品完整权的规定应当借用私法上的诚信原则予以重构。一方面，作品是作者人格的体现，赋予作者保护作品完整权是在著作权领域对人权的保护；另一方面又要考虑到著作权法的立法目的，不能因对作品完整性的保护而影响他人对作品的正常利用。[2]

一、明确作品完整性的标准

从理论上讲，侵害作品完整权的前提是，歪曲或篡改行为对作者的声誉产生负面影响。[3] 完整性是一个总括性的术语，指一种已经并仍然以不同的方式表达出来的权利，[4] 例如，作品以作者创作的形式呈现给公众的权利，或作品无形的权利，或防止对作品的诽谤的权利。作品完整性是《保护文学艺术作品伯尔尼公约》第 6 条之一，它是在 1928 年罗马会议上作为一个经过长期讨论的折中协议中提出的，以支持承认《保护文学艺术作品伯尔尼公约》中作者的精神权利，在这种制度下，作者通过行使专有权控制作品使用的能力是非常有效的。[5] 同样的论点也适用于图书的大规模数字化，正如我们所看到

---

〔1〕 Martin A. Roeder, *The Doctrine of Moral Right: A Study in the Law of Artists, Authors and Creators*, Harvard Law Review, 1940.

〔2〕 参见李雨峰：《精神权利研究——以署名权和保护作品完整权为主轴》，载《现代法学》2003 年第 2 期。

〔3〕 参见李明德、许超：《著作权法》，法律出版社 2003 年版，第 79 页。

〔4〕 Nicola, *La Proprieta Intellettuale*, Vol. 2, Turin: UTET, 1917, p. 23.

〔5〕 S. Ricketson, J. Ginsburg, *International Copyright and Neighbouring Rights: The Berne Convention and Beyond*, Oxford University Press, 2006, p. 585 – 599.

的,在这种情况下,作品的使用越来越脱离作者的角色。也许这是法国立法者在起草关于数字化利用图书的条款时,特别强调在其他排他性权利被强制集体许可的情况下,保护作品完整权作为一种控制作品使用的机制,使其作为作者个人利益在作品中的堡垒。[1] 如果不考虑修改或使用行为对作者声誉的影响,就很难把握何谓歪曲或篡改。[2] 这项规定明确了最低限度的保护标准,反映了所谓的最低限度的正当权利。在行使作品完整性权时,最相关的限定因素是对作者的声誉影响。如果一项经过授权的修改或使用行为没有对作者的声誉产生负面影响,则法律干预的正当性也就不存在了。在坚持最低限度要求的国家,如英国,作者或表演者只有能够证明对作品的处理有损于其作为作者或表演者的荣誉和声誉,才能成功地提出要求。相反,在适用较高道德权利标准的国家,任何违背美学的,作者伦理的或政治信仰的修改都被认为是违反作品完整性的行为。因此,在极简主义的方法下,作者必须证明客观偏见的存在。然而,这并不意味着,在最大主义方法下,行使完整权是无条件的,完全取决于作者的主观立场。[3] 与其他排他性权利一样,完整是一种平衡行为,而不是单方面承认作者的权利主张。即使在法国和意大利等法域,如果对道德权利的处理方式传统上是最大主义,那么发现违反诚信并不仅仅取决于作者对作品处理的反应。大多数法域在其法规中纳入了这一理性规则,例如在德国和西班牙,作者对作品的控制必须是合法的;在荷兰,在可起诉的侵犯作品完整性的行为中,包括对作者尊严的损害。[4]

根据作品的性质,作品的形式要素包括形状、大小、颜色、表现形

---

〔1〕 S. Ricketson, J. Ginsburg, *International Copyright and Neighbouring Rights: The Berne Convention and Beyond*, Oxford University Press, 2006, p. 601.

〔2〕 参见崔国斌:《著作权法:原理与案例》,北京大学出版社 2014 年版,第 365 页。

〔3〕 Hugh Laddie, Peter Prescott, Mary Vitoria, *The Modern Law of Copyright and Design*, Butterworths, 1995, p. 27.

〔4〕 Hugh Laddie, Peter Prescott, Mary Vitoria, *The Modern Law of Copyright and Design*, Butterworths, 1995, p. 28.

式、内部组织和状态等。只有直接干预才能受到影响的作品更多的是物理元素,如通过缩小尺寸、改变形状、改变颜色、改变结构或破坏复制品等行为。文本形式是指作品表现的必要的附带条件,它包括一些元素,这些元素可以改变作品呈现给世界的方式,同时又不影响作品的物理性。在这方面,作品不再被视为一个外观独立的由其内部结构元素充分支持的实体,而是作为共同决定其含义的相互关联的整体的一部分。语境元素指的是,作品展示的环境,出版语境的明示或暗示的含义,如期刊的发行的非商业目的、发行方式、作品与其他作品或产品的关联等。结构的完整性保证了作品的完整性和真实性,语境的完整性保护了作品的真实性,不受不适当的干扰,如《雾都孤儿》的剪接版本会破坏狄更斯名著的结构完整性,而并不是所有对作品内容完整性的干预都可以被视为对作品内容完整性的侵犯。正如前文所述,侵害作品完整性的行为要求在不同的法域和法律传统中确定质量要素的性质和范围。与欧洲大陆的著作权法相比,英国的著作权法将完整性定义为不让作品受到贬损性待遇的权利,而"待遇"则被定义为:删除或修改作品。如果这样定义的待遇等同于"歪曲或篡改作品,或以其他方式损害作者的名誉",则为"贬损"。[1] 法院已将此定义解释增加了三个累积条件:第一,被告的行为相当于对原告作品的添加、删除或修改;第二,该行为导致作品的歪曲或残缺;第三,这样的行为会损害作者的名誉。这种解释给那些不从作品的结构修改中衍生出贬损性质的行为留下了狭窄的范围。在实践中,作品完整性的这些要素并不总是清晰可辨的,结构完整性和文本完整性之间的区别可能有助于在处理具体的使用行为时作为司法机关采用的标准。

二、增加有损作者声誉的判定条件

从一种格式转换到另一种格式可能导致作品的质量损失,需要有

---

〔1〕 参见刘鹏:《英美法系作者精神权利研究》,华东政法大学 2013 年博士学位论文,第 82～83页。

一个标准来确定这种损失是否构成对作品完整性的破坏,如何确定这一标准是关键问题。德国一系列关于将音乐作品用作手机铃声的案例提供了这方面的经验。在一个关于移动技术中的著作人身权利的案例中,德国最高法院认为,对技术需求的修改不会侵犯音乐作品的完整性。在图书大规模数字化的背景下,这一论点值得注意,因为它具体解决了格式和目的转换是否会影响完整性的问题。然而,由于完整性权利的公共性质,技术必要性测试更好地作为完整性权利的内在逻辑限制,而不是例外,如果作品本质上是作者自愿与广大公众对话的公开的信息交流,那么,完整性就不能与将信息固定为一种不变的格式和形状。在某种程度上,作品希望以不同的方式和形态被获取。使用者使用一段音乐作为手机铃声所必需的步骤是:从整个音乐作品中提取一段片段,并对其进行数字处理,使其可在手机上播放。第一个动作不仅发生在最初阶段,当歌曲中一个简短而令人难忘的部分与整个作品分离时,就可以创建一个有效的铃声,每次在手机上播放音乐时,接听电话可能会造成音乐中断。在不否认可能损害作者和表演者的精神权利的同时,法院认为,制作上述两种意义的节选是使用一段音乐作为铃声的一个必要部分,这意味着,如果作者同意这样做,他们也必须同意修改,他们不再有权反对这些修改,因为这样会破坏作品的完整性。同样地,只要有必要使音乐作品可以在手机上播放,作品的数字处理本身也不能被反对。因此,损害作品完整性的行为必须根据其是否会出现有损作者声誉的情形来判定,即有损作者声誉是必要条件。那么,对于侵犯作者作品完整权的行为,转换性使用的行为应当免除责任。对于计算机程序中的侵权测试,如果是将不受保护的功能元素与不能合法复制的元素隔离开来,这个问题本质上是在移动环境下决定整体性问题时,在必要性和选择性之间画一界限。在图书大规模数字化的背景下,这一论点值得注意,因为它具体地解决了格式和目的转换性使用是否会影响完整性的问题。由于作品完整性权利的公共性,技术措施更好地保护了作品的完整权。如果作品本质上是作者自愿与公众进行对话的公共演讲，那么保护作品完整就不能将信息固定在一成不变的格式和形状上。在某种程度上，这部作品想以不同的方式和不同的角度被访问，就像文字和图像在重复使用时很容易变成毫无意义和墨守成规一样。

三、完善数字图书的著作权管理信息

为更好地处理关于作品完整性的各类侵权问题，新的数字化技术规避方案产生并且快速的发展，数字技术保护措施是可以阻止使用者未通过授权触及或使用作品的加密技术，尽管无法完全阻止复制，但可有效跟踪特定作品的水印技术，并且辨别数字作品的具体来源等信息。对作品的精神权利而言，数字加密以及水印等方案可以保障基本的完整权，管理技术则有助于保障基本的署名权，同时也可依靠辨别作品的具体来源，从而实现对完整权的间接保护效果。[1] 权利管理信息涵盖辨识特定的作品、创作者以及相关权利主体的详细信息，其需要附着在特定的复制品之上，进而有效满足传播构成中的各类需求。[2]

通过数字算法的方式来提供配套的签名与印记，也可以掌握特定作品的改动信息。此类认证措施并非著作权的运用，而是构成了针对完整性所采取的间接保障措施，可以判断详细的来源与真实性等基本信息。而且精神权利还能够有效保障读者的利益。即便对于特殊的非数字环境而言，读者也难以掌握特定的作品有没有面临盗版等问题的影响。而依靠新的技术方式来构建配套的权利管理信息，有助于高效地辨识详细的作品、创作者以及邻接权等多方面的信息，诸如制作人、表演者以及条款等信息，都可以囊括其中。此处配套的信息管理，作为特殊的数字情景，此处配套的信息管理可以通过数字水印等方式

---

〔1〕 Jane C. Ginsburg, *The Most Moral of Rights: The Right to Be Recognized as the Author of One's Work*, Geo. Mason J. Int'l Com. L. 44 (2016) p. 61 – 65.

〔2〕《世界知识产权组织版权条约》第12(2)条权利管理信息的定义。

来保障创作者的真实度,尽可能避免其他主体采取改动措施。作品的真实状况会关系到作者、出版商以及使用者等多方面主体的具体权益,若是存在虚假的署名信息,会影响作者的声誉,也会对作品市场造成负面影响。而新的数字情景并非传统的有形载体,这使数字信息有更易进行调整与篡改的特征,这让数字作品最终的真实性相对较差,因此提供配套的权利管理数据,有助于保障作者身份的真实状况、避免作品遭遇的篡改问题,可以实现署名以及保障完整权的预期效果。

通过实际构建的数字水印以及识别等方案,能够较为高效地认证、辨识以及保障作品内容的完整状态。整体的管理系统演变进程,和组织体系间维持较为紧密的关联,通常而言,配套的标准化组织所预留的空间有着显著的限制,普通的数字作品一般情况下仅存在制作者身份信息的特征,并不存在对应的附加信息支持。部分作品的信息管理系统,诸如数字水印缺乏明确的链接支持,这使得数字作品仅仅介绍制作者的姓名,缺乏关于作者的配套信息。通过前述的信息可发现,通过数字作品来提供配套的辨识系统以及认证支持,更多的是考虑使用者的基本利益,而对于精神权利的关注度有显著的不足。

世界知识产权组织《因特网版权条约》之中,关系到特殊数字情景中的版权问题,其和《保护文学艺术作品伯尔尼公约》有着相对独立的特征,同时再度确定《保护文学艺术作品伯尔尼公约》之中第 6 条的精神权利,可以运用到特定的数字作品等领域,而且创作者可以通过各类模式享有相应的排他权。而根据《表演者和录音制作者条约》的内容,特定的权利并未依靠特定的表演者所具备的基本经济权利,乃至于经济权利产生特殊的转让措施后,表演者依旧需要对特定表演或录音等承认特定表演的基本主体,仅有运用表演的模式能够进行忽略的处理;同时能够有效反对各种对于表演存在负面影响的歪曲以及篡改等活动。根据《表演者和录音制作者条约》的序言内容,界定了表演者的详细构成部分。通过多方主体所订立的多边协议,致力于通过各种方式来统筹基础的精神权利,若是缺乏可供运用的多边协议,很多精神权利的问题未能获得有效的处理,而且关于精神权利的配套保护措施也有着显著的缺失,诸如英美法系所构建的制度体系较为完善,容许进行放弃等处理措施,新兴网络技术的正式产生与成长,进而助力精神权利的立法体系实现更为快速的发展,拟定配套的多边协议极为紧迫,可以学习此类制度的优势。对于所构建的多边协议架构而言,有效保障创作者的基本精神权利等状态,进而实现更加符合预期的处理效果。拟定适用于创作者的精神权利多边协议,需要有效计算多个国家的权利范围与详细推进体系间的区别,多个国家间的不同制度需要形成一定程度的妥协,诸如经济、精神权利的期间相同与否,版权到达期限的情况下,对应的精神权利也抵达了相应的期限,特定的保护措施可以激励基本的创作活动,而且也可以保障创作者所享有的基本精神利益,乃至于相应的文化价值,能够依靠文化遗产保护等方案实现有效的保障,此类特殊的妥协措施有助于后续的版权保护机制。伴随数字技术的不断演变,著作权精神权利的立法冲突或许更加显著,其代表着先前多个国家欠缺基本的精神权利多边协议,在后续协议的拟定中许多国家需要更多地考虑妥协的问题。

小　　结

图书大规模数字化实施的必要步骤是对海量的图书进行扫描和光学字符识别,制作索引,上传至互联网供公众获取。图书的内容会根据检索字词的不同以片段形式显示出来,在显示的同时还会出现关联搜索或者显示的情况。大规模数字化是对图书的新的利用方式,对作品本身可能造成的影响就是作品的完整性问题。

与传统的图书利用方式相比,数字化利用图书对作品完整性提出了一些挑战。其一,作品的形式由物理形式发展成数据形式。作品不仅仅以图书或数字化图书的形式呈现,还开始以片段的形式,以单个信息的形式,甚至以数据的形式或以机器可读的计算机语言的形式出现。面对这种形式的作品,传统著作权法中的保护作品完整权没有相应的应对机制。其二,著作权法上天然的存在公众表达自由与著作权保护的矛盾,在数字技术时代,尤其是图书大规模数字化背景下表现得尤为明显。其三,大规模数字化对作品和数据中作者的人格权带来了更大的挑战,由于作品利用方式在数字技术的推动下变得更为丰富,侵害作者人格权的情况也变得更为复杂。其四,公众从互联网上搜索图书的信息,获得图书的片段显示等行为会留下痕迹,这些蕴含着使用者隐私的痕迹以数据的形式被记录下来,在数据成为社会财富和竞争资源的时代,这部分保存使用者隐私信息的数据具有经济价值,如何对使用者隐私信息进行保护也成为大规模数字化所要面临的问题。

在图书大规模数字化的实施过程中,容易出现与前数字时代不同的侵害作品完整权的情况:第一,在数字化过程中,由于操作水平、软件性能、网络性能等原因,容易造成作品信息的丢失;第二,由于被数字化的图书数量庞大,涉及语言众多,门类丰富,在数字化过程中容易出现作品质量降低的情况;第三,数字化图书在互联网上以少量片段形式显示出来,容易造成对作品原来精神和价值的曲解;第四,自动化编制索引的行为可能会产生新的著作权,容易与原作品的人格权产生冲突;第五,自动关联情况的产生也容易侵害到作品的完整权。因此,有必要明确完整权的标准;增加有损作者声誉的判定条件;完善作品管理信息的规则。

第五章

图书大规模数字化背景下我国著作权法的完善

虽然图书的大规模数字化活动起源于美国和欧洲，但是其已然成为一种在世界范围内促进知识的传播和文化传承的生动载体。这使图书馆、学者以及社会公众对于图书的利用有更加理想的效果，特别是有助于诸多遭遇遗忘的图书焕发新的生机。可以说，图书大规模数字化的目的与著作权法的目的是一致的，即促进文化的传播，推动科学与艺术的发展。

第一节　图书大规模数字化在我国的发展及产生的著作权纠纷

图书数字化的主体大致有两类：一类是数字图书馆，这些图书馆以传统实体图书馆的附属而存在，大多属于公益性的图书馆；另一类是商业机构，如谷歌公司、超星公司等。数字化图书在世界各国的出版产业中已经广泛存在，随着数字技术和信息网络技术的发展与普及，人们对知识以数字化形式呈现和传播的需求越来越强烈。虽然目前我国尚未直接对图书的数字化进行直接规范，但是现有的法律规范也对图书资源的数字化建设提供了可靠的法律支持。伴随网络服务提供者和数字化经营者的探索与发展,构建更加完善的图书数字化发展模式,才能解决图书数字化发展中的著作权法律问题。

一、我国图书大规模数字化的发展现状

随着我国法制建设的进步,我国相继出台的一系列法律法规,为图书数字化发展提供了基本的法制环境。同时发生在网络服务商和著作权人之间的著作权纠纷也为图书的数字化提供了宝贵的司法实践经验。

(一)营利性企业的图书数字化发展现状

在我国,越来越多的企业加入了图书数字化发展之中,成为数字图书资源建设的重要力量。具有代表性的营利性企业性质的图书数字化机构有国家知识基础设施工程(以下简称中国知网或 CNKI)、超星发现系统、维普期刊资源整合服务平台、万方数据库等。这些企业,有的侧重对文学数字化的加工;有的注重于数字化信息的提供,如制作市场上需求较旺盛的各类数字资源产品、电子期刊和电子书等;有的侧重于数字图书机构相关软件和技术的研究;有的将数字内容开发与数字化技术软件研究相结合,构建具有自主特色的数字产品和数字化阅读平台。

中国知网工程建立于 1999 年,其通过清华大学、清华同方等多方面的力量协同建立,借此来助力知识资源的传播,而且可以实现良好的共享效果,进一步助力后续的增值利用目标。在社会各界的大力支持和密切配合下,知网通过较长时间的探索与发展,设计了有着自身独特技术水平和国际最新水平的数字图书体系,着手构建了世界范围内最为庞大的数字图书资源,正式开启与构建新的《中国知识资源总库》,也形成了重要的网络资源机制,依靠产业化的特殊运行,进而创造更加理想的知识信息资源和有效的知识传播与数字化学习平台,以促进社会知识资源的高效共享。中国知网由中国学术期刊杂志社协

同推进配套的内容构建工作,依靠同方知网提供的重要技术以及服务支持。[1] 知网工程确立了四大基本目标,其一,构建大范围的集成以及整合多方面的信息资源,进一步通过多种方式来提升特定资源的开发价值,实现更加理想的增值运用效果;其二,构建重要的网络传播、增值服务的新型平台,通过技术方式的优化可以为资源共享、数字学习以及知识创新等提供可靠的支持,进而实现更加理想的信息化效果;其三,构建可靠的知识资源开发机制,有助于为社会多个角度提供更为可靠的知识管理以及服务的信息化体系;其四,通过专业的出版机关,进一步提供通过网络进行出版以及发行的市场体系,加速后续的文化出版体系、产业体系的现代化进程,实现了较为理想的跨越式成长。[2]

百度公司的搜索查询量大于任何其他搜索引擎公司在任何单一国家市场上的查询量,百度公司当然也渴望建立谷歌公司描绘的"世界图书馆"。百度文库是百度创建的大众化的互联网产品,它的英文名称叫 Baidu Wenku。[3] 人们可以将自己创建的资料或者拥有知识产权的资料上传百度网站。除了百度文库,超星公司也建立了超星图书扫描中心,专门给我国各大高校,还有个别的学者进行图书扫描。数量是每年递增,一开始超星只扫描中文图书,现在还扫描外文图书和一些期刊。超星公司认为,图书扫描完可以存储数据,海量的数据是一种非常重要的资源。[4]

近些年,许多互联网企业也纷纷进军数字文学领域,抢占数字化

---

〔1〕 参见百度百科,https://baike.baidu.com/item/中国知网/1316830?fr=aladdin,最后访问日期:2019年11月15日。

〔2〕 参见中国知识基础设施工程,https://www.cnki.net/gycnki/gycnki.htm,最后访问日期:2019年11月15日。

〔3〕 参见百度百科,https://baike.baidu.com/item/百度文库/4928294?fr=aladdin,最后访问日期:2019年11月14日。

〔4〕 参见《超星公司成功经验探索》,https://max.book118.com/html/2015/1122/29963573.shtm,最后访问日期:2019年11月15日。

阅读的文化市场。腾讯旗下的阅文集团包括有起点中文网、腾讯文学、QQ 书城等项目;网易旗下有网易文学、国风中文网等项目;阿里巴巴旗下有阿里文学等项目。虽然这些项目大多是数字化文学的平台,并不涉及作品数字化的著作权许可问题。但是可以看出,在数字音乐、数字影视的商业模式逐步成熟之后,文学数字化的商业模式也渐渐兴起,数字化获取并使用图书的方式受到越来越多公众的欢迎。当技术和经济的壁垒被逐步击破后,我国图书大规模数字化的发展面临的是制度的"瓶颈"。

(二)非营利性机构的图书数字化发展现状

我国非营利机构的图书数字化建设主要以国家图书馆的中国数字图书馆工程为代表。1998 年,由原文化部牵头,中国国家图书馆、中国科学院、北京大学等多家机构共同成立了中国数字图书馆工程筹备组。2000 年 4 月,中国数字图书馆工程正式启动,并被列入国家高新技术研究发展计划("863"计划)。2003 年 1 月,国家数字图书馆二期工程暨国家数字图书馆工程成为"十五"规划的重点文化设施建设项目。国家数字图书馆工程以促进数字资源开发建设,实现个性化定制服务,构建一流的信息资源环境为建设目标。[1] 经过十多年的努力,国家数字图书馆工程极大地融入了人们的社会生活,为广大群众提供了专业化与个性化结合的服务,为我国的民族文化建设起到了保驾护航的作用。

在新的环境下,数字图书馆后续的推广项目正式开启,中央与地方财政的实际投资规模达到了数亿元,借此来实现 30 多家省级馆和 400 多家市级馆的硬件建设,各地硬件基础条件大幅提升。包括国家图书馆在内的 60 余家图书馆完成了虚拟网连接,初步实现了互联互

---

〔1〕 参见国家数字图书馆工程,载中国国家数字图书馆官方网,http://www.nlc.cn/newstgc/,最后访问日期:是 2019 年 11 月 15 日。

通。整体的系统平台形成了较为规范化的推进效果，以此来协调多方面的认证机制、构建配套的标识符，发展政府信息平台等多种方式，从而在超过 20 个省、市区域实现有效的安装以及部署等操作。最终构建的推广工程，需要整体考虑区域范围内的具体需要，通过数字图书馆之中所构建的虚拟网以及镜像等模式，扩大到 12 个区域，共享整体规模大于 880TB 的配套数字资源；进一步开启了配套的资源登记进程，通过此类措施获取了整体规模超过 9 万余条的自建资源支持，这可以为全国资源的有效阐述、整合等提供支持。[1] 通过数十年的不断探索与构建，当前所规划的"数字图书馆推广工程"实现了较为理想的支持效果，具备阶段性的发展进程，这一发展步伐可以为"数字图书馆推广工程"的后续推进，实现较为可靠的资源支持。

除国家、省、市三级的公共图书馆的图书数字化项目之外，我国各类高校均建立了自己的图书数字化项目，具有代表性的有北京大学的数字图书馆、清华大学的数字图书馆等。以北京大学图书馆为例，一百多年来，经过北京大学图书馆人的辛勤努力，北京大学图书馆形成了规模宏大、内容丰富、门类齐全、珍品荟萃的馆藏体系。北京大学图书馆同样非常重视图书数字化的建设和发展，早在 2000 年就与校内其他单位联合构建专业的研究所，着手推进关于详细的图书馆模式、标准规范、数字图书馆门户等方面的研究，取得了一系列成果，并开始大规模的应用实践，通过此类措施的不断发展与构建，可以实现较为理想的技术支出效果。北京大学图书馆还努力帮助全国其他高校图书馆，积极参与其他高校图书馆资源共建共享，并逐步加快国际化的步伐。[2]

经过几十年的开发和建设，我国越来越多的图书数字化项目发展

---

〔1〕《2014～2022 年中国数字图书馆市场现状调研分析及发展趋势报告》，载中国产业调研网，http://www.cir.cn，最后访问日期：2019 年 11 月 15 日。

〔2〕参见北京大学图书馆官方网，https://www.lib.pku.edu.cn/portal/cn/news/notices，最后访问日期：2019 年 11 月 15 日。

起来,并探索了多元化的运营方式,这些项目为我国文化知识传播和精神文明建设作出了重要的贡献,也为图书大规模数字化在我国的发展积累了经验、奠定了基础。

二、我国图书大规模数字化的著作权纠纷

随着多种类型的图书数字化项目在我国的发展和公众利用数字化作品的程度的提高,近年来我国司法实践中有关图书数字化的著作权纠纷越来越多。比较典型的有,2002 年著名学者陈兴良教授以其作品的信息网络传播权被侵犯作为缘由,进而对数字图书馆发起诉讼;2003 年著名学者郑成思教授以未经授权使用其作品为由,将北京书生数字技术有限公司诉至法院;2007 年,有 400 位学者起诉超星公司未经其许可,将其作品数字化后用于建设图书数据库;[1] 同年 10 月,中国文字著作权协会发布的谷歌图书计划侵权调查中指出,涉及 570 位中国作家的 17,922 部作品在著作权人不知情的情况下被谷歌公司扫描后将数字化副本放至互联网。根据谷歌公司 2009 年 12 月提供的清单,谷歌图书计划项目共涉及 8 万余种中国图书,涉及约 2600 位中国作家协会会员的约 8000 种图书;2009 年 12 月,棉棉对于谷歌发起诉讼,诉称其在未获得授权的情况下将自身所创作的《盐酸情人》放至互联网;2011 年,出版界的参与者以及 50 位著名作家,共同制作了《315 中国作家讨百度书》,协同对于百度发起侵权诉讼。[2] 从这些图书数字化的著作权纠纷中可以看出:在我国,图书数字化享有的著作权法律空间非常狭窄,图书的大规模数字化受制于传统的著作权制度。

---

〔1〕 参见《400 专家告超星　中国最大网络盗版诉讼诞生》,载国际在线,http://news.cri.cn/gb/15884/2007/05/22/2525@1599353.htm,最后访问日期:2007 年 5 月 22 日。

〔2〕 参见《"50 名作家声讨百度"发起人沈浩波:现在免费看书将来无书可看》,载人民网,http://culture.people.com.cn/GB/87423/14328219.html,最后访问日期:2011 年 4 月 7 日。

在陈兴良教授诉中国数字图书馆著作权侵权案中，陈兴良诉称，中国数字图书馆未征得其同意将其享有著作权的三本著作上传至中国数字图书馆网站供读者付费后阅读和下载的行为侵犯了其信息网络传播权。法院认为图书馆向社会公众提供作品，对促进知识的传播和社会文明的进步有着较为重大的价值，同时对于后续权利的运用所构成的影响有显著的限制，所以并不属于侵权的范畴。但图书馆运用特定作品的具体模式，进一步增加作品传播的具体场景、使用人数以及转变接触作品的具体模式，并且在特定的进程之中，图书馆并未运用高效的方案来确保作者可以得到所需求的报酬，所以图书馆构成了对传播权的显著侵害。[1]

在郑成思诉北京书生数字技术有限公司侵犯著作权纠纷案中，法院最终判定书生公司将涉案图书上传于书生之家网站并对外传播时对作品的具体运用范围、方法等采取相应的限制，但书生之家作为基于营利目标开展运营的公司，存在缺乏公益性的特征，书生之家对作品所作的三人以上不能同时在线阅读及只能拷屏下载的限制，不构成著作权法意义上的合理使用。书生公司未经郑成思的许可，将其享有著作权的图书上传于书生之家网站供公众浏览的行为侵犯了郑成思的信息网络传播权。[2] 在本案中，法院单从书生公司的公司性质来判定其利用作品的行为不构成著作权法意义上对作品的合理使用，是对图书数字化的法律性质所形成的片面认知，显然会对于后续的图书数字化构建与成长产生显著的负面影响。

王莘（笔名棉棉）案中，针对第一被告片段化使用原告的作品是否侵权的问题，一审最终判定特定网站提供涉案信息的行为属于信息网络传播，同时此类行为并没有获得著作权人的授权许可，因此判定这

---

〔1〕 陈兴良诉数字图书馆著作权侵权纠纷案，北京市海淀区人民法院（2002）海民初字第5702号。

〔2〕 郑成思诉北京书生数字技术有限公司侵犯著作权纠纷案，北京市第一中级人民法院（2005）一中民终字第3463号。

一行为可否符合侵权的核心因素，是其所进行的行为是否属于对原作品的合理使用。对涉案行为可否归入合理使用的范畴，法院也并未将其限制在著作权法体系内所确认的有关合理使用的封闭规范，其所构建的制度参照了美国的“四要素”标准以及TRIPs协议规定的“三步检验法”，通过这些判定准则，对于涉案行为开展了较为详细的探讨。法院提出：其一，被告针对原告创作所进行的使用行为，归属于特殊的片段化运用，最终提供给用户所使用的并非连续的创作章节，也并非特定作品的整体段落，其仅为特定作品内的个别片段，针对多个片段通常情况下归属于特殊的两三行或者是三四行，同时多个片段间存在不连贯的特征。该使用方式，造成相应的网络用户在观察前述片段信息之后，难以较为完整的感受到作者需要表述的具体情感。因此，法院认为，此类行为并不符合针对原作品的实质性使用。其二，涉案网站所采取的片段化显示措施的行为从客观层面来判断，也很难有效解决网络用户对此类创作上所存在的基础需要。[1] 用户若是希望阅览特定的作品，一般情况下会参考网页显示的实际记载的原告作品的信息、作者的名称和各类出版信息等多类来源，进而进行相应作品的购入活动。

前述三大案例是我国图书大规模数字化发展以来在数字化利用作品中发生著作权纠纷的具有代表性的案例。从判决结果来看，我国司法界也在逐步探索解决这类纠纷的途径。然而，发生在网络提供商和著作权人之间的纠纷方兴未艾，理论界与实务界均未找到长效的解决方案。

第二节　我国解决图书大规模数字化著作权法律问题的原则

在我国，解决图书大规模数字化的著作权法律问题要坚持以下三

〔1〕 北京市第一中级人民法院民事判决书，(2011)一中民初字第1321号。

个原则:利益平衡原则、提高效率原则和保护作品完整原则。

一、利益平衡原则

(一)平衡私人利益与公众利益之间的关系

权衡公众利益和私人利益的关系是著作权立法的基本考量,[1]著作权法律制度旨在保护各方利益的平衡,著作权法律制度通过对著作权人与相关的继受者,依据法律享有特定的人身以及财产权利的可靠保障,从而有效禁止、约束各类不劳而获的使用行为;通过设置财产权利制度,赋予著作权人获取基于其智力成果之上的经济收益,这是一种合理的法律垄断制度。著作权法所追求的目标之一就是利益平衡。然而利益平衡的点又会根据参考多种客观情景出现显著变化。通过多种复制以及传播技术所构成的影响,原本所出现的平衡会因此而产生特殊的偏移效应。若是特定的技术因为基本的特征,可以更加有益于后续的复制以及传播控制措施,则所构建的制度设计需要参照针对特定公共利益所实现的保障措施;若是特定的技术因为自身具备较强的便捷性,能够便捷特定公众对于相应创作后续的运用活动,那么在详细的制度设计过程中,就要更多地考虑针对特定著作权人所实现的保护效果。概言之,著作权制度应紧跟社会发展的脚步,持续探寻针对特殊的时代环境之下的利益平衡问题,尽可能规避潜在的利益失衡风险。

在后续的著作权体系的演变进程中,也有效论证了该观点,从最开始的《安娜法令》之后,著作权一直追赶着日新月异的技术进步的脚步,其发展经历了"印刷版权""电子版权""网络版权"三个阶段。[2]每一次新技术的发展都会对著作权法造成深刻的影响,而著作权法也

---

〔1〕 参见吴汉东:《著作权合理使用制度研究》,中国人民大学出版社2013年版,第44页。

〔2〕 参见吴汉东:《著作权合理使用制度研究》,中国人民大学出版社2013年版,第212页。

一直以审慎又包容的态度给予回应。图书大规模数字化的著作权法律问题涉及著作权人与使用者的关系,这两者之间存在一种天然的矛盾。著作权人需要对作品享有一定的专有控制从而能够从自己的作品中获得利益;作为使用者的公众看来,知识不应进行垄断的处理,进而构成了特殊的作品信息、知识与各类文化,长期以来都属于人类公有领域的重要构成部分。若这些信息被少量人群垄断,则侵害了公众接触知识的权利,这会显著影响文化体系的可持续发展。若是想要有效应对此类冲突问题,那么著作权法就需要有效平衡私人、公众利益所存在的冲突问题。著作权法既要对著作权人的权利进行保护,也要对著作权人的权利进行限制,以满足公众使用作品的需求。所以说,从一定程度上讲著作权法是关于平衡著作权人私人利益和社会公众利益的法律制度。

(二)平衡著作权人、网络服务提供者和使用者之间的利益

著作权保护是著作权法的基础,而鼓励信息传播,助力各类知识的交流与发展,进一步实现更加理想的社会福利,是著作权法的核心目标。[1] 著作权制度是调整著作权法律关系中各利益主体和各利益客体之间的矛盾和冲突的,所以著作权法不仅保护著作权人的利益,而且保护使用者的权益。图书大规模数字化活动中,在著作权人和使用者之间,网络服务提供者扮演着重要的角色,他将作品进行数字化并放置到了网络环境中,一定程度上保障特定提供者的利益,就有助于信息可以实现更好的传播效果,有助于发展特定作品的运用渠道。相应作品在正式的创作之后,就有效彰显了关于个性表达的各类信息,作品持续开发与运用活动,也属于增进社会价值的重要进程。著作权法既规范权利人的权利,也规范传播者和使用者的行为。传播者

---

〔1〕 参见[美]莱曼·雷·帕特森、斯坦利·W. 林德伯格:《版权的本质:保护使用者权利的法律》,郑重译,法律出版社 2015 年版,第 29 页。

可以看作广义上的作品使用者,同时也是演绎作品的重要创作力量。因为创作有持续发展与延续的特征,所有使用者也归属于特殊的潜在创作力量,唯有在前人的基础之上开展更进一步的探索活动。针对并未开展二次创作的用户而言,能够基于特定的作品从而得到所需求的精神享受以及文化给养。因此,著作权法律制度既保护著作权人的利益,形成对著作权人的创新激励机制;同时出于公共利益的考量,也限制著作权人的部分权益,允许使用者在特定情形下可以不经著作权人许可而利用作品。整体来说,该制度重点考虑特定著作权主体、传播主体以及使用主体三类主体间的法律关系。在图书大规模数字化背景下,这种著作权法律关系则体现为著作权人、网络服务提供者和使用者之间的利益平衡。

二、提高效率原则

效率与正义是研究与评估法律的价值准则。[1] 根据法律经济学的观点,之所以创建法律,是因为将效率视为价值目标,让法律朝向良好的方向不断变化,进而实现整体化的最佳效益。而所有的法律制度创建以及法律活动的进行,都需要以合理分配和资源划分为基础,最大程度上保障与增加社会整体的财富。[2] 隐喻着对社会冲突利益或者社会合作利益的特殊布置的有效率的结构安排存在于每一种制度内部,关键的问题是如何识别这些安排,如何选择和做好安排设计,进而获得将效率、正义都考虑到的分配方案十分重要。基于此,除了能够防止进入片面追求效率价值的境地中,同时以一种正义、效率进行结合的方案来实现合理的选择,这种兼顾的方案将会得到更广泛的认可,在说服公众以及实施过程中更加有力。

前文已述,现有的著作权制度不利于数字化作品的运用,著作权

---

〔1〕 参见[美]罗伯特·考特、托马斯·尤伦:《法和经济学》,三联书店上海分店1994年版,第13页。

〔2〕 吴汉东:《著作权合理使用制度研究》,中国人民大学出版社2013年版,第51页。

制度的使用面临着诸多负面因素，所以我国著作权制度应该秉持提高著作权授权效率的原则，积极探索如何发挥图书数字化的积极作用，减少图书数字化的消极作用的许可方式，具体建议有：

首先，采取著作权适度保护，扩大著作权例外制度适用范围。赋予著作权人在有限的时间和有限的范围内的专有权著作权制度设立的本意，著作权法除了对权利人主体的正当权益进行保障和维护，同时还对其使用与实现设定限制，从而促进文化知识的传播，进而激励著作权人创作新的作品。著作权适度保护需要坚持利益平衡原则，从社会全局思考，给予著作权人适度的保护，从而保持著作权人利益和公众利益之间的平衡，使作品给社会公众带来效益。著作权制度在协调著作权人利益和社会公众利益的平衡上，达到促进知识文化传播和社会进步的最终目的。图书大规模数字化的目的是促进知识信息的传播与共享，一定程度上和著作权法的立法目的是一致的。面对图书大规模数字化的现象，我国著作权法应秉持促进公共利益最大化立法目的，扩大合理使用的适用范围，允许在一定条件下数字化利用图书的行为适用合理使用，这是著作权制度应明确考虑的重要方向。

其次，降低著作权许可成本，提高作品利用效率。改革著作权许可的制度机制，以便降低著作权交易成本，排除数字资源开发的阻力，促进知识信息传播和共享，从而达到提高著作权制度收益，提升著作权制度效率的目的。将不同的技术保护方案与其他的著作权模式综合起来。虽然在一个侧面上来看，技术保护方法限制了公众对作品的使用，技术保护措施可以起到有效地监督以及防控效果。将可能出现的侵权风险控制到最低水平，这也有利于弱化使用数字化图书过程中的法律责任问题。当然，我们需要认识到的是，此类技术措施以及方案的运用不是绝对自由的，应该受到限制，防止技术措施成为保护少数著作权垄断利益的手段。因此，在结合技术方案以及另外的一些的著作权保护方法过程中，应该将技术方法所具备的正面价值发挥到最大，比如改善著作权的保护困境、控制整体的司法成本等；同时，减少技术措施限制公众接触作品的负面作用。

最后，整合现有著作权许可机制，探索多元化的著作权许可模式。图书大规模数字化发展的前提是要有海量的图书资源，海量的图书资源中有的本身就是电子图书，有的则需要将纸质图书数字化。将图书进行数字化，就需要经过著作权人的许可。不管是电子图书还是经数字化后的图书，要想将其上传于互联网，供使用者通过互联网检索和阅读，都必须取得著作权人的许可。从这个过程可以看出，图书数字化涉及海量许可的问题，倘若用传统方式完成分别授权，除了让时间投入和经济开支大大提升之外，还与网络技术的便利性、高效性背道而驰，极大地降低了知识信息传播的效率。所以若想促进图书数字化的发展，必然要寻求一种高效又合理的著作权许可机制。前文已述，实践中已产生了多种多样的许可模式，并在不同的场合中实现了充分的运用，比如有授权要约模式、版权补偿金模式等。分析这些许可模式各自的利弊，权衡这些许可模式的优劣，结合这些许可模式在实践中的具体表现，进而协调整合，找出在我国适合图书数字化发展的著作权许可模式，提高我国著作权制度和新型著作权许可模式之间的契合度，从而促进图书大规模数字化在我国的健康发展。

三、保护作品完整原则

我国《著作权法》的立法目的在于促进我国文化、科学事业的长远稳定发展。著作权法的落实环节中，在保护权利人相应合法权益的基础上，也应该注意对著作权法积极效果的发挥，引导科学以及文化的进步，保障社会民众知识自由、文化自由等多种宪法性目的的实现。

随着图书大规模数字化的发展，有一种情况会凸显出来，那就是作品完整性的问题。数字化过程在技术上是没有障碍的，技术并不会修改作品的结构元素，但用于固定数字化的复制品是可能出现瑕疵的，复制品的质量有高低之分。如果图书被数字化并以不适当的形式呈现给公众，作品的完整性可能会受到侵犯，这不是由于新技术的使用,而是受到最初选择复制品的工作人员的影响。在谷歌图书计划案中有不少这样的事例,谷歌公司在扫描一些日本图书的时候曾经出现过这样的情况,由于日本的图书大多是竖版,而谷歌公司负责扫描图书人员仍然按照横版的习惯来扫描并制作成数字化副本,这就导致公众在互联网上检索到的这些日本图书的内容片段是混乱的,是无法从中获取有效信息的。还有一个事例,《草叶集》是美国著名诗人沃尔特·惠特曼创作的诗集,谷歌公司在将其数字化后上载至互联网时将这本诗集归类于园艺类项下,这令使用者在检索和查询这本书的信息时会遇到障碍和困惑。这两个事例,一个是关于作品信息完整准确的数字化的情况,另一个是关于作品被准确搜索的情况,这是在图书数字化过程中较为容易产生的影响作品完整权的问题。

通常情况下,作品会被固定在一个以上的载体中,例如,一本以不同版本出版的书,一首由不同艺术家演唱的歌曲,或者一场从不同来源录制的演出。由于不同版本或者不同载体的出现,会带来一系列问题:在众多的作品载体中,哪一个应该是原作,其他载体的传播在多大程度上违反了作品的完整性,公众是否会因不同载体的误导对作品产生奇怪的看法等。在司法实践中,会充分考虑到语境的影响,会充分考虑到公众没有正确地了解作品的来源和质量。在有合理理由的情况下,公众会知晓作品的副本质量下降的现实情况,从劣质来源复制的作品,并不侵犯作品的完整权。

纸质作品转换成数字格式容易造成作品质量的下降,尤其对本身有缺陷的原稿进行数字化更容易造成质量的损失。搜索设置的不同导致搜索到的信息或者信息排序会产生不同。除此之外,还有第三种典型的情况,那就是大规模数字化可能会影响作品的结构完整性。这是指数字化后的作品通常是不能全文可见的,往往以零碎的方式而不是以系统的方式显示。摘要仅仅是针对搜索查询而显示的。谷歌图书计划中的片段显示的例子是图书大规模数字化版权效应的内在悖论的范例:尽管提供全文肯定会侵犯图书的著作财产权,但不会侵犯著作人身权，然而显示片段可能会对著作人身权产生负面效果，著作财产权则不受影响。前文已述，数字化图书要达到可以逐字搜索的效果，通过在数字化图书网站上输入搜索关键字，展示在公众眼前的是包含搜索词或一串词的简短节选，这些节选与包含相同词或一串词的其他书籍的节选一并展示。由于数字化图书的语料库是谷歌公司大型数据库的一部分，其中包括网页、新闻、地理位置和几乎所有的世界信息，因此一本书的节选会与其他任何书籍的节选一起显示。

由于大规模数字化实际上影响到人类的文化遗产，因此有必要正视与眼前的经济或个人利益没有直接关系的权利主张。无论是数字化之前的作品所享有的权利，还是通过数字化可能产生的权利，尊重这项图书数字化实施过程中的作品完整权是一个原则。

第三节　完善我国面向图书大规模数字化的合理使用制度

在图书大规模数字化的发展过程中，由于传统的著作权合理使用制度的空间狭窄，无法适应图书数字化的利益关系，导致大规模数字化著作权法律关系中各方利益失衡。数字化利用图书作品是诞生于数字技术时代的新的利用方式，无论是著作权人还是公众都会对这种新的利用方式产生困惑，反映到著作权法律制度上主要体现为：著作权人担心自己的权利受数字化利用作品的行为的侵害，从而借助于著作权法加强保护。当技术因素和经济因素已经发展完备时，制约大规模数字化发展的恰恰是著作权制度。大规模数字化这种利用作品的行为在著作权法上找不到定位，因而对数字资源的后续开发造成较多的限制，传播社会知识的渠道遭遇较多的限制措施，公众未能享有充足的文化资源。为保持著作权人利益和公众利益之间的平衡，应重新构建著作权合理使用，使其接纳图书大规模数字化这种作品利用行为，并促进其发展。

一、我国图书大规模数字化适用合理使用的障碍

我国《著作权法》第 24 条第 1 款第 8 项是关于合理使用的例外规定,[1]《信息网络传播权保护条例》第 7 条规定了关于信息网络传播权的合理使用内容,作为率先针对信息网络传播行为进行合理使用规定的规范,有着较为重大的立法价值。但是前述法律条文,针对图书的合理使用预留了较为狭隘的范围,针对合理使用的详细情形进行了较为严格的规范。参考法条的详细内容,唯有对特殊的信息网络特定服务对象,提供相应的数字信息陈列与阅览等服务,并且规定通过数字化的模式进行复制的行为可以归入合理使用的领域。[2] 这就和数字化共享的最初目的相一致,可以有效发挥数字化在超脱时空局限性上的显著优势,推动数字化图书有效开发自身的社会文化价值。要实现图书数字化信息资源共享的最终目的,必须重新构建我国适合图书数字化的合理使用制度。

图书的数字化需要经过的两个步骤,对图书进行数字化处理以及将处理过的数字化信息通过信息网络传播给使用者,这两个步骤从本质上涉及了著作权人的复制权和信息网络传播权。因此在图书大规模数字化发展过程中应完善复制权合理使用制度和信息网络传播权合理使用制度。《著作权法》第 24 条详细列举了 12 种合理使用的情况,其中第 1 款第 8 项为传统图书馆实现特定功能提供著作权的例外规范,而且《信息网络传播权保护条例》第 7 条设定了相应的合理使用

---

[1] 《著作权法》第 24 条第 1 款第 8 项规定:在下列情况下使用作品,可以不经著作权人许可,不向其支付报酬,但应当指明作者姓名、作品名称,并且不得侵犯著作权人依照本法享有的其他权利:……(八)图书馆、档案馆、纪念馆、博物馆、美术馆等为陈列或者保存版本的需要,复制本馆收藏的作品。

[2] 《信息网络传播权保护条例》第 7 条第 1 款规定:档案馆、纪念馆、博物馆、美术馆等可以不经著作权人许可,通过信息网络向本馆馆舍内服务对象提供本馆收藏的合法出版的数字作品和依法为陈列或者保存版本的需要以数字化形式复制的作品,不向其支付报酬但不得直接或者间接获得经济利益。当事人另有约定的除外。

情形。然而该条文对合理使用规定了非常狭窄的范围，对合理使用的主体、目的和对象作出了及其严格的限制。根据法条的规定，数字图书馆只有通过信息网络向馆舍内服务对象提供馆藏的合法出版的数字作品和依法为陈列或者保存版本的需要以数字化形式复制的作品才属于合理使用的范畴。[1] 无论是对图书数字化的主体，数字化作品的来源，可以数字化的条件以及数字化作品的传播的对象，都作了严格的限定。这显然无法满足图书大规模数字化在网络环境下传播信息知识、挖掘数据和实现公众文化权利的基本作用。现行著作权法合理使用制度无疑为图书数字化发展带来了阻碍。

二、完善面向图书大规模数字化的合理使用的具体方案

（一）重构合理使用的立法模式："规则主义＋要素主义"

规则主义模式和要素主义模式是合理使用制度的两种主要的立法模式。在详细的适用进程中，两类模式都有着自身的优势与不足。规则主义运用类型化的措施，优势是对已有的各种合理使用情形进行了详尽的罗列，明确易操作，在司法实务中能够有效地运用，有益于确保司法的统一以及稳定性；所存在的缺陷为罗列已有可预估情形必然会带有特定时代的烙印，具有明显的法律滞后性，无法适应新技术带来的新问题。在面对新问题时，缺乏灵活处理的基本空间，缺乏科学的调整空间，法官方面也欠缺配套的裁量空间。要素主义作为科学运用标准归纳的重大因素，其优势为应对新法律问题的过程中，该模式显得更具灵活性，法官可以根据具体个案结合判定要素进行综合权衡，有足够的自由裁量空间；缺点在于，对于法官的要求，对司法经验的积累存在相对偏高的要求。[2] 针对希望进行移植的国家而言，因

[1] 《信息网络传播权保护条例》第7条第2款规定：前款规定的为陈列或者保存版本需要以数字化形式复制的作品，应当是已经损毁或者濒临损毁、丢失或者失窃或者其存储格式已经过时，并且在市场上无法购买或者只能以明显高于标定的价格购买的作品。

[2] 李琛：《著作权基本理论批判》，知识产权出版社2013年版，第208页。

为欠缺相应的法哲学系统与司法实践的丰富经验等,导致各要素规则的边界不甚清晰,歧义较大。在面对千差万别的具体的合理使用个案时,由于合理性标准具有高度抽象性,法官需要对每一种情形都进行具体裁量,因此在司法审判中法官对于规则的认知依赖会有显著的提升,这会导致司法成本大幅度的提升,也会对于审判稳定性产生显著的负面影响。但是该制度的目的并非确定性,需要科学运用制度在实践过程中的各类功能。因定义所存在的抽象性,以及特定语言所存在的多义性等特征,因此其中并不存在绝对的确定性。所以,合理使用规则的合理性不能仅由确定性不足来判定。[1] 因此,设立规则、要素主义之间的融合机制,从而实现确定性和法律解释的高效融合,这会成为解决这两种模式各自的弊端的方法。将这两种立法模式相结合,有助于发挥著作权合理使用制度的功能,也符合我国著作权法国际化的发展要求。[2] 在规则主义立法模式与要素主义立法模式相结合的模式中,最重要的是二者的相互关系,要素主义立法模式应作为对规则主义立法模式的补充。欧盟《信息社会版权指令》和我国台湾地区的立法体系,都运用了两类模式累积的模式,代表着在判定案例详细状况可否归属于合理使用范畴的情况下,不仅需要符合要素主义,而且也要求契合规则主义的相应规范。参考我国台湾地区的著作权法律规范,提出合理使用需要满足两个条件,不仅要论证特定作品的行为归入合理使用的范畴,[3] 还要证明这种行为本身具有合

---

〔1〕 何蓉:《数字图书馆利用作品的著作权限制研究》,中南财经政法大学 2018 年博士学位论文。

〔2〕 黄玉烨:《著作权合理使用具体情形立法完善之探讨》,载《法商研究》2012 年第 4 期。

〔3〕 我国台湾地区的“著作权法”第 44 条至第 63 条列举了各种合理使用的具体情形,主要包括立法、行政、司法、地方或中央机关等执行公务之需要学校授课教育目的之必要,图书馆、博物馆、历史馆、科学馆、艺术馆或其他文教机构供公众使用作品之需要,为报道、评论、教学、研究或其他正当目的之必要,为视觉障碍者、听觉机能障碍者谋福利之目的,合法电脑程式著作重制物之所有人得因配合其所使用机器之需要,新闻杂志报道或网络有关政治、经济或社会上时事问题之论述的需要,个人使用之需要等。

理性。[1] 欧盟《信息社会版权指令》第5条针对其进行了穷尽式的规范，所有的限制例外都应当按照三步检验法的规定确定合法性。[2] 由此可见，欧盟和我国台湾地区有着过度严格的要求，对个案的详细分析而言，非但需要契合法律体系的明文规范，同时还需要通过三步检验的方案进行审视。此类规范不仅没有起到确定性的显著优势，也缺乏灵活适用性。将规则主义模式与要素主义模式相结合是理想的合理使用立法模式，这种结合并非在规则主义之上，通过要素主义开展后续的判定程序，目的为应对规则主义所存在的过度迟滞等问题，缺乏预见的情形下，用要素主义模式的判定标准作为补充。在审判实践中，针对法律没有明文列举的情形，在这种结合模式下，作品使用者可以援引合理使用的判定要素进行抗辩，法官要求针对个案的详细状况，综合详细的判断要素进行整体的判断。即便著作权法详细列举了个案的状况，若是参考要素判定之后确认归属于合理使用的情况，依旧可判定其归属于合理使用的范畴。

（二）引入转换性使用理论和合理使用“四要素”判定标准

转换性使用的主要目的就是希望可以以此来丰富作品的表现形式，从而提高其价值。所以法院在对使用者的行为进行判断的过程中，不应就不同的使用目的进行歧视性区分，只要使用行为满足了转换性使用的核心要素，即转换性使用对原作品的使用并非出于替代目的，而是有了创造性的途径、目的等，在原作品的基础上丰富其内在含义，并且提升其价值，那么在审视新的表达意义上，法院应保持中立态度。

---

〔1〕 我国台湾地区的“著作权法”第65条第2款规定，著作之利用是否合于第44条至第63条规定或其他合理使用之情形，应审酌一切情状，尤应注意下列事项，以为判断之基准：(1)利用之目的与性质，包括系为商业目的或非营利教育目的；(2)著作之性质；(3)所利用之质量及其在整个著作所占之比例；(4)利用结果对著作潜在市场与现在价值之影响。

〔2〕 [英]埃斯特尔·德克雷：《欧盟版权法之未来》，徐红菊译，知识产权出版社2016年版，第255～260页。

合理使用的判断准则在著作权法中属于一个难度较大的问题，受到了实务界和理论界的广泛关注。在针对数字化方面的使用规定进行改进的过程中，需要对相关判断准则进行完善。我国在这方面可以借鉴美国相关规定中的“四要素”判断准则。按照美国版权法中的相关内容，法官在不同案例中针对实际情况进行判定的过程中，需要考虑到以下四方面的内容：(1)使用作品的目的和性质；(2)被使用作品自身所具备的性质；(3)对被使用作品的利用程度；(4)使用会对作品产生什么影响。[1] 法官可以按照这四方面来针对案件的实际情况进行综合权衡，具体判断。在谷歌图书计划案中，美国版权法的合理使用“四要素”判定规则和转换性使用理论的成功，为我国完善面向图书大规模数字化合理使用制度提供了借鉴。

需要强调的是，无论是营利性数字化机构还是公益性图书馆，其宗旨之一都是为了促进文化繁荣和精神文明建设，其根本目的在于维护社会公众的利益。对待实施数字化主体的法律性质和法律地位问题，应秉持全面认识数字化主体的多重权利主体地位。随着社会的不断发展和技术的进步，将数字技术运用于图书数字化建设与服务中是为了更加高效地为读者提供优质的服务，在解决图书数字化的著作权问题时，应对数字化主体提供的服务性质作细致区分，根据不同的消费需求对图书数字化的部分营利性服务作区别处理，从而保障图书数字化的正常运作和业务的良性开拓。国际图书馆协会联合会指出，公众使用数字形式的作品不应该收取额外的费用，每个人都可以利用公共借阅服务通过网站及远程登录的方式浏览到可供使用的版权材料。[2] 所以，对于已经进入公有领域或者著作权人表示允许其作品在数字环境中免费传播的作品，数字化机构应该免费提供给公众。另外，数字化机构使用作品进行数字资源建设的过程中如果使用作品的

---

〔1〕 参见《美国版权法》第 107 条。

〔2〕 参见国际图书馆协会联合会官网，https://www.ifla.org，最后访问日期：2019 年 10 月 11 日。

行为符合转换性使用的要素，赋予了作品新的功能与意义，那么应该认定构成合理使用。具体而言，对于数字化机构自行开发建设的便于用于进行公共借阅和馆际互借时的导航和检索工具，如果使用了享有著作权的作品，但是赋予了作品片段新的导航和检索的功能，应认定数字化机构使用作品的行为为合理使用，并且数字化机构应该免费向用户提供该项服务。对于包库全文阅读服务，如果作品已经进入公有领域，则应尽量为用户免费提供；如果使用的作品为著作权作品，在向公众提供之前必须取得著作权人的同意。

（三）保障数字图书机构获取信息和传播信息的合理使用

大规模数字化的最终目标是实现信息资源共享。实现这一目标的前提必须要求数字化机构获得足够数量的信息资源，没有充足的数字信息资源，那么大规模数字化的目的的实现就变得无从谈起。我国现行的《著作权法》和《信息网络传播权保护条例》只允许图书馆为陈列和保存版本之需要才可以复制本馆馆藏或者以数字化形式复制馆内作品，这样的规定过于简单，数字图书馆可适用的合理使用范围也过于狭窄，限制了数字图书机构功能的发挥和目标的实现。鉴于此，建议将公益性图书机构的已发表作品以及公开传播的在线作品的数字化保存纳入合理使用的范畴。

数字图书机构的根本目的在于传递和利用数字信息资源。我国《著作权法》明确规定图书馆只有出于陈列和保存版本之目的才属于合理使用的范畴，排除了图书馆为教学、研究目的合理使用，排除了图书馆为个人学习、研究和欣赏目的的合理使用，还排除了数字图书馆馆际互借和文献传递的合理使用。[1] 而这些范畴的合理使用正是数

---

〔1〕《著作权法》第24条第1款第8项规定：在下列情况下使用作品，可以不经著作权人许可，不向其支付报酬，但应当指明作者姓名、作品名称，并且不得侵犯著作权人依照本法享有的其他权利：……（八）图书馆、档案馆、纪念馆、博物馆、美术馆等为陈列或者保存版本的需要，复制本馆收藏的作品。

字图书机构实现其传递和利用信息资源的合理使用,应将这些范畴纳入数字图书机构的合理使用情形之中。建议增加数字图书机构为教学、研究目的,为个人学习、研究和欣赏之目的,以及数字图书机构文献传递的合理使用,同时使用相应的技术措施对传递的作品的使用方式和使用期限进行控制,将对著作权人可能的影响降到最低。数字图书机构应针对用户的文献传递及检索咨询请求制定严格的业务操作规范,指导工作人员进行专业的业务操作,保障著作权人的合法权益得到有效的保护。

第四节　构建我国面向图书大规模数字化的法定许可

著作权法定许可取消了著作权人在特定情形下许可的权利,而仅仅保留了著作权人的获取报酬权。法定许可制度的优点为能够在很大程度上减少在交易过程中所花费的资金,同时还为处理获权问题提供了很大的帮助,在此基础上,可以促使数字化资源得到更大范围地使用。我国现行的著作权法定许可制度是根据前数字时代的作品传播方式和利用方式所制定,对解决互联网中的著作权问题,尤其是数字化利用作品的获权问题存在适用困境,应根据数字技术和信息网络环境的特性,制定可以适用于数字图书馆建设的特殊性法定许可制度。

一、图书大规模数字化适用法定许可的可行性分析

法定许可制度可以解决图书数字化资源获取的效率问题,但是现行的法定许可制度是根据前数字时代的传播方式所制定,无法直接适用于大规模数字化发展之中。法定许可省去了作者和使用者双方授权许可的烦琐过程,大大降低了交易成本,为图书数字化的著作权交易提供了便利。但是法定许可所规定的法定价格一般低于作品的市价,会阻碍作品价值的实现,著作权人创作作品时所预期的经济利益

可能无法实现，即作者无法通过创作作品获取期望的经济收益，也许会在一定程度上挫伤作者再创作的驱动力。进一步地，价格、供给和需求之间具有紧密的联系，对价格的控制会影响市场效果，当政府对竞争市场实行限制性价格上限时，会产生物品的短缺。[1] 同理，当法定许可对作品实施最高限价时，会造成作品在价格控制之下的短缺，从而引发作品供不应求的局面。因此要发挥法定许可在图书大规模数字化中的作用，解决图书数字化的海量授权问题，还应对现有的法定许可制度作出调整。

我国设置著作权法定许可更多出于减少著作权保护制度对新闻出版事业带来的限制和阻碍，这些机构承担着文化交流和信息传播的重要任务。根据我国《著作权法》第 25 条、第 35 条、第 42 条、第 44 条、第 46 条，以及《信息网络传播权保护条例》第 9 条的规定，法定许可包括以下情况：(1)第 23 条第 2 款规定的编写教科书法定许可，指为国家开展九年制义务教育和国家教育规划而编写出版教科书而使用已经发表作品；[2] (2)第 33 条规定的报刊转载法定许可，报刊在进行编写的过程中，引用了他人部分已发表的言论，或直接转载了某些作品；(3)第 40 条第 3 款规定的录音制品使用的法定许可，即录音制品制作人使用他人已经录制完成并且受到相关法律保护的作品；[3] (4)第 43 条第 2 款和第 44 条规定的播放作品及录音制品的法定许可，指广播电台、电视台播放他人已发表的作品或已经出版的录音制

〔1〕［美］曼昆：《经济学原理》，梁小民译，机械工业出版社 2003 年版，第 115～116 页。

〔2〕《中华人民共和国著作权法》第 23 条规定：为实施九年制义务教育和国家教育规划而编写出版教科书，除作者事先声明不许使用的外，可以不经著作权人许可，在教科书中汇编已经发表的作品片段或者短小的文字作品、音乐作品或者单幅的美术作品、摄影作品，但应当按照规定支付报酬，指明作者姓名、作品名称，并且不得侵犯著作权人依照著作权法享有的其他权利。

〔3〕《中华人民共和国著作权法》第 40 条第 3 款规定：录音制作者使用他人已经合法录制为录音制品的音乐作品制作录音制品，可以不经著作权人许可，但应当按照规定支付报酬；著作权人声明不许使用的不得使用。

品（此处仅限于录音制品，若类似于电影、电视剧是不能归属于这方面的，在此影响之下，会在很大程度上给电视台的行为提供约束）；[1]（5）为扶助贫困通过信息网络向农村提供特定作品的准法定许可。[2]综合上述条文可以看出，我国著作权法定许可制度的适用要件包括：第一，限于已经发表的作品；第二，必须按照规定支付权利人报酬；第三，仅能适用于法律明确规定的几种情形；第四，著作权人未声明不许使用或未表示不同意的。针对我国法定许可制度中加入的“作者声明不许使用的除外”这一立法方案，有学者认为这是我国法定许可制度中的一个特殊之处，即著作权人可以“选择退出”，[3]也有学者认为这其实体现了我国《著作权法》规定的法定许可实质上是准法定许可，真正意义上的法定许可是在任何情况下在对某些作品进行使用的过程中都不需要事先征得作者的同意，只需要提供费用便可。但是我国的法定许可将西方国家法律中有关法定许可的程序和救济的条款去除，并予作者保留退出权利的空间，这实际上与国际上通行的真正意义上的法定许可具有较大差别。

网上作品的传播是否可以适用我国《著作权法》中法定许可的规

[1] 《中华人民共和国著作权法》第 43 条第 2 款规定：广播电台、电视台播放他人已发表的作品，可以不经著作权人许可，但应当支付报酬。第 44 条规定：广播电台、电视台播放已经出版的录音制品，可以不经著作权人许可，但应当支付报酬。当事人另有约定的除外。具体办法由国务院规定。

[2] 《信息网络传播权保护条例》第 9 条规定：为扶助贫困，通过信息网络向农村地区的公众免费提供中国公民、法人或者其他组织已经发表的种植养殖防病治病、防灾减灾等与扶助贫困有关的作品和适应基本文化需求的作品，网络服务提供者应当在提供前公告拟提供的作品及其作者、拟支付的标准。自公告、需起之日起 30 日内，著作权人不同意提供的，网络服务提供者不得提供其作品：自公告之日起满 30 日，著作权人没有异议的，网络服务提供者可以提供其作品，并按照公告的标准向著作权人支付报酬。网络服务提供者提供著作权人的作品后，著作权人不同意提供的，网络服务提供者应当立即删除著作权人的作品。

[3] 管育鹰：《我国著作权法定许可制度的反思与重构》，载《华东政法大学学报》2015 年第 2 期。

定，即在网络上传播作品能否只向著作权人交付使用费而不必须事先征得其同意，这必须考虑此做法是否无悖于我国现行法律，是否与当前国际惯例匹配。陶鑫良教授认为网络上传播作品的规制可适用《著作权法》第34条第2款关于报刊转载法定许可的规定，即网络上转载或者摘编国内作品一般视作"其他报刊"法定许可的转载和摘编。我国对网上传播外国作品的规制应适用国务院发布的《实施国际著作权条约的规定》的授权许可的规定，如果在对国外的某些作品进行使用的时候，应该提前征得作者的同意。[1] 这就是说，在网络上转载和摘编外国著作权作品应该提前征得作者的同意。最初在指定这方面的规定时，主要目的是给报刊提供一定的便利、及时性和高效性有助于信息的广泛高效传播。网络信息传播则更能满足人们对信息传播及时、快速和高效的需求，网络出版和报刊出版相比，仅仅只是作品传播的载体发生了变化，但是传播信息的本质并没有改变，数字化载体的作品同传统物质载体的作品一样受到著作权法的保护。[2] 数字图书馆建设适用法定许可获取授权无悖于我国现行著作权法的规定。但是纸质报刊和网络传播还是存在区别，传统的复制行为和信息网络传播行为也存在区别。就网络传输的实质来看，数字网络环境下主要以复制品形式传输信息，数字环境的信息传输是建立在复制基础上的，因而信息网络传播行为是复制行为和发行行为的集合。鉴于此，应该针对信息网络技术的特征和信息网络传播的特性设置专门针对数字图书信息网络传播的法定许可规则。

二、构建面向图书大规模数字化的法定许可的具体内容

（一）面向图书大规模数字化的法定许可的含义

在法学界和图书馆界均有学者主张改良现行著作权法的法定许

---

〔1〕 参见《实施国际著作权条约的规定》第13条。

〔2〕 参见陶鑫良：《网上作品传播的"法定许可"适用探讨》，载《知识产权》2000年第4期。

可制度,构建面向非营利性数字图书馆的法定许可制度来解决其数字化利用作品的著作权许可问题。具体内容是,在现行著作权法所规定的几种法定许可情形之外,经由国家著作权行政管理部门或国家著作权行政管理部门指定的机构审批后,特别允许少量具备资金实力和信用保障的数字化服务提供者,能够在不经过作者许可的情况下,对相关作品进行使用,可是必须向作者提供对应的费用,同时尊重他的其他合法权利。倘若著作人明确表示禁止使用或表示反对的,可不授予使用人特殊性法定许可。[1] 特殊性法定许可介于法定许可和强制许可之间,将国家著作权行政机关的审批和著作权人的声明相结合,即可以打破一般法定许可特定情形的呆板设置,允许国家行政审批机关根据具体情况进行裁定,使法定许可制度更加具有灵活性和变通性,同时充分尊重了著作权人的意愿。相比较现行著作权法所规定的诸种一般法定许可而言,特殊性法定许可制度增添了一个行政审批程序,这就要求特殊性法定许可需要经过严格的审批,并且只有具备资金实力和信用保障的极少量使用人才可以获得审批。也就是说,特殊性法定许可的适用条件和主体的资格条件十分的严格,这样一来既面向非营利性数字图书馆开放了法定许可制度,又可以对营利性的数字图书机构进行限制。与强制许可制度相比,这种特殊性法定许可规则不要求使用者必须履行与著作权人协商的步骤,不要求在著作权人无正当理由拒绝后才能向有关行政审批部门提出申请这一步骤,这样便大大缩短了使用人与著作权人——针对授权的问题进行探讨并获得回复的时间,在一定程度上提高了授权的效率。[2]

---

〔1〕 马海群:《面向数字图书馆的著作权制度创新》,知识产权出版社 2001 年版,第 118 ~ 119 页。

〔2〕 参见陶鑫良、袁真富:《网络时代著作权许可制度的创设》,载《中国知识产权报》2004 年 11 月 9 日。

(二)面向图书大规模数字化的法定许可的制度设计

由于法定许可会削弱著作权人对其作品的控制,剥夺著作权人拒绝许可的权利,因此在设置新的法定许可时,应进行具体的制度设计,对特殊性法定许可的适用条件等进行严格的限制。具体包括特殊性法定许可适用的主体范围、客体范围以及收取许可费用的办法。

1. 主体范围

根据上文所述,只允许少量具备资金实力和信用保障的使用人可以成为特殊性法定许可的适用主体,在信息网络环境中,设置特殊性法定许可的初衷在于解决数字图书馆海量资源的授权问题,因此该法定许可规则的适用主体应首先是数字图书机构。进而,由于法定许可制度规定使用者支付给著作权人的报酬会受到法定限价的限制,因此会对著作人的经济收益带来影响。所以该规定只能够用于国家建立的具有公益性的数字图书馆。

2. 面向公益性数字图书馆法定许可的客体范围

在信息网络环境中,作品的本质内容没有发生改变,改变的仅仅是作品的承载方式、传播方式和复制手段,传统的作品形式通过数字化处理都可以以数字化的形式上传至信息网络当中供欣赏和使用,作品本身的性质和类型没有发生改变。因此,该法定许可制度的客体范围应涵盖一般性法定许可的客体范围。

3. 许可费用收取办法

在著作权法相对成熟的国家,均从立法层面对法定许可的条件、适用方式和救济方式作出了具体设计。各国根据各自具体国情分别采取了事先通告、事后严格按照规定程序执行、设置专门机构进行救济以及完善集体管理组织等配套措施。对于法定许可制度而言,具体如何操作不是重点,重点在于如何保障著作人的获取报酬权问题。

对于在具体情况中设立一个公正的报酬很难有一个普遍的标准。

针对许可费用的确定问题，可以参照美国版权法的做法，将法定许可使用费留给当事人来协商确定，或者由行政主管部门根据具体情况进行裁决而国家仅对法定许可费用给出一个最低标准，或者一个可兼顾稳定性和灵活性的价格区间。这个许可费用标准是在对著作权市场情况进行充分调研，并对数字图书馆文献资源用户使用情况、用户点击量、下载数量，对著作权人可能造成的经济影响等多方面因素进行综合权衡的基础上所制定的。国家版权局应该通过网络或其他方式及时对许可费用标准进行公示。应该通过著作权管理部门来对相关费用进行制定。并且该组织将数字图书馆文献资源用户使用情况、用户点击量、下载数量、许可使用费收取情况和分配情况定期在网络上进行公布，定期向国家版权局汇报工作情况，并实时根据市场的变动情况对许可使用费收取办法作出调整和完善。

第五节　完善我国面向图书大规模数字化的著作权集体管理制度

对于新的数字网络环境而言，应对海量许可时效率较高的制度，就是著作权集体管理制度。此模式通过著作权人提供的相应授权，以自己的名义行使著作权人的相关权利，重点为代替著作权人订立协议，收取相应的许可费用，转付许可费等。我国存在一些著作权集体管理组织，但其制度有着显著的不足，难以应对数字网络环境下的各类问题。综合数字技术的特性和我国社会生活中的实际需求，对著作权集体管理制度进行完善，以期使其发挥推动我国图书的大规模数字化发展的作用。

一、我国著作权集体管理制度的现状检视

我国于 2005 年 3 月 1 日颁布了《著作权集体管理条例》并于 2013 年进行了修订，该条例针对著作权集体管理组织的性质、行使、待遇与

纠纷等方向进行详细规范。这一条例的具体建立，代表着集体管理正式纳入我国的著作权制度体系，但是，由于著作权集体管理组织在我国起步较晚，所以目前我国的集体管理组织的管理和运行机制还不甚成熟。

（一）我国著作权集体管理组织的发展现状

1. 中国音乐著作权协会

其可以缩写成“音著协”，是我国大陆地区唯一的音乐著作权集体管理组织，建立时间为1992年，具体的性质为保障音乐人士权益的组织，存在着非营利的特征。该机构设立的目标为对所有会员提供可靠的服务，更好地服务众多的著作权人与用户，助力音乐体系的健康成长。

经过多年的发展，中国音乐著作权协会已经具备了较为完善的组织机构，依据协会的详细职能设立了九大部门的分类，有法律、音乐、市场以及IT等多个领域的优秀人才，而且构建了较为高效的服务体系。1994年加入CISAC，在此架构下和50余个国家的组织订立代表协议。2007年加入了BIEM，2012年进入了IFRRO。[1]

2. 中国文字著作权协会

该机构的具体建立时间是2008年，受版权局所管理，其属于仅有的文字作品集体管理机构，基本的性质为保障合法权益的基本目标，参与配套的服务、保护以及管理等措施。中国文字著作权协会的主要业务范围为：开展配套的创作登记与收集等操作；集中管理机构中的基本著作权，保障和著作权存在关联的基本权利；针对文字创作的运用，订立详细的运用协议、发放证书等；根据特定的规则进行报酬的划分；参考《著作权集体管理条例》的内容，代为征收相应的权益费用；针

〔1〕 参见“中国音乐著作权协会基本会情”，载中国音乐著作权协会官网，http://www.mcsc.com.cn/mIL-5.html，最后访问日期：2020年1月19日。

对违法问题运用配套的维权措施，通过专业机构开展后续的处罚措施，进一步发起特殊的法律诉讼；和境外机构订立代表协议；推进详细的调查分析活动，认知著作权保护的详细处理方案，对专业机构提出关于保护的详细意见；提升权利人的保障水平，为社会提供配套的咨询以及法律支持；推进关于权利保护与管理的宣传与教育活动；推进其他符合宗旨的行为。协会的核心认为，针对集体管理开展后续的宣传措施；加强配套的登记与管理等基本措施；依据法律收取基本的费用，同时提供配套的许可证资料；固定频率提供配套的运用费；负担"法定许可"等基本的任务，从而对于特定的活动有着相应意见；通过基本的签约措施，有助于更好地管理相应的著作权。[1]

3. 中国音像著作权集体管理协会

该机构成立于2008年5月28日，是中国仅有的音像领域此类组织，依据法律对相应的音像节目的著作权等基本权利采取管理措施。协会包含详细的权利种类，重点涵盖节目的表演权、广播权等基本的权利，协会采取配套的会员制措施，受业务主管机关国家版权局的相应管理，以及民政部提供的指引与监管，目的为保障会员的基本权利，确保相应节目有符合要求的运用效果，进一步加速音像产业以及市场的成长。[2]

4. 中国摄影著作权协会

其建立的时间为2008年，作为政府确认的特殊社团法人机构，协会的重点任务为通过权利人的配套授权体系，针对特定创作基本的复制权、发行权以及展览权等进行有效的规制，进一步实现可靠的权利保障措施，针对管理协会依靠特定著作权的管理方案，从而加速后续

---

〔1〕 参见"中国文字著作权协会简介"，载中国文字著作权协会官网，http://www.prccopyright.org.cn/staticnews/2010-01-28/100128145635437/1.html，最后访问日期：2020年1月19日。

〔2〕 参见"中国音像著作权集体管理协会简介"，载中国音像著作权集体管理协会官网，https://www.cavca.org/introduction，最后访问日期：2020年1月19日。

的创作以及传播等措施，加速摄影体系的成长及发展。[1]

5. 中国电影著作权协会

其实际的创办时间为2010年，作为我国唯一合法参与电影制作、产出以及经营等活动的专业机构，其作为仅有的集体管理机构。核心的目标为按照《著作权法》等制度的规定，通过配套的授权规范进而保障权利的集中运用，同时基于自身的名义订立配套的运用协议，对于使用者进行配套的费用征收活动，对于权利人提供配套的使用费等，进一步关联特定的著作权以及基本权利的基本诉讼、仲裁等程序，借此来保障电影体系的成长以及繁荣。[2]

（二）我国《著作权集体管理条例》的适用现状

我国所颁行的《著作权集体管理条例》，针对组织体系的法律特性、权利主张、设立模式，以及对于详细待遇的确定和争议处理的方案等问题，进行了较为详尽的规范。在该制度正式确立之后，集体管理组织的运用、推进以及硬件等多个领域都有显著发展，但也存在一些不足，具体表现为：法律体系、运行体系有待优化，管理体系的普及水平相对较差等问题。因此，有必要基于法律体系的优化、运行模式的优化与人才构建等，开展较为高效的制度改良。

1. 著作权集体管理相关法律法规不完善

第一，基于集体管理体系的法律规范来分析，可发现即便条例颁行已有十余年，但是存在法律体系有待优化、条款阐述需要明确、收费标准缺乏基本的章程、监察体系有所缺位等多方面的弊病。第二，中国的管理体系基于非商业性的团体作为核心，尽管有较强的行政因素，但因为欠缺可靠的政策扶持与制度保障，在实际的运行与执行体

---

〔1〕 参见"中国摄影著作权协会简介"，载摄影公社，http://www.icsc1839.org/gybh.html，最后访问日期：2020年1月19日。

〔2〕 参见"中国电影著作权协会简介"，载中国电影著作权协会官网，http://www.cfca-c.org/jt_show.php? up=46&id=1，最后访问日期：2020年1月19日。

系中,有着强制性的短板。因此,需要依靠法律的方式提供特定的垄断权以及强制性成分,该方案在欧盟区域有着特定的案例,诸如:法国在 1995 年的时候,基于自愿许可的方式进行配套的处理措施,将其加入特定的集体管理体系内;[1] 欧盟在 1993 年的《卫星指令》之中提出,此类组织为只可以行使电缆转播权的组织。[2] 中国在该制度构建的最初时期,适量增加国家的干预力度,特别是针对法定许可使用费的征收问题,需要通过专业的集体管理机构负责推进。国家有更为强力的执行效果,而且国家的行动会面临法律原则的较强约束力。[3] 增加此类组织的强制性的详细方案,单纯运用特定集体管理组织的详细构建,来展现集体管理组织的影响力。此类组织发展到较大规模后,就需要对此类组织开展配套的行政化改革措施,也就是确保商业运营体系可以回归到市场体系进行规制。

2. 著作权集体管理组织运行模式存在缺陷

当前的集体管理组织,都采取了会员制的运营措施,这种规定有益于更好地推进后续的管理,进一步强化机构所具备的重要凝聚力,但是采取会员制的反面意味着非会员著作权人难以获得可靠的管理支持。中国的管理组织在关注规范性构建、保障权利的基础上,也需要考虑非会员的各类问题。除此之外,中国当前的组织多数基于作品类型开展基本的划分工作,[4] 此类特殊的划分以及构建方式,无法满足多元化客体的基本需要。诸如交互式的制作会依靠配套的文字、音乐以及美术等载体,这关系到组织获得特定作品授权的基本问题。因为我国目前欠缺标准化的管理体系,使用者非但需要应对较为复杂的

---

〔1〕 参见张若群:《网络作品集体管理制度初探》,载《知识产权》2000 年第 2 期。

〔2〕 参见王艺:《网络传播与著作权集体管理》,载《知识产权》2000 年第 2 期。

〔3〕 [法]狄骥:《法律与国家》,冷静译,中国法制出版社 2010 年版,第 5 ~ 6 页。

〔4〕 根据作品类型划分,我国已经建立了五个著作权集体管理组织:中国音乐著作权协会、中国文字著作权协会、中国音像著作权集体管理协会、中国摄影著作权协会和中国电影著作权协会,分别管理音乐作品、文字作品、摄影作品和电影作品等。

权利获取流程,同时还需要对集体组织的许可开支、标准等开展分析。基于信息网络技术的发展,有必要大幅优化整体的管理方式,从而将集体管理可以有效拓展到非会员的层级,强化各类组织间的协调机制,构建更为可靠与详细的著作权许可标准,进而有效解决关于著作权的各类新问题。

3. 著作权集体管理制度欠缺普及度和认可度

我国的著作权集体管理组织大部分归属于非商业性的范畴,不需要考虑组织营利性的各类问题。在遭遇侵害的情况下,因为营利性等方面的欠缺因素、竞争思想的缺位与保护方式的懈怠,这使集体管理未能实现理想的维权效果,加之法律思想较为淡漠的特征,乃至于较少依赖集体管理的方案而实现管理的效果,这也导致此类组织的尴尬境地。当前此类组织中,中国音乐作品协会发展刚刚步入正轨,但代表诉求成为集体管理群体的数量仅由少数构成,最终的普及以及认可度有显著的"短板",后续有必要基于数量、质量等层面强化组织体系的构建进程,增加配套的宣传力度,尽可能提升整体的认可度以及保护思想。

在快速发展的新环境下,集体管理演变为应对网络版权困境的关键因素。尽管当前的管理体系难以实现理想的效果,但是其产生的巨大作用需要充分关注。针对数字网络环境下的各类挑战问题,实际采取的管理模式、授权方式等都需要开展配套的调控,未来需要加入新思想来推进改革,进而助力后续的技术改革。

二、引入延伸性著作权集体管理制度的具体方案

前文已述,域外法律制度的移植,不得为制度的简单复制,需要在分析法律思想的基础上进行本土文化再造。[1] 为确保该制度可以实现理想的效果,不仅可以解决公众的文化需求,同时也可以保障基本

---

〔1〕 吴汉东:《知识产权法律构造与移植的文化解释》,载《中国法学》2007 年第 6 期。

的合法与经济利益，进一步助于后续的利益平衡，我国采用此类特殊的集体管理制度，需要开展本土化的深入分析，完善著作权领域的基本制度，随后再度开展详细的制度构建。

（一）我国引入延伸性著作权管理制度的争议厘清

伴随新环境下数字作品的快速发展，此类管理体系的基本思想在理论领域有着较高的关注度，同时业界也存在大量的支持以及反对的意见。相关研究者指出，实际存在的延伸性著作权管理制度，在未获得著作权许可的情况下就发放证书，构成了对私权的颠覆，也构成了对私法体系以及信托原理的违背。[1] 然而值得注意的是，著作权法的核心目标为提升社会范围内的知识规模，进一步提升整体的社会发展水平，具体的价值实现需要彰显整体价值的提升幅度。该制度存留基本的报酬权以及退出权等基础的权益，坚持私法自治体系的基石，综合网络传播的基础特征与需求，进而设计了新的管理体系。也有观点指出，该制度有着较强的合理性，可以便捷后续的作品开发，也有益于著作人实现可靠的保障。[2] 传统许可与集体管理制度，难以解决网络环境之下的成本耗费，配套许可措施也有着较高的难度。延伸性著作权集体管理措施可以大幅提升许可的整体效率，减少整体的交易开支，也有助于提供作品许可证支持。而且该制度可以为权利保护与效益增长提供可靠的支持。

前文的分析中明确指出，我国的著作权集体管理制度存在模式有待优化、认可度有待增加等多方面的特点，所以受保护仅仅局限在较少数的会员著作权人群体。在当前的具体实施进程之中，不仅需要有较高的许可费，还涵盖相对偏高的间接成本，诸如实施小组的详细薪酬待遇等。同时在作品中存在特殊的多重权利人的情况下，获得授权

---

〔1〕 参见蒙柳：《数字图书馆的版权许可问题及对策》，载《当代经济》2010 年第 17 期。

〔2〕 参见胡开忠：《构建我国著作权延伸性集体管理制度的思考》，载《法商研究》2013 年第 6 期。

的难度有着相对较高的特征。因此难以探寻相应的权利人，同时也有着囿于潜在侵权的影响，数量较多的孤儿作品未能实现理想的开发效果，导致现有的优秀作品遭遇尘封，显著限制了后续的创造性提升以及发展。延伸性著作权集体管理制度有助于公众获取数量较多的作品，也可以享有同样的待遇以及保护，非但能够提升权益保护的效果，同时也能够大幅限制所存在的侵权问题。除此之外，依靠设定“选择退出”的具体规则，提供自决权支持，在著作权人确认不期望依靠集体管理的方式管理相应作品，进而行使权利的过程中，能够通过申请的方式正式退出。

（二）引入延伸性著作权集体管理制度的前提

域外制度的本土化移植，非但需要考察特定制度在域外运用的成败困境，还需要考察我国有没有设立此类制度的法制土壤，并且需要考虑配套的硬件以及文化环境。若是不考虑社会建设的基础以及配套制度的具体状况仓促引入，非但难以实现理想的制度价值，还有可能导致显著的负面影响。相对于立法规制的基本风险因素，加入新的制度也存在显著风险。《著作权集体管理条例》使此类组织的成长更为迅速，但是我国对著作权集体管理组织在较长时间里有着缺乏认可、代表性不足等问题。核心原因是：其一，欠缺市场动力，为增强整体的市场支配力依靠立法的方式完成建立；其二，为有效应对著作权的困境，推进集中许可体系的建立措施，我国的著作权集体管理制度的构建存在冗长的博弈，依靠政府干预发展为标准的许可体系。[1]此类方案高效应对交易体系发展的最初阶段，因为交易媒介的短板造成媒介缺失等困境，但是在实际的交易模式以及产业形式趋于复杂化的环境下，并不是权利人实际控制的组织，欠缺代表性进而构成了特殊的行政垄断，这也造成了相关主体产生诸多意见的问题。

---

〔1〕 参见熊琦：《著作权延伸性集体管理制度何为》，载《知识产权》2015 年第 5 期。

延伸性著作权集体管理制度在应对海量许可现象上尽管有显著优势,但是在构建的过程中,应当优化相应的集体管理制度。著作权集体管理制度构建的目的为坚持私法自治的基础准则,进一步实现可靠的补充效果,相关主体间的意思表示并不是被取消,而在其他程序有一定的彰显。

(三)面向图书大规模数字化的延伸性著作权集体管理制度的内容

1. 指定实施延伸性集体管理制度的主体

延伸性集体管理制度的实施主体,需要可以有效代表特定权利主体的基本利益。[1] 由此可见,能够执行延伸性集体管理的著作权集体管理组织,需要有较为完善的制度规范。其构建的具体模式不得仅局限在会员著作权人的范畴,同时也关系到非会员的范畴,可以有效反映多方主体的利益,进一步反映其中的具体意志,其中需要有着专业以及高效等特征,有着可靠的专业素养。因此,通过相关的政府机构拟定相应的管理体系,从而执行预期的集体管理。

2. 规定著作权人的"选择退出"机制

对不希望进入著作权集体管理组织的著作权人要有相应的保护措施。需要保障著作权人的自决权、报酬权与退出权等基本权利。为确保前述权利的有效行使,有必要增加著作权集体管理制度的整体的宣传力度,依靠多种渠道的宣传机制,进而推动后续的发展,同时需要保障著作权人的行使退出权时的便捷性,简化程序,减少障碍。

3. 确立公平合理的许可使用费标准和缴纳分配办法

针对实际的非会员著作权人,确认符合要求的许可收费方案以及分配体系,可以有效确保各方的经济收益的公平合理。所以在建立制度的进程中,有必要计算著作权人的基本利益等因素,提供均等的待

---

〔1〕 参见梁志文:《著作权延伸性集体许可制度的移植与创制》,载《法学》2012 年第 8 期。

遇支持。针对许可问题,作为图书数字化进程中的关键因素,例如,在2012年的“革命文献与民国时期文献保护计划”[1]的进程中,难以避免的会关系到各类作品的使用问题。而且我国的《著作权法(送审稿)》第51条,针对此类作品的条款进行了专门规定。[2] 对于具体实践活动而言,现有登记体系的“短板”与信息的不足,对于后续的使用形成了较大的困扰;而且查找权利人的成功率极低,都采用付费的方案会导致数字化的成本大幅提升。有必要参考就近查找、审批、支付模式等信息开展有效的变通。使用者能够依靠以下途径展开“勤勉查找”:检索当前的重要登记系统、查找联系人等信息,进行的查找操作需要有着基本的存档处理。在开展审批的过程中,对资料可适用备案制的处理方案,对于详细的查询信息等开展阐述,进一步实现作品的有效运用。在使用费的给付方面,用户需要存留可靠的联系信息,若是著作权人正式出现,需要对使用行为实现有效的辨别。若是行为确定归属于合理使用的范畴,并不需要提供相应费用;若是确认归属于不合理的范畴,需要参考法律规范给付对应的款项。除此之外,还需要构建孤儿作品登记的规范,针对具体的查找与使用等行为开展有效的公示。

4. 构建延伸性著作权集体管理的争端解决机制

延伸性著作权集体管理制度需要通过仲裁、调停等基本措施来确保有效的推进。因为集体管理组织有着显著的优势,若是欠缺可靠的争端解决体系,在产生特定的收费标准与分配程序异议的情况下,著作权人很难获得所需求的救济措施。即便集体管理组织通过政府进行确认,详细的收费标准通过政府进行基本的审核工作,也无法确保

---

[1] “革命文献与民国时期文献保护计划简介”,载革命文献与民国时期文献保护网,http://mgwxbh.nlc.cn/bhjh/mgwxbhjh/,最后访问日期:2020年1月19日。

[2] 《〈著作权法〉第三次修订草案(送审稿)》第51条规定:“著作权保护期未届满的已发表作品,使用者尽力查找其权利人无果,符合下列条件之一的,可以在向国务院著作权行政管理部门指定的机构申请并提存使用费后以数字化形式使用:(一)著作权人身份不明的;(二)著作权人身份确定但无法联系的。前款具体实施办法,由国务院著作权行政管理部门另行规定。”

这一标准的合理状态。针对此类问题,有必要设定相应的争端解决机制,进而提供可靠的救济支持,进一步保障该制度的有效实施。

当前的集体管理制度有着明显的缺陷,难以高效应对信息网络技术带来的问题。为有效应对许可的各项问题,有必要综合数字化构建的具体需要与数字技术的基本特征,引入面向图书数字化的延伸性著作权集体管理制度。先前需要优化集体管理的配套体系,关注私权保护以及私法自治的基础准则,提升著作权集体管理组织的数目与种类,构建更为合理的许可费分配体系。进一步建立面向图书数字化的延伸性著作权集体管理制度,从而推动我国图书大规模数字化的建设与发展。

小　　结

本章在我国现行著作权法的基础上,探寻面向图书大规模数字化的著作权法的完善方案。就目前而言,我国尚未直接对图书数字化进行规定,但是相关的法律法规也为数字化利用图书提供了一定的法制环境。随着网络服务提供者和数字化图书机构的不断探索,形成了许多数字化利用作品的产业模式,有的模式在现有著作权法体系下通过法律允许的方式获得著作权许可,有的模式创造性地运用民法或者合同法规则开创新的授权许可机制,以此解决图书数字化的法律定性和著作权获权等问题。但是从根本上来看,这些图书数字化的运营模式更多的是一种策略选择,而非法律规范。通过采取优化授权模式解决权利获取问题也是出于对法律缺失这一现实所迫的无奈选择,从实践中来看,还需在法律制度革新中寻求解决问题的根本路径。

本章立足于我国图书大规模数字化发展的实际情况和客观条件,分析了我国现有的图书数字化的立法现状和司法实践。从目前情况来看,在没有法律支持的情况下,我国图书大规模数字化的发展困难重重。因此,为建设我国的文化服务体系,构建信息资源文化共享工程，丰富数字图书的信息资源，应着力推动图书大规模数字化的发展，在图书大规模数字化背景下完善著作权法。首先，确立我国著作权法对图书数字化的保护原则：利益平衡、提高效率和保护作品完整。其次，对我国面向图书大规模数字化的相关著作权制度进行修改：重构合理使用的规则主义和要素主义相结合的立法模式；引入转换性使用理论和合理使用"四要素"判定标准；设立面向公益性数字图书馆的法定许可；引入延伸性著作权集体管理制度，指定实施延伸性集体管理制度的主体，详细规定著作权人的"选择退出"机制，确立公平合理的许可使用费标准、收取和分配方法；构建争端解决机制。

结　语

进入数字网络时代后,音乐、电影的利用方式都经历了数字化变革,图书可以说是最晚也是最难被全面数字化利用的作品,一方面由于图书数量庞大,任何机构都难以承受全面数字化历史留下来的海量图书的任务;另一方面是因为数字化利用图书的行为受到著作权法的制约。为了使著作权法在数字时代仍然能够发挥促进文化和科技事业发展的作用,在坚持利益平衡、提高效率和保护作品完整性的原则下,革新著作权相关制度,构建适应数字化图书利用方式的具体规则成为解决图书大规模数字化著作权法律问题的最佳路径。

在数字网络环境中,图书大规模数字化适用著作权限制遭遇了困境,由于著作权人权利的扩张,合理使用判定标准的落后,法定许可制度适用空间狭窄,导致了图书数字化的著作权纠纷频发。研究比较合理使用制度立法模式和合理使用判定标准可以得出,合理使用规则主义立法模式在应对数字化利用作品的著作权纠纷时缺乏灵活性,合理使用要素主义立法模式中的四要素判定标准和转换性使用理论为解决图书大规模数字化引起的著作权问题提供了新的出路。在合理使用立法模式的选择上,应采取规则主义与要素主义相结合的模式,从而将著作权合理使用的解释空间与明确规则进行结合。要素主义和规则主义是补充关系,要素是规则的补充。在合理使用判定标准方面,需要引入合理使用四要素判定标准和转换性使用理论。首先,在列举式规则的基础上增加合理使用的一般性判定规则;其次,明确转换性使用的目的是增加作品新的表达形式，实现作品新的功能和价值，判定使用者使用作品的行为是否构成转换性使用时，应着重分析使用行为是否对作品具有替代性，是否赋予了作品新的价值和新的功能；最后，明确著作权法是关系到作者、传播者和使用者权利的法律，改善使用者的弱势地位，在保护作者著作权的同时，不能忽视对使用者表达自由权利和文化权利的维护。此外，应逐渐将转换性使用规则转化为体系化的标准，将判例规则发展成为法律制度规则。通过分析面向图书数字化的法定许可制度可以得出，在公益性图书馆的数字图书资源建设方面，法定许可制度可以为图书大规模数字化提供法律依据。针对信息网络传播技术的特征建立专门针对公益性图书馆数字化利用图书的法定许可，符合著作权法的利益平衡原则，可以有效解决公益性图书馆数字图书资源建设的获权问题。

数字网络环境中的海量作品的许可成本高昂问题是制约图书大规模数字化发展的关键因素，传统的著作权许可模式的效率低且成本高，著作权占有规则与传播规则发展不平衡，这种现状不利于图书大规模数字化的发展。建立在私法自治范畴的多样性的著作权许可模式是市场行为，法律可以进行规范引导并保留足够空间。由于孤儿作品的著作权人不明或者无法查找，查找著作权人成了数字化利用孤儿作品的前置程序，这会造成孤儿作品利用的低效。诞生于北欧国家的延伸性集体管理制度不仅可以起到传统集体管理组织以自己的名义行使著作权人相关权利从而提高作品利用效率的作用，还可以有效地行使孤儿作品的著作权查找行为和利用行为。与传统利用方式相比，图书数字化对作品完整性造成了一些挑战，在图书大规模数字化的实施过程中，容易出现与前数字时代不同的侵害作品完整权的情况，需要明确作品完整性的标准，增加有损作者声誉的条件，完善作品管理信息规则。

从目前情况来看，在没有法律依据的情况下，我国图书大规模数字化进程困难重重。因此，为建设我国的文化服务体系，构建信息资源文化共享工程，应大力发展和丰富数字图书的信息资源。首先，确立我国著作权法对图书数字化的保护原则：利益平衡、提高效率和保护作品完整。其次，完善我国面向图书大规模数字化的相关著作权制度：重构合理使用的规则主义和要素主义相结合的立法模式；引入转换性使用理论和合理使用“四要素”判定标准；设立面向公益性数字图书馆的法定许可；引入延伸性著作权集体管理制度，指定实施延伸性集体管理制度的主体，详细规定著作权人的“选择退出”机制，确立公平合理的许可使用费标准、收取和分配方法；构建争端解决机制。

图书大规模数字化除了存在著作权法律问题，还存在其他法律问题，例如，图书数字化后形成的数据库的信息安全法律问题，数据挖掘行为规制问题，数字化利用图书留下的使用者信息的隐私保护问题以及大规模数字化可能产生的数据垄断问题等。由于本书的研究方向是著作权法，所以未能涉及上述问题，期待对上述领域感兴趣的研究人员投身其中进行钻研。

参考文献

一、著作类

[1]吴汉东:《著作权合理使用制度研究》(第4版),中国人民大学出版社2020年版。

[2]刘劭君:《权利限制与数字技术——著作权合理使用制度的变革》,知识产权出版社2019年版。

[3]汪丹:《数字图书馆技术服务与产品》,科技文献出版社2019年版。

[4]于雯雯:《网络著作权侵权责任研究》,知识产权出版社2019年版。

[5]李杨:《著作权法基本原理》,知识产权出版社2019年版。

[6]付继存:《著作权法的价值构造研究》,知识产权出版社2019年版。

[7]吴汉东主编:《中国知识产权理论体系研究》,商务印书馆2018年版。

[8]王迁:《版权法对技术措施的保护与规制研究》,中国人民大学出版社2018年版。

[9]姚鹤徽:《数字网络时代著作权保护模式研究》,中国人民大学出版社2018年版。

[10]赵力:《数字公共图书馆著作权限制研究》,知识产权出版社2018年版。

[11]《法国知识产权法典》,黄晖、朱志刚译,商务印书馆2017年版。

[12]姜福晓:《数字网络技术背景下著作权法的困境与出路》,知识产权出版社2017年版。

[13]史辉:《网络著作权制度研究:权利保护、限制与交易》,金城出版社2017年版。

[14]程啸、卢辉:《数据挖掘与数据化运营实战——思路、方法、技巧与应用》,机

械工业出版社 2017 年版。
[15]石必胜:《数字网络知识产权司法保护》,知识产权出版社 2016 年版。
[16]朱硕峰:《世界各国图书馆数字资源发展政策精要》,国家图书馆出版社 2016 年版。
[17]孟兆平:《网络环境中著作权保护体系的重构》,北京大学出版社 2016 年版。
[18][英]埃斯特尔·德克雷:《欧盟版权法之未来》,徐红菊译,知识产权出版社 2016 年版。
[19]熊琦:《数字音乐之道:网络时代音乐著作权许可模式研究》,北京大学出版社 2015 年版。
[20]吴汉东:《知识产权多维度学理解读》,中国人民大学出版社 2015 年版。
[21]王迁:《著作权法》,中国人民大学出版社 2015 年版。
[22]徐国栋:《民法哲学》,中国法制出版社 2015 年版。
[23]李华伟:《数字时代图书馆版权问题分解》,哈尔滨工业大学出版社 2015 年版。
[24]孔祥俊:《网络著作权保护法律理念与裁判方法》,中国法制出版社 2015 年版。
[25]冯友兰:《中国哲学简史》,赵复三译,中华书局 2015 年版。
[26][古罗马]西塞罗:《论义务》,张竹明、龙莉译,译林出版社 2015 年版。
[27][美]雷切尔·博茨曼、路·罗杰斯:《共享经济时代:互联网细微下的协同消费商业模式》,唐朝文译,上海交通大学出版社 2015 年版。
[28][美]莱曼·雷·帕特森、斯坦利·W. 林德伯格:《版权的本质:保护使用者权利的法律》,郑重译,法律出版社 2015 年版。
[29][英]罗伯特·D. 帕特南:《使民主运转起来——现代意大利的公民传统》,王列、赖海榕译,中国人民大学出版社 2015 年版。
[30]李明德:《美国知识产权法》(第 2 版),法律出版社 2014 年版。
[31]刘洁:《我国著作权集体管理制度研究》,中国政法大学出版社 2014 年版。
[32]李雨峰:《中国著作权法:原理与材料》,华中科技大学出版社 2014 年版。
[33]崔国斌:《著作权法:原理与案例》,北京大学出版社 2014 年版。
[34]张乃根:《法经济学:经济学视野里的法律现象》,上海人民出版社 2014 年版。
[35][英]约翰·密尔:《论自由》,许宝骙译,商务印书馆 2014 年版。

[36][英]约翰·弥尔顿:《论出版自由》,吴之椿译,商务印书馆2013年版。
[37]范长军:《德国著作权法》,知识产权出版社2013年版。
[38]吴汉东:《知识产权制度变革与发展研究》,经济科学出版社2013年版。
[39]吴汉东:《知识产权总论》,中国人民大学出版社2013年版。
[40]吴汉东:《无形财产权基本问题研究》,中国人民大学出版社2013年版。
[41]李琛:《著作权基本理论批判》,知识产权出版社2013年版。
[42]王迁:《国外版权案例翻译》,法律出版社2013年版。
[43]杨红军:《版权许可制度论》,知识产权出版社2013年版。
[44]黄丽萍:《知识产权强制许可制度研究》,知识产权出版社2012年版。
[45]黄国彬:《著作权例外与图书馆可适用的著作权例外》,知识产权出版社2012年版。
[46]任宁宁:《数字图书馆版权利益平衡机制研究》,经济管理出版社2012年版。
[47][古希腊]柏拉图:《理想国》,黄颖译,中国华侨出版社2012年版。
[48][法]孟德斯鸠:《论法的精神》,许明龙译,商务印书馆2012年版。
[49]十二国著作权法翻译组:《十二国著作权法》,清华大学出版社2011年版。
[50]张文显:《法的概念》,法律出版社2011年版。
[51]王迁:《网络环境中的著作权保护研究》,法律出版社2011年版。
[52]熊琦:《著作权激励机制的法律构造》,中国人民大学出版社2011年版。
[53]许辉猛:《著作权基本原理》,知识产权出版社2011年版。
[54]马海群:《面向数字图书馆的著作权制度创新》,知识产权出版社2011年版。
[55]费安玲:《著作权权利体系之研究——以原始性利益人为主线的理论探讨》,华中科技大学出版社2011年版。
[56]何贵忠:《版权与表达自由:法律、制度与司法》,人民出版社2011年版。
[57]朱理:《著作权的边界——信息社会著作权的限制与例外研究》,北京大学出版社2011年版。
[58]宋慧献:《版权保护与表达自由》,知识产权出版社2011年版。
[59]杨东锴、朱延政:《著作权集体管理》,北京师范大学出版社2010年版。
[60]李明德:《欧盟知识产权法》,法律出版社2010年版。
[61][法]狄骥:《法律与国家》,冷静译,中国法制出版社2010年版。
[62][美]戴斯·S.兰德斯:《国富国穷》,门洪华、安增才、董素华、孙春霞译,新华出版社2010年版。

[63][美]塞缪尔·亨廷顿、劳伦斯·哈里森:《文化的重要作用》,程克雄译,新华出版社 2010 年版。
[64]郑成思:《版权法》,中国人民大学出版社 2009 年版。
[65][美]约翰·罗尔斯:《正义论》,何怀宏、何包钢、廖申白译,中国社会科学出版社 2009 年版。
[66]黄锫:《法律经济学:方法论、理论脉络及应用》,浙江大学出版社 2008 年版。
[67]曾琳:《著作权法第三次修正下的"限制与例外"制度应用研究》,中国政法大学出版社 2008 年版。
[68]王迁、王凌红:《知识产权间接侵权研究》,中国人民大学出版社 2008 年版。
[69]王迁:《网络版权法》,中国人民大学出版社 2008 年版。
[70][古罗马]马可·奥勒留:《沉思录》,何怀宏译,中央编译出版社 2008 年版。
[71][美]保罗·戈斯汀:《著作权之道:从古登堡到数字点播机》,金海军译,北京大学出版社 2008 年版。
[72][美]劳伦斯·莱斯格:《谁绑架了文化创意——打造知识共享的自由文化》,刘静怡译,早安财经文化有限公司 2008 年版。
[73]梁志文:《数字著作权论》,知识产权出版社 2007 年版。
[74]从立先:《网络版权问题研究》,武汉大学出版社 2007 年版。
[75]冯晓青:《知识产权法利益平衡理论》,中国政法大学出版社 2006 年版。
[76]黄茂荣:《法学方法与现代民法》,法律出版社 2006 年版。
[77]郑成思:《知识产权——应用法学与基本理论》,人民出版社 2005 年版。
[78][美]威廉·M. 兰德斯、理查德·A. 波斯纳:《知识产权法的经济结构》,金海军译,北京大学出版社 2005 年版。
[79][澳]彼得·达沃豪斯、约翰·布雷思韦特:《信息封建主义》,刘雪涛译,知识产权出版社 2005 年版。
[80][德]雷炳德:《著作权法》,张恩民译,法律出版社 2005 年版。
[81][美]劳伦斯·莱斯格:《代码》,李旭译,中信出版社 2004 年版。
[82][美]曼昆:《经济学原理》,梁小民译,机械工业出版社 2003 年版。
[83]李明德、许超:《著作权法》,法律出版社 2003 年版。
[84][美]本杰明·N. 卡多佐:《法律的成长——法律科学的悖论》,董炯、彭冰译,中国法制出版社 2001 年版。
[85]薛红:《网络时代的知识产权法》,法律出版社 2000 年版。

[86][古希腊]亚里士多德:《政治学》,颜一、秦典华译,中国人民大学出版社1999年版。

[87][美]E.博登海默:《法理学——法律哲学与法律方法》,邓正来译,中国政法大学出版社1998年版。

[88][美]罗伯特·考特、托马斯·尤伦:《法和经济学》,史晋川、董雪兵译,三联书店上海分店1994年版。

[89][英]约翰·洛克:《政府论》(下篇),叶启芳、瞿菊农译,商务印书馆1993年版。

[90][澳]黄有光:《福利经济学》,周建明等译,中国友谊出版公司1991年版。

[91][美]约翰·罗尔斯:《正义论》,何怀宏、何包钢、廖申白译,中国社会科学出版社1988年版。

[92]董仲舒:《春秋繁露》,中华书局1975年版。

[93][德]黑格尔:《法哲学原理》,范扬、张企泰译,商务印书馆1961年版。

[94]Maurizio Borghi, Stavroula Karapapa, *Copyright and Mass Digitization*, Oxford University Press, 2013.

[95]S. Ricketson, J Ginsburg, *International Copyright and Neighbouring Rights: The Berne Convention and Beyond*, Oxford University Press, 2006.

[96]Yochai Benkler, *The Wealth of Networks: How Social Production Transforms Markets and Freedom*, Yale University Press, 2006.

[97]Huw Beverley – Smith, Ansgar Ohly, Agnes Lucas – Schloetter, Privacy, *Property and Personality*, *Civil Law Perspectives on Commercial Appropriation*, Cambridge University Press, 2005.

[98]P. Goldstein, Copyright's Highway, *From Gutenberg to the Celestial Jukebox*, Stanford University Press, 2003.

[99]Leon E. Seltzer, *Exemptions and Fair Use in Copyright: The Exclusive Rights Tensions in the* 1976 *Copyright Act*, Harvard University Press, 1978.

二、期刊论文类

[1]陈晓屏:《绝版书数字化利用的著作权对策——以法国"20世纪绝版书数字化法案"为视角》,载《出版发行研究》2019年第12期。

[2]管育鹰:《保护作品完整权之歪曲篡改的理解与判定》,载《知识产权》2019年第10期。

[3]汪东丽:《促进数字化转型:美国图书馆著作权例外改革示范条款评析》,载《图书馆论坛》2019年第11期。
[4]陈智慧:《档案数字化中的著作权合理使用制度初探》,载《档案学通讯》2019年第5期。
[5]潘陈雨:《数字化借阅模式及版权法冲突问题》,载《科技与法律》2018年第2期。
[6]江晓原、穆蕴秋:《科学出版乌托邦:从开放存取到掠夺性期刊》,载《读书》2018年第10期。
[7]华劼:《绝版作品数字化版权问题研究——以欧盟和法国的版权制度调整为视角》,载《电子知识产权》2018年第9期。
[8]陈兵、唐伶俐:《欧盟图书馆馆藏作品数字化版权问题研究》,载《图书馆学研究》2017年第17期。
[9]孟磊:《我国移植著作权延伸性集体管理制度之批判》,载《科技与出版》2017年第9期。
[10]吉宇宽:《图书馆数字化馆藏作品的著作权法规则调整与设计》,载《图书馆理论与实践》2017年第8期。
[11]何荣华:《数字图书馆合理使用问题再思考》,载《图书馆》2017年第7期。
[12]张建文、张哲:《个人信息保护法域外效力研究——以欧盟〈一般数据保护条例〉为视角》,载《重庆邮电大学学报(社会科学版)》2017年第3期。
[13]华劼:《数字网络环境下版权权利穷竭原则延伸性研究》,载《江海学刊》2017年第1期。
[14]陈铭:《谷歌图书与HathiTrust的比较与启示》,载《图书馆杂志》2016年第12期。
[15]姚鹤徽:《从美国谷歌图书馆案看网络时代版权合理使用制度的完善》,载《图书馆》2016年第11期。
[16]吕阳:《数字图书馆的版权博弈》,载《图书馆工作研究》2016年第7期。
[17]刘明江:《图书馆馆藏作品数字化版权问题探析》,载《电子知识产权》2016年第1期。
[18]苏新宁:《大数据时代数字图书馆面临的机遇和挑战》,载《中国图书馆学报》2015年第11期。
[19]蒋珂:《论合理使用中的"行为"》,载《法学评论》2015年第6期。

[20]熊琦:《著作权延伸性集体管理制度何为》,载《知识产权》2015 年第 5 期。
[21]王国柱:《著作权"选择退出"默示许可的制度解析与立法构造》,载《当代法学》2015 年第 3 期。
[22]管育鹰:《我国著作权法定许可制度的反思与重构》,载《华东政法大学学报》2015 年第 2 期。
[23]姚鹤徽:《谷歌数字图书馆著作权合理使用问题研究》,载《图书馆工作与研究》2015 年第 1 期。
[24]刘文琦:《著作权法框架下大规模数字化复制的合理使用认定——由美国 HathiTrust 案引发的思考》,载《电子知识产权》2014 年第 12 期。
[25]许辉猛:《数字图书馆建设背景下孤儿作品查找机制研究》,载《图书馆论坛》2014 年第 12 期。
[26]熊琦:《Web2.0 时代的著作权法:问题、争议与应对》,载《政法论坛》2014 年第 7 期。
[27]许辉猛:《谷歌图书扫描项目合法化判决的产业化意义与数字图书产业的未来》,载《科技与出版》2014 年第 6 期。
[28]童万菊:《谷歌数字图书馆"选择退出"(opt - out)机制的分析及思考》,载《图书馆杂志》2014 年第 6 期。
[29]石必胜:《合理使用认定的有罪推定——评国内首例谷歌数字图书著作权纠纷案》,载《中国版权》2014 年第 3 期。
[30]熊琦:《大规模数字化与著作权集体管理制度创新》,载《法商研究》2014 年第 2 期。
[31]胡开忠:《构建我国著作权延伸性集体管理制度的思考》,载《法商研究》2013 年第 6 期。
[32]管育鹰:《欧美孤儿作品问题解决方案的反思与比较——兼论我国〈著作权法〉相关条款的修改》,载《河北法学》2013 年第 6 期。
[33]王迁:《"孤儿作品"制度设计简论》,载《中国版权》2013 年第 1 期。
[34]梁志文:《著作权延伸性集体许可制度的移植与创制》,载《法学》2012 年第 8 期。
[35]吴汉东:《〈著作权法〉第三次修改的背景、体例和重点》,载《法商研究》2012 年第 4 期。
[36]黄玉烨:《著作权合理使用具体情形立法完善之探讨》,载《法商研究》2012

年第 4 期。
[37]唐艳:《数字化作品与首次销售原则》,载《知识产权》2012 年第 1 期。
[38]张惠:《学术期刊数字化面临的著作权侵权风险及其规避》,载《出版发行研究》2011 年第 12 期。
[39]肖东梅:《谷歌数字图书馆计划之版权壁垒透析》,载《图书馆论坛》2011 年第 6 期。
[40]金泳锋、彭婧:《孤儿作品保护大陆与香港之比较研究》,载《电子知识产权》2011 年第 3 期。
[41]熊琦:《论著作权合理使用制度的适用范围》,载《法学家》2011 年第 1 期。
[42]阮开欣:《美国版权法新发展:谷歌数字图书馆构成合理使用》,载《中国版权》2011 年第 1 期。
[43]蒙柳:《数字图书馆的版权许可问题及对策》,载《当代经济》2010 年第 17 期。
[44]韦景竹:《创作共用信息共享机制的特征分析及其评价》,载《情报理论与实践》2010 年第 7 期。
[45]王秀丽:《授权要约:数字版权贸易的新模式》,载《出版发行研究》2008 年第 9 期。
[46]于媛:《关于开放获取自然科学与人文科学资源的柏林宣言》,载《图书情报工作动态》2008 年第 4 期。
[47]吴汉东:《知识产权法律构造与移植的文化解释》,载《中国法学》2007 年第 6 期。
[48]张平:《网络环境下著作权许可模式的变革》,载《华东政法大学学报》2007 年第 4 期。
[49]曹新明:《关于权利弱化与利益分享理论之研究——一种新的知识产权理论范式》,载《中南财经政法大学研究生报》2007 年第 1 期。
[50]常唯:《2010:数字图书馆》,载《图书情报工作动态》2006 年第 4 期。
[51]张平、张韬略:《数字环境下版权授权方式研究》,载《网络法律评论》2005 年第 7 期。
[52]张今:《数字环境下私人复制的限制与反限制——音乐文件复制为中心》,载《法商研究》2005 年第 6 期。
[53]黄玉烨:《知识产权与其他人权的冲突及其协调》,载《法商研究》2005 年第 5 期。

[54]李永明、曹兴龙:《中美著作权法定许可制度比较研究》,载《浙江大学学报(人文社会科学版)》2005 年第 4 期。

[55]沧海:《欧洲六国首脑联合倡议建设欧洲数字图书馆》,载《新世纪图书馆》2005 年第 3 期。

[56]吴晓萍、周显志:《创作共用:一种新的鼓励自由创作的版权许可制度》,载《知识产权》2005 年第 3 期。

[57]张平、张韬略:《数字环境下版权授权方式研究》,载《网络法律评论》2005 年第 1 期。

[58]陶鑫良、袁真富:《网络时代著作权许可制度的创设》,载《中国知识产权报》2004 年第 11 期。

[59]马琳:《德国著作权法中的私人复制与反复制问题》,载《法商研究》2004 年第 4 期。

[60]张力:《合理使用、法定许可抑或其他——论数字图书馆使用作品的行为模式选择》,载《图书馆情报知识》2004 年第 4 期。

[61]王迁:《"索尼案"二十年祭——回顾、反思与启示》,载《科技与法律》2004 年第 4 期。

[62]李顺德:《馆藏文献数字化与复制权保护问题》,载《国家图书馆学刊》2004 年第 4 期。

[63]李扬:《数据库特殊权利保护制度的缺陷及立法完善》,载《法商研究》2003 年第 4 期。

[64]冯晓青:《知识产权的人格理论研究》,载《河南省政法管理干部学院学报》2003 年第 4 期。

[65]李雨峰:《精神权利研究——以署名权和保护作品完整权为主轴》,载《现代法学》2003 年第 2 期。

[66]李顺德:《数字图书馆与知识产权保护》,载《图书情报工作》2002 年第 12 期。

[67]陶鑫良:《网上作品传播的"法定许可"适用探讨》,载《知识产权》2000 年第 4 期。

[68]张若群:《网络作品集体管理制度初探》,载《知识产权》2000 年第 2 期。

[69]王艺:《网络传播与著作权集体管理》,载《知识产权》2000 年第 2 期。

[70]吴汉东:《科技技术、国际贸易与著作权保护——关于当代著作权制度发展

变革趋势的分析》,载《黑龙江省政法管理干部学院学报》1999 年第 1 期。

[71][英]R. F. 沃尔、杰里米、菲利普斯、王捷:《版权与现代技术》,载《中外法学》1984 年第 6 期。

[72]Maria Lilla Montagnani, Laura Zoboli, *The Making of an "Orphan": Cultural Heritage Digitization in the EU*, International Journal of Law and Information Technology, Vol. 25(2017).

[73]Kyrsten Elena Baker, *It's a Hard Knock Life: A Critique of the Legislative Response to the Orphan Works Problem in the UK*, UCL Journal of Law and Jurisprudence, Vol. 5(2016).

[74]Gabriel Menard, Copyright, *Digital Sharing and the Liberal Order: Sociolegal Constructions of Intellectual Property in the Era of Mass Digitization*, Information, Communication & Society, Vol. 19(2016).

[75]Jane C. Ginsburg, *The Most Moral of Rights: The Right to Be Recognized as the Author of One's Work*, Columbia Public Law Research Paper, Vol. 14(2016).

[76]Bingbin Lu, *The Orphan Works Copyright Issue: Suggestions for International Response*, Journal of Copyright Society of the U. S. A., Vol. 60(2013).

[77]Maria A. Pallante, *Orphan Works & Mass Digitization: Obstacles & Opportunities*, Berkeley Technology Law Journal, Vol. 27(2012).

[78]Kelu L. Sullivan, *Orphan Works at the Dawn of Digitization*, Richmond Journal of Law and Technology, Vol. 18(2012).

[79]Borghi M, Gennaro, I. D. Knowledge, *Information and Values in the Age of Mass Digitization*, Vol. 5(2012).

[80]Yoder, C. A Post – SOPA (Stop Online Piracy Act), *Shift in International Intellectual Property Norm Creation*, The Journal of World Intellectual Property, Vol. 15(2012).

[81]Jasiewicz, Monika Isia, *Copyright Protection in an Opt – Out World: Implied License Doctrine and News Aggregators*, Yale Law Journal, Vol. 122(2012).

[82]Jennifer M. Urban, *How Fair Use Can Help Solve the Orphan Works Problem*, Berkeley Technology Law Journal, Vol. 27(2012).

[83]Geoffrey A. Manne, *Google and the Limits of Antitrust: The Case against Google*, Harvard Journal of Law and Public Policy, Vol. 34(2011).

[84] Abraham Drassinower, *A Note on Incentives, Rights, and the Public Domain in Copyright Law*, Notre Dame Law Review, Vol. 5(2011).

[85] Katharina de la Durantaye, *Finding a Home for Orphans: Google Book Search and Orphan Works Law in the United States and Europe*, Fordham Intellectual Property, Vol. 21(2011).

[86] Matthias Leistner, *The German Federal Supreme Court's Judgment on Google's Image Search the Limitations of the European Approach to Exceptions and Limitations*, International Review of Intellectual Property and Competition Law, Vol. 4(2011).

[87] Alessandra Glorioso, *Google Books: An Orphan Works Solution*, Hofstra Law Review, Vol. 38(2010).

[88] Mtima, L., Jamar, S. D., *Fulfilling the Copyright Social Justice Promise: Digitizing Textual Information*, New York Law School Review, Vol. 55(2010).

[89] Pagallo, U., *Ethics among Peers: File Sharing on the Internet between Openness and Precaution*, Journal of Information, Communication & Ethics in Society, Vol. 8(2010).

[90] Katharina de la Durantaye, *H is for Harmonization: The Google Book Search Settlement and Orphan Works Legislation in the European Union*, New York Law School Law Review, Vol. 53(2010).

[91] Bernard Lang, *Orphan Works and the Google Book Search Settlement: An International Perspective*, New York Law School Law Review, Vol. 55(2010).

[92] Jennifer M Urban, *Updating Fair Use for Innovators and Creators in the Digital Age: Two Targeted Reforms*, UC Berkeley School of Law, Vol. 2(2010).

[93] Paul Edward Geller, *A German Approach to Fair Use: Test Cases for TRIPs Criteria for Copyright Limitations*, Journal of the Copyright Society of the U. S. A, Vol. 57(2010).

[94] Lucie Guibault, *Why Cherry – Picking Never Leads to Harmonisation*, Journal of Intellectual Property Information Technology and E – Commerce Law, Vol. 1 (2010).

[95] Mary Murrell, *Digital + Library: Mass Book Digitization as Collective Inquiry*, New York Law School Law Review, Vol. 56(2010).

[96] James Grimmelmann, *How to Fix the Google Book Search Settlement*, Journal of Internet Law, Vol. 12(2009).

[97] James Grimmelmann, *The Google Book Search Settlement: Ends, Means, and the Future of Books*, Journal of American Constitution Society for Law and Policy, Vol. 5(2009).

[98] Matthew Sag, *Copyright and Copy – Reliant Technology*, Northwestern University Law Review, Vol. 103(2009).

[99] Joy Su, *Google Book Search and Opt – Out Procedures*, Journal of Copyright Society of the U. S. A, Vol. 56(2009).

[100] Brad Stone, *Amazon Backs off Text – to – Speech Feature in Kindle*, NY Times, Vol. 27(2009).

[101] Amanda N. Wilson, *Jet – Setting Orphan Works: The Transnational Making Available of Works of Unknown Authorship, Anonymous Works, or Lost Authors*, Emory International Law Review, Vol. 23(2009).

[102] Randal C. Picker, *The Google Book Search Settlement: A New Orphan – Works Monopoly*, Journal of Competition Law and Economics, Vol. 5(2009).

[103] Mireille van Eechoud, P. Bernt Hugenholtz, Lucie Guibault, *Harmonizing European Copyright Law: The Challenges of Better Lawmaking*, Kluwer Law International, Vol. 4(2009).

[104] Henry Jenkins, *Confronting the Challenges of Participatory Culture: Media Education for the 21st Century*, MacArthur Foundation Report on Digital Media and Learning, Vol. 1(2009).

[105] Eugene Goryunov, *All Rights Reserved: Does Google's Image Search Infringe Vested Exclusive Rights Granted under the Copyright Law*, The John Marshall Law Review, Vol. 41(2008).

[106] Ginsburg, J. C. , *Separating the Sony Sheep from the Grokster Goats: Reckoning the Future Business Plans of Copyright Dependent Technology Entrepreneurs*, Arizona Law Review, Vol. 50(2008).

[107] Jean. Claude Guedon, *Who Will Digitize the World's Books*? The New York Review of Books, Vol. 8(2008).

[108] Guido Westkamp, *The Three – Step Test and Copyright Limitations in Europe:*

European Copyright Law between Approximation and National Decision Making, Journal of Copyright Society of the U. S. A. , Vol. 56(2008).

[109] Frieden, R. , *Internet Packet Sniffing and Its Impact on the Network Neutrality Debate and the Balance of Power between Intellectual Property Creators and Consumers*, Fordham Intellectual Property Media & Entertainment Law Journal, Vol. 18(2008).

[110] Laura A. Heyman, *Everything is Transformative: Fair Use and Reader Response*, Columbia Journal of Law and the Arts, Vol. 31(2008).

[111] Darrin Keith Henning, *Copyright' s Deus Ex Machina: Reverse Registration as Economic Fostering of Orphan Works*, Journal of the Copyright Society of the USA, Vol. 55(2008).

[112] Oren Bracha, *Standing Copyright Law on Its Head? The Googlization of Everything and the Many Faces of Property*, Texas Law Review, Vol. 85(2007).

[113] Joshua O. Mousner, *Copyright Orphan Works: A Multi – Pronged Solution to Solve a Harmful Market Inefficiency*, Journal of Technology Law and Policy, Vol. 12(2007).

[114] Dennis W. K. Khong, *Orphan Works, Abandonware and the Missing Market for Copyrighted Goods*, International Journal of Law and Information Technology, Vol. 15(2007).

[115] Alejandro Alterwain, *Google Books and Digitization of Libraries: Fair Use or Extension of Copyright*, Journal of Convergence, Vol. 3(2007).

[116] Huw Beverley Smith, Ansgar Ohly, Agnes Lucas Schloetter, *Privacy, Property and Personality: Civil Law Perspectives on Commercial Appropriation*, The Modern Law Review, Vol. 70(2007).

[117] Olive Huang. U. S. , *Copyright Office Orphan Works Inquiry: Finding Homes for the Orphans*, Berkeley Technology Law Journal, Vol. 21(2006).

[118] Helfer, L. R. , *Toward a Human Rights Framework for Intellectual Property*, UC Davis Law Review, Vol. 40(2006).

[119] Michael A. Einhorn, *Digitization and Its Discontents: Digital Rights Management, Access Protection, and Free Markets*, Journal of Copyright Society of the U. S. A. , Vol. 51(2004).

[120] Rebecca Tushnet, *Copy This Essay: How Fair Use Doctrine Harms Free Speech and How Copying Serves It*, The Yale Law Journal, Vol. 114(2004).

[121] Stefan Bechtold, *Digital Rights Management in the United States and Europe*, American Journal of Comparative Law, Vol. 52(2004).

[122] Paul M. Schwartz, *Property, Privacy and Personal Data*, Harvard Law Review, Vol. 117(2004).

[123] Pierre N. Leval, *Toward A Fair Use Standard*, Harvard Law Review, Vol. 103(1990).

[124] Lloyd L. Weinreb, *Fair's Fair: A Comment on the Fair Use Doctrine*, Harvard Law Review, Vol. 103(1990).

[125] Melville B., *Nimmer on Copyright: A Treatise on the Law of Literary, Musical and Artistic Property and the Protection of Ideas*, Stanford Law Review, Vol. 16(1964).

[126] Martin A. Roeder, *The Doctrine of Moral Right: A Study in the Law of Artists, Authors and Creators*, Harvard Law Review, Vol. 53(1940).

三、学位论文类

[1]何蓉:《数字图书馆利用作品的著作权限制研究》,中国政法大学2018年博士学位论文。

[2]赵玥:《网络环境下著作权保护的法经济学分析》,吉林大学2017年博士学位论文。

[3]李钢:《“转换性使用”研究》,中南财经政法大学2017年博士学位论文。

[4]许辉猛:《混编创作著作权规制研究》,中南财经政法大学2015年博士学位论文。

[5]王洪友:《版权制度异化研究》,西南政法大学2015年博士学位论文。

[6]徐颖颖:《北欧著作权延伸集体管理制度可借鉴性研究》,华东政法大学2015年博士学位论文。

[7]姜福晓:《数字网络技术背景下著作权法的困境与出路》,对外经济贸易大学2014年博士学位论文。

[8]刘鹏:《英美法系作者精神权利研究》,华东政法大学2013年博士学位论文。

[9]傅文奇:《公共借阅权制度研究》,武汉大学2013年博士学位论文。

[10]彭双五:《数字图书馆的著作权法律问题研究》,武汉大学 2013 年博士学位论文。
[11]赵力:《数字化孤儿作品法律问题研究》,武汉大学 2013 年博士学位论文。
[12]王国柱:《知识产权默示许可制度研究》,吉林大学 2013 年博士学位论文。

四、法律规范类

[1]《中华人民共和国宪法》
[2]《中华人民共和国民法总则》
[3]《中华人民共和国刑法》
[4]《中华人民共和国著作权法》
[5]《中华人民共和国合同法》
[6]《中华人民共和国信托法》
[7]《中华人民共和国侵权责任法》
[8]《中华人民共和国著作权法实施条例》
[9]《实施国际著作权条约的规定》
[10]《著作权集体管理条例》
[11]《信息网络传播权保护条例》
[12]《计算机软件保护条例》
[13]《互联网著作权行政保护办法》
[14]《网络出版服务管理规定》
[15]《广播电台电视台播放录音制品支付报酬暂行办法》
[16]《使用文字作品支付报酬办法》
[17]《录音法定许可付酬标准暂行规定》
[18]《出版管理条例》
[19]《录音制品管理条例》
[20]《中华人民共和国公共文化服务保障法》
[21]《中华人民共和国公共图书馆法》
[22]《保护文学和艺术作品伯尔尼公约》
[23]《与贸易有关的知识产权协定》
[24]《世界知识产权组织版权条约》
[25]欧洲《人权公约》

[26]欧盟《信息社会版权指令》

[27]欧盟《孤儿作品指令》

[28]美国《版权法》

[29]德国《著作权法》

[30]法国《知识产权法典》

[31]台湾地区“著作权法”

五、案例类

[1]韩寒等诉百度文库著作权侵权纠纷案，北京市海淀区人民法院(2012)海民初字第5558号。

[2]王莘诉谷歌公司著作权侵权纠纷案，北京市第一中级人民法院(2011)一中民初字第1321号。

[3]郑成思诉北京书生数字技术有限公司著作权侵权纠纷案，北京市第一中级人民法院(2005)一中民终字第3463号。

[4]陈兴良诉数字图书馆著作权侵权纠纷案，北京市海淀区人民法院(2002)海民初字第5702号。

[5]Author's Guild Inc. v. HathiTrust, No. 11, Civ. 6351 (HB), 2012 U. S. Dist.

[6]Perfect 10 v. Amazon Inc., 508 F 3d 1146, 15474.

[7]Sony Corporation of America v. Universal City Studios Inc., 464 U. S. 417, 454 (1984).

[8]Infinity Broadcast Corp v. Kirkwood, 150 F 3d 104, 112(2d Cir. 1998).

[9]Ringgold v. Black Entertainment Television Inc., 126 F 3d 70, 78 – 79 (2d Cir. 1997).

[10]Harper & Row, Publishers, Inc., et al. v. Nation Enterprises et al., 471 U. S. 539, at 562(1985).

[11]Campbell v. Acuff – Rose Music, Inc. 510 U. S. 569(1994). Ⅱ.

[12]Kelly v. Arriba Soft Corporation, 336 F 3d 811(CA9 2003).

[13]Author's Guild Inc. v. Google Inc., 05 Civ. 8136(DC), p. 56.

[14]Bill Graban Archives v. Dorling Kindersley Ltd., 448 F. 3d 605(2d Cir. 2006).

[15]Jean – Marie Queneau v. Christian Leroy and Others, Tribunal de Grande Instance, Paris 5 May, 1997 (France).

[16]Editions du Seuil et autres v. Google Inc. et France, Paris District Court, 18 December 2009 (France).

[17]Time Warner Entertainment Co. LP v. Channel Four Television Corp. Plc., Court of Appeal (Civil Division), 22 October 1993 (UK).

[18]Le Monde v. Microfor, Cour de Cassation, 30 October 1987 (France).

[19]Google Inc. v. Copiepresse SCRL, Court of Appeal Brussels (2011).

[20]Google Inc. v. Copiepresse SCRL, Court of First Instance of Brussels, (2007) ECDR 5.

六、报告和网站资料类

[1]Commission of the European Communities, Green Paper, Copyright and Related Rights in the Information Society, Brussels, 19 July 1995, COM (95) 382 Final.

[2]Council of Europe, Convention for The Protection of Individuals with Regards to Automatic Processing of Personal Data, http://www.jstor.org/stable/20692263.

[3]The United States Copyright Office, Legal Issues in Mass Digitization: A Preliminary Analysis and Discussion Document, 2011.

[4]The United States Copyright Office, A Report of the Register of Copyrights: Orphan Works and Mass Digitization, 2015.

[5]United States House of Representatives, Marybeth Peters, Register of Copyrights, before the Subcommittee on Courts, the Internet, and Intellectual Property, Committee on the Judiciary, 110th Congress, 2nd Session, 2008.

[6]Agnieszka Vetulani, The Problem of Orphan Works in the EU: An Overview of Legislative Solutions and Main Actions in this field, Report prepared for European Commission DG Information Society, 2008.

[7]The United States Copyright Office, A Report on Orphan Works, 2006.

[8]The United States Government, White Paper Intellectual Property and the National Information Infrastructure, 1995.

[9]Council of Europe, Convention for The Protection of Individuals with Regards to Automatic Processing of Personal Data, http://www.jstor.org/stable/20692263.

[10]Europe 2020: A strategy for smart, sustainable and inclusive growth, http://ec.europa.eu/eu2020/index_En.html.

[11]《2014～2022年中国数字图书馆市场现状调研分析及发展趋势报告》, http://www. cir. cn。

[12]中华人民共和国驻欧盟使团官网, http://www. chinamission. be/chn/kjhz/t1656111. htm。

[13]中国国家数字图书馆官方网, http://www. nlc. cn/newstgc/。

[14]北京大学图书馆官方网, https://www. lib. pku. edu. cn/portal/cn/news/notices。

[15]国际图书馆协会联合会官网, https://www. ifla. org。

[16]中国音乐著作权协会官网, http://www. mcsc. com. cn/mIL－5. html。

[17]中国文字著作权协会官网, http://www. prccopyright. org. cn/staticnews/2010－01－28/100128145635437/1. html。

[18]中国音像著作权集体管理协会官网, https://www. cavca. org/introduction。

[19]摄影公社, http://www. icsc1839. org/gybh. html。

[20]中国电影著作权协会官网, http://www. cfca－c. org/jt_show. php? up=46&id=1。

[21]Google图书网, https://books google. com/partner/terms。

[22]互联网档案馆网, http://www. archive. org。

[23]HathiTrust数字图书馆网, http://www. hathitrust. org。

[24]Europeana网, http://www. europeana. eu。

图书在版编目(CIP)数据

图书大规模数字化的著作权法律问题研究 / 戚笑雨著. -- 北京 : 法律出版社, 2021
ISBN 978 -7 -5197 -5308 -5

Ⅰ. ①图… Ⅱ. ①戚… Ⅲ. ①著作权法-研究-中国 Ⅳ. ①D923.414

中国版本图书馆 CIP 数据核字(2021)第 017557 号

图书大规模数字化的著作权法律问题研究
TUSHU DAGUIMO SHUZIHUA DE ZHUZUOQUAN FALÜ WENTI YANJIU

戚笑雨 著

策划编辑 李沂蔚
责任编辑 李沂蔚
装帧设计 汪奇峰

出版 法律出版社
总发行 中国法律图书有限公司
经销 新华书店
印刷 北京建宏印刷有限公司
责任校对 王晓萍
责任印制 吕亚莉
编辑统筹 法律应用出版分社
开本 710 毫米×1000 毫米 1/16
印张 15
字数 200 千
版本 2021 年 4 月第 1 版
印次 2021 年 4 月第 1 次印刷

法律出版社/北京市丰台区莲花池西里 7 号(100073)
网址/www. lawpress. com. cn
投稿邮箱/info@ lawpress. com. cn
举报维权邮箱/jbwq@ lawpress. com. cn
销售热线/400 -660 -8393
咨询电话/010 -63939796

中国法律图书有限公司/北京市丰台区莲花池西里 7 号(100073)
全国各地中法图分、子公司销售电话:
统一销售客服/400 -660 -8393/6393
第一法律书店/010 -83938432/8433 西安分公司/029 -85330678 重庆分公司/023 -67453036
上海分公司/021 -62071639/1636 深圳分公司/0755 -83072995

书号:ISBN 978 -7 -5197 -5308 -5 **定价:**56.00 元